오스트리아 왕위계승 전쟁
(1740-1763)

오스트리아 왕위계승 전쟁
(1740-1763)

초판 인쇄 2023년 1월 25일
초판 발행 2023년 1월 30일

지은이 김장수 | 펴낸이 이찬규
펴낸곳 북코리아 | 등록번호 제03-01240호
주소 13209 경기도 성남시 중원구 사기막골로 45번길 14 우림2차 A동 1007호
전화 02-704-7840 | 팩스 02-704-7848
이메일 ibookorea@naver.com | 홈페이지 www.북코리아.kr
ISBN 978-89-6324-984-1 (93920)

값 17,000원

WAR OF THE AUSTRIAN SUCCESSION

오스트리아 왕위계승 전쟁

1740~1763

Austrian Succession

김장수 지음

북코
리아

책을 내면서

1740년 5월 31일 프리드리히 2세(Friedrich II)가 프로이센 국왕으로 등극했다. 같은 해 10월 20일 마리아 테레지아(Maria Theresia)도 국사조칙(Pragmatische Sanktion)에 따라 오스트리아 위정자로 등장했다. 그러나 오스트리아 왕위를 계승한 마리아 테레지아는 프리드리히 2세와는 달리 국가통치에 필요한 제 능력, 즉 정치, 외교, 국방, 그리고 재정 분야에서 필요한 지식 및 경험을 갖추지 못했는데, 그것은 남자 상속인에 집착한 카를 6세(Karl VI)가 그녀를 오랫동안 자신의 후계자로 간주하지 않은 데서 비롯되었다.

카를 6세는 재위 초부터 후계자 문제에 대해 걱정했는데 이것은 에스파냐의 카를로스 2세(Carlos II)가 후계자 없이 사망함에 따라 발생한 에스파냐 왕위계승 전쟁(1701-1713)에서 비롯된 것 같다. 당시 그는 선친 레오폴트 1세(Leopold I)가 1703년에 제정한 가문 법, 즉 '상호계승약관(Pactum mutuae successionis)'에 따를 때 그 자신이 남자 상속인이 없는 상태에서 사망하면 장자상속 원칙에 따라 자신의 형인 요제프 1세(Joseph I)의 두 딸과 결혼한 작센(Sachsen) 가문과 바이에른(Bayern) 가문의 인물들이 후계자가 된다는 사실을 인지했다.

이후부터 카를 6세는 남자 상속인을 얻기를 원했지만 그것의 실현이 더는 불가능하다는 것을 인지한 후 장녀 마리아 테레지아가 왕위를 계승할 수 있게끔 상호계승약관의 내용 일부를 변경한 국사조칙을 발표했다. 국사조칙은 마리아 테레지아가 태어나기 전인 1713년에 제정되었지만 남자 후계자를 얻으면 그것의 사용이 필요 없으므로 공포되지 않았다. 실제로 카를 6세는 1716년 4월 13일 기다리던 아들 레오폴트 요한(Leopold Johann)을 얻었지만, 이 아들은 불과 7개월 만에 세상을 떠났다. 이후 카를 6세는 마리아 테레지아를 비롯한 세 명의 딸을 얻은 후 자신의 부인이 더는 임신할 수 없다는 사실도 인지했다. 이에 따라 그는 향후 남자 상속인을 얻을 수 없다는 현실적 상황에 직면했고 이것은 그에게 국사조칙을 공포하게끔 했다.

이렇게 공포된 국사조칙은 장남에게 주어진 우선 상속권이 장남의 가계, 장남의 가계가 단절될 때 차남 또는 차남의 가계로 이양한다는 상호계승약관을 그대로 수용했다. 그리고 국사조칙은 모든 남성 계가 단절된 후 비로소 여성 상속권이 효력을 가진다고 했는데 이것 역시 상호계승약관의 내용과 같았다. 그러나 상호계승약관이 남성 계가 단절된 후 발생하는 여성의 상속 순위를 구체적으로 정하지 않았지만, 국사조칙은 이 경우 마지막 남성 왕위계승자의 후손에게 계승권이 귀속된다는 것을 명시했다. 국사조칙을 공포한 이후 카를 6세는 영국, 프랑스, 네덜란드, 러시아, 그리고 프로이센을 비롯한 일련의 국가들과 협상도 펼쳤는데, 그것은 이들 국가로부터 국사조칙에 따라 등극하게 될 마리아 테레지아의 왕위계승을 승인받으려는 의도에서 비롯된 것 같다. 이 과정에서 카를 6세는 협상 국가들의 무리한 요구사항들을 적극적으로 수용했는데, 이것은 오스트리아의 재정적 상황을 더욱 악화시키는 요인이 되었다.

마리아 테레지아가 오스트리아 위정자로 등극한 이후 그녀의 등극에 대해 동의하지 않는 국가들이 등장했는데, 이들 국가는 카를 6세와의 협상 과정에서 국사조칙을 인정하고 그것의 반대급부로 적지 않은 경제적 이득도 챙긴 상태였다. 프로이센도 국사조칙을 인정했지만 프리드리히 빌헬름 1세에 이어 등장한 프리드리히 2세는 그것의 인정을 철회했다. 이 인물은 프로이센과 국경을 접하고 있던 오스트리아의 슐레지엔(Schlesien) 지방을 차지하면 프로이센의 국력이 크게 신장하리라고 확신했고, 그것을 실천하기 위해 마리아 테레지아의 즉위를 인정하지 않으려던 주변 국가들, 즉 프랑스, 바이에른, 그리고 작센과 협력해야 한다는 사실도 인지했다.

1740년 12월 16일 오스트리아 왕위계승 전쟁(1740-1763)이 발생했고 이 전쟁에서의 승리로 프리드리히 2세는 경제적 가치가 매우 높은 슐레지엔 지방을 차지하게 되었다. 모두 세 차례에 걸쳐 진행된 오스트리아 왕위계승 전쟁에서 제3차 전쟁은 제

1·2차와는 달리 이중적 성격을 띠었는데, 이것은 유럽대륙에서 진행된 프로이센과 오스트리아 사이의 전쟁과 이들 양국과 동맹을 체결한 프랑스와 영국 간의 전쟁이 북아메리카 식민지에서도 동시에 진행되었기 때문이다. 따라서 제3차 오스트리아 왕위계승 전쟁은 세계대전의 성격도 가졌다는 주장이 일부 학자들로부터 제기되고 있는데, 이것은 제1차 및 제2차 세계대전과 같이 전쟁이 2개 대륙에서 동시에 펼쳐진 데서 비롯된 것 같다.

오스트리아 왕위계승 전쟁에서 프로이센이 승리함에 따라 그동안 오스트리아가 주도하던 독일권은 오스트리아와 프로이센의 양강 체제로 변형되었고 이것은 당시 프리드리히 2세가 원했던 구도였다. 이렇게 양강 체제를 구축한 프리드리히 2세는 민족주의 원칙에 따른 독일 통합국가의 필요성을 향후의 실천 과제로 제시했을 뿐만 아니라 그 과정에서 프로이센이 주도적인 역할을 해야 한다는 암묵적인 구상도 했다. 그러한 구상을 하면서 프리드리히 2세는 다민족국가인 오스트리아가 통합 독일에 참여할 자격이 없다는 사실도 인지했을 것이다. 따라서 그는 프로이센의 향후 위정자들이 독일 통합과정에서 오스트리아를 배제하는 방법을 강구하고 구체화하기를 원했을 것이다. 이러한 프리드리히 2세의 독일 통합 비전(Version für die deutsche Integration)은 1871년 1월 18일에 비로소 실현되었다.

19세기 초반에 등장한 현실 정치가 메테르니히(Metternich)는 독일권의 양강구도하에서 오스트리아 우위 정책을 펼쳤고 그 과정에서 프로이센의 위상은 위축되었다. 메테르니히가 지향한 오스트리아의 우위권이 보장된 독일권에서의 양강구도는 1866년, 즉 형제 전쟁(Brüderkrieg)이 발생하기 직전까지 유지되었다. 형제 전쟁에서 승리한 프로이센은 당시 비스마르크(Bismarck)가 지향한 소독일주의 원칙(Prinzip der kleindeutschen Lösung)에 따라 프로이센 주도로 독일권을 통합시키려 했다. 소독일주의는 1848년 5월 18일부터 활동을 개시한 프랑크푸르트 국민의회(Frankfurter Nationalversammlung)에서 독일 통합안으로 제시된 바 있었다. 당시 국민의회에서는 또 다른 독일 통합안인 대독일주의도 거론되었는데 이 주의는 독일연방을 토대로 독일권을 통합해야 한다는 것이었다. 그러나 이것은 오스트리아제국의 해체가 필연적이었기 때문에 오스트리아는 동의하지 않았고, 거기서 오스트리아적 대독일주의(Österreichisches Großdeutschtum)를 대안으로 제시했다. 이렇게 제시된 통합방안은 오스트리아제국의 전 영토를 통합 독일에 편입하고 이를 통해 이 국가가 독일권에서 그동안 견지한 권력구도도 견지하려고 했다. 물론 오스트리아적 대독일주의에 대해 프로이센은 동의하지 않았다.

형제 전쟁에서 승리한 프로이센은 통합의 또 다른 걸림돌이었던 프랑스마저 제압한 후 1871년 1월 18일 파리에서 독일제국을 탄생시켰다. 이와는 달리 패전국의 신분으로 전락한 오스트리아는 독일권에서 강제로 축출되었고 국가 형태 역시 이원체제, 즉 오스트리아-헝가리제국으로 변형되었다.

국내 서양사 학계, 특히 독일사 학계는 독일권에서 프로이센의 위상을 크게 증대시킨 오스트리아 왕위계승 전쟁에 그리 큰 관심이 없는 것 같다. 그리고 이러한 분위기는 오스트리아 왕위계승 전쟁이 독일 근대사 서술에서 한쪽 또는 두 쪽으로 국한되는 경우에서 확인할 수 있다. 이렇게 국내 독일사 학계에서 간단히 취급되는 오스트리아 왕위계승 전쟁은 18세기 독일 및 유럽 근대사에서 적지 않은 위상을 차지하고 있고 이는 앞으로도 계속 유지될 것이다. 따라서 우리가 18세기의 유럽사, 특히 각국의 외교정책과 거기서 비롯된 이들 간의 이해관계를 보다 객관적으로 이해하기 위해서는 오스트리아 왕위계승 전쟁을 도외시해서는 안 될 것이다. 더욱이 제3차 오스트리아 왕위계승 전쟁에 프로이센과 오스트리아의 동맹 파트너로 참여한 영국과 프랑스가 동시에 식민전쟁도 전개하여 전쟁의 성격을 세계대전으로 변형시켰고, 양국은 이러한 전쟁에서 비롯된 후유증, 즉 재정적인 압박과 그것을 극복하기 위해 펼친 제 정책에서 파생된 아메리카 독립전쟁과 프랑스 대혁명도 겪어야만 했다. 여기서 필자는 오스트리아 왕위계승 전쟁에 대한 체계적인 서술이 필요하다는 인식을 하게 되었고 그동안 가지고 있던 자료들과 최근에 구매한 전문서들을 토대로 이 전쟁을 다룬 단행본도 쓰게 되었다. 이러한 작업을 통해 그동안 등한시된 오스트리아 왕위계승 전쟁과 이 전쟁으로 인해 형성된 독일권에서의 양강구도에 관한 연구가 보다 활성화되기를 기대한다.

이 책에서는 우선 마리아 테레지아에게 오스트리아 왕위계승권을 부여한 국사조칙의 제정과정과 그것에 대한 유럽 국가들의 반응에 대해 살펴본다. 이어 오스트리아 왕위계승 전쟁에서 핵심적 역할을 담당한 프리드리히 2세와 마리아 테레지아의 성장 과정 및 등극에 대해 언급한다. 또한 마리아 테레지아가 등극한 이후 그녀의 왕위계승에 대해 이의를 제기한 국가들의 행보 및 그것에 대한 마리아 테레지아의 대응을 다룬다. 그리고 1740년부터 1763년까지 3차에 걸쳐 진행된 오스트리아 왕위계승 전쟁의 진행과정과 결과를 살펴본다. 마지막으로 오스트리아 계승전쟁 이후 독일권에서 나타난 권력구도의 변화, 즉 1강 체제에서 2강 체제로 바뀐 것에 대해서도 취급하도록 한다.

인명과 지명 등 고유명사는 해당 국가의 발음과 표기에 따르도록 한다. 다만 영어식 표기로 굳어져 있는 국가(예: '외스터라이히' 대신 '오스트리아')나 지역명(예: '뵈멘' 대신 '보헤미아')은 그대로 사용했다.

짧은 기간의 탈고에서 비롯된 문장이나 내용상의 오류는 개정판에서 시정하도록 하겠다. 그리고 어려운 여건에도 불구하고 이 책의 출간을 기꺼이 허락하신 북코리아 이찬규 사장님과 출판사 관계자 여러분께 이 자리를 빌려 감사의 말씀을 드린다.

2022년 11월
김장수

차례

제2부
오스트리아 왕위계승 전쟁

제1부

마리아 테레지아의 왕위계승과
각국의 대응

1 　국사조칙의 제정

오스트리아의 위정자 겸 신성로마제국 황제였던 카를 6세 (Karl VI: 1711-1740)는 1740년 10월 13일 빈 근처의 노이지들러 (Neusiedler) 호숫가로 사냥하러 갔다. 사냥 중 그는 갑자기 구토를 시작했고 이에 따른 위통도 호소했다. 당황한 주치의들은 점심식사로 먹은 버섯 수프에 의한 식중독인지, 감기인지 진단도 제대로 내리지 못하고 허둥댔다. 이후부터 황제는 며칠 동안 심한 통증에 시달렸고 결국 10월 20일 새벽 2시, 55세 생일을 며칠 앞두고 사망했는데, 당시 밝혀진 병명은 버섯 중독이 아닌 급성 간경화증(Fulminate liver cirrhosis)이었다.

이렇게 생을 마감한 카를 6세는 즉위한 직후부터 자신의 후계자에 대해 깊은 관심을 보였었는데, 그것은 에스파냐-합스부르크 가문의 카를로스 2세(Carlos II: 1665-1700)가 남자 상속인 없이 사망한 데서 에스파냐 왕위계승 전쟁이 비롯되었다는 것을

잘 알고 있었기 때문이다.[1]

홍역, 수두, 천연두, 간질, 피부병, 그리고 곱사등이에다가 소심한 성격까지 가진 에스파냐-합스부르크 가문의 마지막 지진아였던 카를로스 2세는 1700년 12월 1일 39세의 나이로 마드리드(Madrid)에서 생을 마감했고 이는 에스파냐-합스부르크 가문의 단절을 가져왔다. 에스파냐-합스부르크 가문은 신성로마제국 황제 막시밀리안 1세(Maximillian I: 1486-1519)의 장남 필립 1세(Philip I)가 카스티야(Castilla) 왕국의 상속인인 후아나(Juana)와 결혼하고 1504년 카스티야 왕국의 국왕으로 등극하면서부터 시작되었다. 1506년 필립 1세가 사망하자, 아라곤(Aragón) 왕국의 국왕인 페르난도 2세(Fernando II: 1479-1516)가 1516년까지 딸이자 필립 1세의 미망인인 후아나를 위해 카스티야 왕국을 섭정 통치했다. 1516년은 에스파냐 왕국의 역사와 에스파냐-합스부르크 가문의 역사에서 하나의 전환점을 형성한 해였다. 이

---

1 1705년 5월 5일 레오폴트 1세가 사망한 후 그의 장남인 요제프 1세(Joseph I: 1705-1711)가 오스트리아 왕국의 위정자로 등극했다. 그런데 이 인물은 즉위 6년 만인 1711년 4월 17일 당시 빈에서 크게 유행한 천연두(Blatter)에 걸려 목숨을 잃었다. 갑자기 사망한 요제프 1세에게는 남자 후계자 없이 미성년의 두 딸, 즉 1699년에 태어난 마리아 요제파(Maria Josepha)와 1701년에 태어난 마리아 아말리아(Maria Amalia)만 있었을 뿐이다. 물론 요제프 1세는 1700년 레오폴트 요제프(Leopold Josef)를 얻었지만, 이 인물은 다음 해인 1701년에 사망했다. 요제프 1세는 첫아들을 잃은 후 남자 상속인을 얻으려는 노력을 지속적으로 펼쳤다. 그러나 그는 문란한 성생활로 인해 1704년에 성병, 즉 매독(Syphilis)에 걸렸고 그의 부인 빌헬미네 아말리에 폰 브라운슈바이크-뤼네부르크(Amalie v. Braunschweig-Lüneburg)마저 아랫배에 궤양(Geschwüren)이 생겨 더는 자녀 출산을 기대할 수 없게 되었다.

해 페르난도 2세가 사망하고, 필립 1세와 후아나의 장남 카를로스 1세(Carlos I: 1516-1558)가 16세의 나이로 카스티야 왕국과 아라곤 왕국을 동시에 상속받아 통합 에스파냐 왕국을 출범시켰고, 에스파냐-합스부르크 가문의 역사 역시 시작되었다.

1660년대 초부터 신성로마제국 황제 레오폴트 1세(Leopold I: 1658-1705)는 프랑스의 루이 14세(Louis XI: 1643-1715)와 더불어 카를로스 2세가 후계자 없이 사망하면 에스파냐를 어떻게 나눌 것인가에 대해 비밀협상을 펼쳤고, 거기서 양국은 1688년 10월 에스파냐 분할에 대해 합의했다.[2] 이렇게 오스트리아와 프랑스가 에스파냐 왕위계승에 개입할 수 있었던 것은 프랑스의 루이 14세[마리 테레즈(Marie Thérèse)와 결혼]와 오스트리아의 레오폴트 1세[마르가리타 테레자(Margarita Teresa de Austria)와 결혼]가 카를로스 2세의 매형이었기 때문이다. 실제로 루이 14세의 부인인 마리 테레즈는 펠리페 4세의 첫 번째 부인인 이사벨(Isabel)의 딸이었고, 레오폴트 1세의 부인인 마르가리타 테레자는 펠리페 4세와 그의 두 번째 부인인 마리아 안나(Maria Anna) 사이에서 태어났다.[3]

---

2 1665년 펠리페 4세의 뒤를 이어 에스파냐 국왕으로 등극한 카를로스 2세는 당시 5세에 불과했다. 게다가 카를로스 2세는 태어날 때부터 너무나 병약하여 오래 생존할 수도, 후사를 남기지도 못할 것으로 예상되었다.

3 레오폴트 1세는 조카딸인 마르가리타 테레자와 재혼했다. 결혼생활 내내 남편을 '삼촌'이라 부른 그녀는 벨라스케스(Diego Rodríguez de Silva y Velázquez)가 1656년에 그린 초상화 〈시녀들(Las Meninas)〉에 등장하는 사랑스러운 금발소녀다. 당시 루이 14세는 1665년 9월 17일 펠리페 4세(Felipe IV: 1621-1665)가 사망함에 따라 에스파냐 상속권을 주장하고 나섰다. 재산양도권리를 규정한 브라반트(Brabant) 상속법, 즉 초혼의 자녀들이 이후 혼인에서 태어난 자녀들보다 상속 우

합의안에서는 바이에른 선제후 막시밀리안 2세(Maximilian II)의 아들 레오폴트(Josef Ferdinand Leopold)가 에스파냐를 통치하고, 레오폴트 1세의 차남 카를(Karl) 대공이 네덜란드 남부지방, 에스파냐 식민지, 밀라노를 넘겨받고, 프랑스의 왕위계승자 도펭(le Grand Dauphin), 즉 루이 14세의 아들인 루이(Louis)가 나폴리-시칠리아 왕국을 차지한다는 것이 명시되었다.[4]

카를로스 2세 역시 1698년 레오폴트를 그의 상속자로 선정했지만, 그는 1699년 2월 천연두로 사망했다.[5] 이러한 돌발상황이 초래됨에 따라 루이 14세는 1700년 3월 영국의 윌리엄 3세(William III: 1688-1702)와 별도로 만나 에스파냐 분할에 대해 논의했다. 여기서는 레오폴트 1세의 차남 카를 대공이 에스파냐와 그 부속 식민지를 통치하고, 루이 14세의 손자 앙주(Anjou) 공작 필리프(Philippe)가 합스부르크 가문의 이탈리아 지역을 넘겨받는다는 것이 결정되었다. 그런데도 레오폴트 1세나 루이 14세는 카를로스 2세가 죽은 후 에스파냐 왕국의 모두를 차지하려

선권을 가진다는 조항에 근거하여 에스파냐령 네덜란드, 즉 벨기에를 요구하면서 1667년부터 1668년까지 계속된 재산양도 전쟁과 1672년 발생하여 1678년에 종료된 네덜란드 전쟁을 통해 자신의 주장을 관철하려고 했다.

4 바이에른의 막시밀리안 에마누엘(Maximilian Emanuel; Maximilian II)과 결혼한 레오폴트의 어머니 마리아 안토니아(Maria Antonia)는 레오폴트 1세와 펠리페 4세의 딸인 마르가리티 테레자 사이에서 태어났다. 그런데 마르가리타 테레자는 카를로스 2세의 친누이었다. 따라서 당시 카를로스 2세는 펠리페 4세의 외증손자 레오폴트가 합스부르크 가문과 부르봉 가문의 반발을 받지 않을 가장 적절한 계승 후보로 생각했다.

5 레오폴트의 사망 당시의 나이는 6살이었다.

는 야욕 내지는 의도를 가지고 있었다.[6]

이러한 상황에서 톨레도(Toledo) 대주교가 카를로스 2세의 유서 내용을 밝혔다. 유서에서 카를로스 2세는 앙주 공작 필리프를 자신의 유일한 상속자(Alleinerben)로 지명했고 이에 따라 필리프는 1701년 베르사유(Versailles)에서 펠리페 5세(Felipe V de Bourbón: 1701-1746)로 등극했다.[7] 같은 해 2월 펠리페 5세는 프랑스군의 호위를 받으면서 마드리드에 입성했는데, 이는 프랑스와 에스파냐의 결합이기 때문에 유럽 질서체제에 커다란 위협을 가하는 요인으로 등장했다.[8] 더욱이 루이 14세는 자신의 손자를 에스파냐로 보내면서 향후 프랑스 왕위가 공석이 되면 필리프가 자동으로 프랑스 왕위계승권을 가지게 될 것이라는 칙서도 발표했다.[9]

---

6 카를로스 2세의 어머니인 마리아 안나는 레오폴트 1세의 누이였다. 그리고 레오폴트 1세는 펠리페 4세와 마리아 안나의 장녀인 마르가리타 테레자와 근친 결혼을 했다. 마르가리타 테레자와 카를로스 2세는 남매지간이었기 때문에, 레오폴트 1세가 에스파냐 계승자로 생각하고 있는 그의 작은아들 카를에게 카를로스 2세는 외숙부였다. 레오폴트 1세의 차남 카를이 제기한 에스파냐 왕위계승권 주장은 이러한 복잡한 혈연관계에서 비롯되었다. 더욱이 당시 레오폴트 1세는 이모, 즉 펠리페 4세의 큰딸인 안(Anne)이 루이 13세(Louis XIII: 1610-1643)와 결혼할 때 에스파냐 왕위계승과 관련된 모든 권한을 포기했다는 것을 내세웠다.

7 유서에서 카를로스 2세는 필리프가 만일 에스파냐 영토의 일부를 나누어 다른 나라에 넘기려 한다면 에스파냐 왕위와 모든 영토는 카를 대공이 차지해야 한다고 명시했다.

8 당시 에스파냐 국왕은 에스파냐뿐만 아니라, 밀라노, 파르마, 나폴리, 시칠리아, 사르데냐, 롬바르디아, 벨기에, 라틴아메리카와 필리핀, 그리고 아프리카의 에스파냐 식민지를 지배했다.

9 펠리페 5세의 치세 초기는 조부 루이 14세가 주요 직책의 인물을 제안할

이렇게 프랑스와 에스파냐의 통합 가능성이 가시화됨에 따라 영국과 네덜란드는 그동안 유지된 유럽의 세력균형이 붕괴할 수 있다는 우려를 표명했다. 이에 따라 이들 양국은 그것을 저지하기 위해 레오폴트 1세와의 동맹체제도 구축하기로 합의했다. 1701년 11월 7일 레오폴트 1세의 주도로 덴 하그(Den Haag)에서 결성된 반프랑스 동맹체제, 즉 대동맹(Große Allanz)은 오스트리아, 영국, 네덜란드의 동맹체제에서 출발했지만, 1703년까지 프로이센, 브라운슈바이크(Braunschweig), 헤센-카셀(Hessen-Kassel), 메클렌부르크-슈베린(Mecklenburg-Schwerin) 등이 추가로 동맹에 가입했다. 대동맹에 참여한 국가들은 향후 군사적 충돌이 야기될 때 군사지원 및 군사작전에 대해 상호 협력한다는 것을 명문화시켰다. 그리고 이들은 에스파냐에 대한 프랑스의 모든 권리를 박탈한다는 태도도 밝혔다.

　레오폴트 1세는 대동맹의 확고한 지원을 토대로 1702년 봄 프랑스에 정식으로 전쟁 선포를 했다. 이에 앞서 프랑스는 1701

정도로 프랑스의 영향력을 많이 받았으며, 카스티야 평의회를 제외한 에스파냐 의회와 시의회는 사실상 무력화된 채 절대왕권 체제가 구축되었다. 그러나 1724년부터 정신착란 증세를 보이기 시작한 펠리페 5세는 그해 1월 왕권을 장남 루이스 1세(Luis de España: 1724-1724)에게 양위했고, 그 자신은 산 일데폰소(San ildefonso: 오늘날 카스티야이레온 자치구역(Comunidad Autonoma de Castilla y Leon) 남동부 세고비아주(Provincia de Segovia)에 위치) 궁에 칩거한다는 의지를 표명했다. 그러나 예상과는 달리 루이스 1세가 일찍 사망함에 따라 펠리페 5세의 시기는 다시 시작되었다. 하지만 펠리페 5세의 두 번째 치세기는 그의 두 번째 부인 이사벨 디 파르네세와 그녀의 측근 대신들에 의해 운영되었는데, 그것은 왕의 빈번한 우울증과 광기에서 비롯되었다.

년 3월 19일 바이에른 선제후 막스 에마누엘(Max Emmanuel)과 그의 동생인 쾰른(Köln) 대주교(Erzbischof) 요제프 클레멘스(Josef Clemens)와 반합스부르크 동맹체제를 결성한 후 에스파냐령 네덜란드를 침공했다. 이렇게 시작된 에스파냐 왕위계승 전쟁은 1713년까지 지속되었다. 전쟁 중 레오폴트 1세는 1703년 9월 17일 빈에서 차남 카를 대공을 카를로스 3세(Carlos III: 1703-1714)로 등극시켰고, 자기 아들이 에스파냐 합스부르크 가문의 합법적인 상속자라는 주장도 펼쳤지만 프랑스는 이에 동의하지 않았다.

10년 이상 지속된 에스파냐 왕위계승 전쟁은 1715년 2월에 체결된 위트레흐트(Utrecht) 평화조약으로 종료되었다. 그런데 위트레흐트 평화협상은 1713년부터 시작되었다. 위트레흐트 평화조약은 프랑스와 영국, 프랑스와 네덜란드, 프랑스와 프로이센, 프랑스와 사부아, 프랑스와 포르투갈, 에스파냐와 영국, 에스파냐와 사부아, 에스파냐와 네덜란드, 에스파냐와 포르투갈 사이에 체결된 9개의 개별적 쌍무조약으로 구성되었다. 9개의 조약 중 첫 조약인 프랑스와 영국 간의 평화조약이 1713년 4월 11일자로, 마지막 조약인 에스파냐와 포르투갈 간의 조약은 1715년 2월 6일에 체결되었기 때문에, 위트레흐트 평화협상은 공식적으로 2년을 끈 끝에 종료되었다. 이렇게 많은 국가가 참여하고 기간 역시 오래 끈 평화조약에서는 프랑스와 에스파냐가 합병하지 않는다는 조건으로 펠리페 5세의 에스파냐 왕위계승이 인정되었다. 아울러 유럽에서의 세력균형을 유지하기 위한 참여국 사이에 영토교환도 이루어졌다.

위트레흐트 평화조약에서 배제된 오스트리아는 1714년 3월 6일 뷔르템베르크 라슈타트(Rastatt)에서 프랑스와 별도의 평화조약을 체결했는데 이 과정에서 영국은 중재 역할을 성실히 수행했다. 그리고 독일제국 직속 도시들 역시 같은 해 9월 7일 스위스 바덴(Baden)에서 프랑스와 평화조약을 체결했다. 라슈타트 평화조약에서 오스트리아는 브라이자흐(Breisach), 프라이부르크(Freiburg), 켈(Kehl)을 프랑스로부터 되찾았다. 프랑스는 라인강 우안의 자국 방어시설을 철거하고, 독일제국 제후들로부터 빼앗은 지역들을 1697년 9월 20일에 체결된 레이스베이크(Rijswijk) 평화조약 수준으로 환원시키는 대가로 란다우(Landau)를 획득하고, 영국 국왕 조지 1세(George I: 1714-1727)의 하노버 선제후 자격을 승인했다.[10] 조지 1세의 부친 브라운슈바이크-뤼네부르크(Braunschweig-Lüneburg) 공작 에른스트 아우구스트(Ernst August)는 1692년 당시 신성로마제국 황제 레오폴트 1세로부터

---

10 프랑스, 영국, 네덜란드, 에스파냐, 그리고 오스트리아의 주도로 체결된 레이스베이크 평화조약은 1688년에 발생한 9년 전쟁, 즉 아우크스부르크 동맹전쟁과 팔츠 계승전쟁을 종결시켰다. 이 평화조약에서 프랑스는 스트라스부르를 보유하는 대신 룩셈부르크(Luxemburg)를 비롯하여 재결합으로 얻은 거의 모든 영토를 반환하기로 했다. 또한 프랑스는 라인강 우안의 모든 영토도 포기한다는 데 합의했고 브라이자흐, 켈, 프라이부르크, 필립스부르크 역시 포기했다. 당시 루이 14세의 입장에서 영토 할양만큼이나 중요한 문제는 윌리엄 3세를 영국 국왕으로 인정하느냐였다. 여러 차례 주저한 끝에 그는 윌리엄 3세를 영국 국왕으로 인정하고 제임스 2세(James II: 1685-1688)의 왕위 복귀를 위한 모든 지원도 중단할 것을 약속했다.

나 폰 팔츠-노이부르크(Eleonore Magdalena v. Pfalz-Neuburg, 62세), 요제프 1세의 미망인 빌헬미네 아말리에 폰 브라운슈바이크-뤼네부르크(Wilhemine Amalie v. Braunschweig-Lüneburg, 40세), 카를 6세의 누이동생들인 마리아 엘리자베트(Maria Elisabeth, 33세)[13], 마리아 안나(Maria Anna, 31세)[14], 마리아 마그달레나(Maria Magdalena, 24세), 요제프 1세의 나이 어린 두 딸 마리아 요제파(Maria Josepha, 14세), 마리아 아말리아(Maria Amalia, 12세), 그리고 22세의 부인까지 모두 8명이 왕위계승권을 가졌기 때문에 카를 6세는 이들 간의 서열부터 먼저 정리해야만 했다.[15]

실제로 카를 6세가 후계자 없이 사망할 경우, 장자 출생원칙에 따라 요제프 1세의 두 딸과 결혼한 작센 가문과 바이에른 가문의 후손이 후계자로 등장하게 되는데, 당시 그는 다른 가문에게 합스부르크 가문을 넘겨줄 생각이 없었기 때문에 자신이 남자 상속인 없이 타계하면 반드시 자신의 딸이 왕위계승을 해야 한다는 강박관념을 가지고 있었다. 따라서 그는 가족 간의 협약인 '상호계승약관'을 자신의 관점에 따라 변경하려고 했다. 즉 그는 남자 상속인이 없어도 자신의 가문이 계속하여 오스트리아 왕위를 계승할 수 있다는 내용으로 바꾸려 했다. 그러나 그는

---

13 오스트리아령 네덜란드 총독직을 수행하고 있었다.

14 1708년 포르투갈 국왕 주앙 5세(João V de Portugal: 1706-1750)와 결혼했다.

15 오스트리아에서 신성로마제국의 황제가 서거하면 황후 명칭 역시 태후(Kaiserinwitwe)로 바뀌게 된다.

법적으로 규제되지는 않지만 왕국 내 귀족들과의 타협을 통해 그들의 동의를 얻어내야 하는 과제를 안고 있었다.

1712년 크로아티아-슬라보니아(Hrvatska i Slavonija) 귀족들은 카를 6세가 상속법, 즉 '상호계승약관'을 개정하려 한다는 소식을 접했다. 이에 따라 이들은 만일 여자 상속인이 오버외스터라이히(Oberösterreich), 니더외스터라이히(Niederö-sterreich), 그리고 이너외스터라이히(Innerösterreich)를 통치한다면 그들 역시 여자 상속인을 인정하겠다는 견해를 밝혔다. 이러한 결정은 향후 있을 수 있는 오스만튀르크 침입을 크로아티아-슬라보니아가 독자적으로 방어할 수 없다는 현실적 판단에서 비롯된 것 같다. 또한 이들은 카를 6세에게 선호적 자세를 보이면 헝가리 왕국과 동군연합하에 있던 크로아티아-슬라보니아가 더 많은 자치권을 확보할 수 있다는 예견도 했다.[16] 이러한 결정에 고무받은 카를 6세는 헝가리 귀족들과 협상을 전개했는데 여기서 헝가리 귀족들은 그들 계층에 대한 면세특권과 향후 통치자로 등장할 인물의 결혼문제에 대한 헝가리 의회의 개입권을 요구했다. 그러나 카를 6세는 헝가리 제국의회의 이러한 요구를 수용하지 않았다.

에스파냐 왕위계승 전쟁의 막바지였던 1713년 4월 19일 오전 10시 카를 6세는 빈에 체류 중인 추밀고문관(Geheimrat)을 비

---

16 동군연합은 독자적 주권을 보유한 2개의 개별 왕국이 1명의 군주를 모시는 정치형태이다.

롯한 고위관료들을 황궁으로 소환했는데, 여기엔 사보엔(Eugen v. Savoyen) 대공, 슈바르첸베르크(Ferdinand Schwarzenberg) 대공 등도 포함되었다.[17] 이렇게 소집된 회의에서 카를 6세는 1703년에 발표된 '상호계승약관'의 내용과 그것이 가지는 문제점들을 언급했다. 그에 따르면 '상호계승약관'을 오스트리아 왕위계승에 적용하면 왕국 분열이 가시화될 것이고 이에 따라 오스트리아의 국제적 위상 역시 실추될 수 있다는 것이다. 이어 그는 국가재상(Staatskanzler)이었던 자일레른(Johann Friedrich v. Seilern)에게 국사조칙(Pragmatische Sanktion, Sanctio pragmatica)을 낭독하게 했고 거기서 참석자들의 동의도 얻어냈다.

1703년 9월 12일 '상호계승약관'을 작성하여 입안한 자일레른은 카를 6세의 명령에 따라 국사조칙 제정에도 적극적으로 참여했다. 이렇게 자일레른 주도로 입안된 '상호계승약관'은 에스파냐-합스부르크 가문과 오스트리아-합스부르크 가문 중, 종가인 오스트리아-합스부르크 가문의 남계에 절대적인 우선

---

17 사보엔 공의 증조부는 사보엔(Savoyen) 공작 엠마누엘레 1세(Carlo Emanuele I), 조부는 사부아-카리냔(Calignan) 후작 프란체스코(Tommaso Francesco), 증조모는 펠리페 2세의 딸 미카엘라(Catalina Micaela), 조모는 부르봉(Bourbon) 가문의 방계인 콩데(Conde) 가문 출신이었다. 그리고 오이겐 폰 사보엔 공의 어머니는 루이 14세 때 영향력을 행사한 마자랭(Mazarin)의 질녀인 만치니(Olympia Mancini)였고 아버지는 프랑스-에스파냐 전쟁과 네덜란드 전쟁에 참여한 중장 출신인 모리스(Eugine Maurice)였다. 사보엔 공은 레오폴트 1세를 알현하면서 황제군의 일원으로 복무하겠다는 태도를 밝혔다. 이에 앞서 그는 베르사유 궁전에서 루이 14세와 여러 차례 독대했고, 프랑스군에서 지휘관으로 활동하고 싶다는 희망을 밝혔지만 프랑스 국왕은 "곱사등의 허약한 모습으로는 오히려 가톨릭 신부가 되는 것이 훨씬 나을 것이다"라는 핀잔만 주었다.

권을 부여했다. 레오폴트 1세 사후 오스트리아-합스부르크 가문을 이끌어갈 양대 가문 중에서 한 가문의 남계가 소멸할 경우, 계승권은 상대방 가문으로 넘어가도록 규정한 상호계승약관의 해당 조항은 장녀가 계승권을 가지는 에스파냐-합스부르크 가문의 상속 순서에 반하는 규정이었다. '상호계승약관'에 따를 경우, 카를은 에스파냐-합스부르크 영지인 에스파냐 왕국을 상속받을 수 있었고, 요제프가 후사 없이 사망할 경우, 후자의 권리도 승계할 수 있었다. 카를 6세의 이러한 행위는 왕위계승에 대한 '상호계승약관'을 국법(Staatsgrundgesetz)으로 대체시킨 것이라 하겠다.

장남에게 주어진 우선 상속권이 장남의 가계, 장남의 가계가 단절되면 차남과 차남의 가계로 이양되는 것에 대해 '상호계승약관'과 국사조칙은 견해를 달리하지 않았다. 그리고 양 문서는 모든 남성 계가 단절된 후 비로소 여성 상속권이 효력을 가진다고 했다. 여기서 '상호계승약관'은 남성 계가 단절된 후 발생하는 여성의 상속 순위를 구체적으로 정하지 않았지만, 국사조칙은 이 경우 마지막 남성 왕위계승자의 후손에게 계승권이 귀속된다는 조항도 있었다. 당시 카를 6세는 남자 후계자가 없을 경우를 대비하여 국사조칙을 발표했지만 이러한 조칙을 통해 왕국의 통합을 견지하려는 의도도 있었다.

그런데 카를 6세는 국사조칙을 바로 공포하지 않고 황궁 내에서 비밀로 남겨두었는데 이는 아들의 출생을 기다렸기 때문이다. 당시 카를 6세는 당시 유럽의 군주들과 마찬가지로 전쟁이 발생하면 자신의 후계자가 군대를 이끌고 전선에 나서야 한다고 생각했지만, 국사조칙으로 자신의 장녀가 오스트리아 왕위를 계승하면 그러한 과제수행이 불가능하다는 것도 인지하고 있었다. 따라서 그는 결혼 후 가능한 한 빨리 남자 상속인을 얻기 위해 노력했고 그 과정에서 주치의들도 동원했다. 주치의들은 알코올에 희망을 걸고 황후에게 포도주와 브랜디를 처방했다. 그러나 이러한 방법이 별 효과를 거두지 못함에 따라 점차 그 양을 확대했다. 황후 엘리자베트 크리스티네(Elisabeth Christine)는 언제나 처방된 알코올을 성실하게 마셨으며, 자신의 얼굴이 습관적인 음주가들의 얼굴처럼 분홍빛인 것도 감수했다.[18]

실제로 결혼한 직후부터 엘리자베트 크리스티네는 황위를 계승할 후계자를 낳아야 한다는 압박감에 시달렸다. 이는 그녀가 부모에게 보낸 서신에서도 확인되었다. 편지에서 엘리자베트 크리스티네는 자신의 의무가 무엇인지를 잘 알기 때문에 그것의 이행에 최선의 노력을 기울이고 있다고 언급했다. 당시 오스트리아 황실은 남자 상속인을 생산하지 못한 황후에게 가혹

---

18 엘리자베트 크리스티네는 루트비히 루돌프 폰 브라운슈바이크(Ludwig Rudolf v. Braunschweig) 대공의 장녀로 태어났고 1708년 4월 23일 빈의 파르 교회(Pfarrkirche)에서 카를 대공, 즉 카를 6세와 결혼했다. 그러나 대리인, 즉 카를 대공의 형이었던 요제프 1세가 동생을 대신해 신랑 역할을 한 결혼식이었기 때문에 신랑과 신부는 서로 대면하지 않았다. 같은 해 8월 1일 카를은 바르셀로나(Barcelona)에서 금발에 푸른 눈을 가진 아름다운 신부를 정식으로 만나게 되었고 이후부터 양인은 서로를 깊이 사랑했다. 그녀의 미모는 1716년 빈에 체류 중이던 몬터규(Mary Worley Montagu)에 의해 "이 세상에서 제일 아름다운 여인인 것 같다"라고 묘사되기도 했다. 몬터규는 당시 영국을 대표하던 여류 작가였다.

한 처벌도 주저하지 않았는데 이 과정에서 황제의 관점은 완전히 배제되었다. 즉 황실은 황후가 더는 임신하지 못하면 그녀가 인위적 병, 예를 들면 위염에 걸렸을 경우 치료 대신에 악화시키는 약을 처방하여 서서히 죽게 했는데 이에 대해 주변 인물들도 인지하지 못할 정도로 세심한 주의를 했다. 당사자였던 황후 대다수는 그들이 황실에 의해 처벌받고 있다는 사실을 인지하는 경우가 많았지만, 이를 대외적으로 발설하지는 않았다. 아마도 발설로 인해 야기될 가문의 존폐 위기를 고려해야 했기 때문일 것이다.

카를 6세는 결혼한 지 8년 그리고 에스파냐를 떠난 지 5년 만인 1716년 4월 13일 기다리던 아들 레오폴트 요한(Leopold Johann)을 얻었지만, 이 아들은 불과 7개월 만인 1716년 11월 4일에 죽었다. 이후 카를 6세는 1717년 5월 13일 마리아 테레지아(Maria Theresia), 1718년 9월 14일 마리아 안나(Maria Anna), 그리고 1724년 4월 5일 마리아 아말리아(Maria Amalia)만을 얻었다.[19] 세 명의 딸을 얻은 후 카를 6세는 황비가 더는 임신할 수 없다는 것을 파악한 후 국사조칙을 발표했다. 이후 국사조칙은 오스트리아의 모든 지방의회와 헝가리 및 보헤미아 의회에 제출되어 1720년과 1725년 사이에 승인받음으로써 오스트리아 왕국의 공식 헌

----

19 카를 6세는 마리아 테레지아가 태어난 직후, 즉 1717년 6월 9일 장모에게 서신을 보냈다. 여기서 그는 딸의 탄생에 대해 엘리자베트 크리스티네가 불만과 낙담을 표시했지만 마리아 테레지아 역시 자신의 딸이라는 것을 강조했다. 이어 그는 아들들과 딸들이 곧 태어날 것이라는 희망과 확신도 표명했다.

법으로 자리 잡게 되었다.[20]

　이렇게 국내적 절차가 완료됨에 따라 바르텐슈타인(Johann Christoph v. Freiherr Bartenstein) 남작은 카를 6세에게 유럽 열강의 승인도 필요하다는 견해를 제시했고 이에 대해 카를 6세 역시 동의했다. 여기서 카를 6세는 각국의 요구 역시 수렴해야 한다는 사실을 잘 알고 있었다. 당시 러시아는 오스트리아가 폴란드 문제 및 오스만튀르크 문제에서 그들을 전적으로 지지한다는 약속을 받아낸 1726년 국사조칙을 인정했다. 아울러 러시아는 오스트리아에게 동맹체제 구축도 요구했고 카를 6세는 이에 대해 동의해야만 했다. 프로이센의 프리드리히 빌헬름 1세(Friedrich Wilhelm I: 1713-1740)는 1726년 10월 베를린(Berlin) 근처의 부스터하우젠(Wüsterhausen)에서 체결한 조약과 2년 후 베를린에서 서명한 조약에서 국사조칙을 인정한다고 했다. 여기서 프리드리히 빌헬름 1세는 팔츠-노이부르크(Pfalz-Neuburg) 가문이 통치하던 니더라인(Niederrhein) 내 경제 부국이었던 베르크 대공국(Herzogtum Berg)에 관해 관심을 표명했다. 그리고 그는 팔츠-노이부르크 가문이 단절되면 카를 6세의 도움을 받아 이 대공국을 프로이센에 편입시키겠다는 의도도 밝혔지만, 이는 카를 6세의 무관심으로 인해 실현되지 못했다.[21]

---

　20 1724년 오스트리아 네덜란드 귀족들이 국사조칙을 인정했고 다음 해인 1725년 밀라노 공국도 국사조칙의 실행에 대해 이의를 제기하지 않았다.

　21 당시 프로이센의 영토는 분산된 상태였다. 영토의 서쪽 끝에서 동쪽 끝까지의 거리가 1천 km에 이를 만큼 넓은 지역에 걸쳐 여러 영토가 산재해 있었고, 또

카를 6세는 영국과 네덜란드로부터 국사조칙을 인정받기 위하여 자신이 1722년 직접 세운 동인도 교역회사(Ostindische Handelskompagnie)를 9년 만인 1731년에 해체해야 했는데 이는 오스트리아 경제에 적지 않은 타격을 가져다주었다. 오스트리아는 새로이 획득한 네덜란드 남부지방 덕분에 당시 해외 교역에서, 특히 인도의 서부 및 동부, 중국, 그리고 아프리카와의 교역에서 막대한 이익을 얻었지만, 이는 영국과 네덜란드에 경제적인 타격을 가져다주었다. 이에 이들 국가는 카를 6세에게 동인도 회사의 해체를 요구했고 반대급부로 국사조칙을 인정하겠다는 당근도 제시했다.[22]

카를 6세는 국사조칙에 대한 유럽 열강의 승인을 받으려는 노력을 적극적으로 펼치면서도 남자 후계자에 대한 미련을 완전히 포기하지 않았다. 이는 이 시기에 실제로 그가 남자 후계자를 얻을 방법을 모색했고, 두 번째 부인을 얻는 방법밖에 없다는 것을 인지한 데서 확인할 수 있다. 그러나 이는 황후 엘리자베트

영토의 경계선이 자연 지형에 의해 보호되지도 않아서 외부의 군사적 위협에 취약했다.

22 영국과 네덜란드는 1731년 3월 16일 오스트리아와 체결한 빈 조약에서 국사조칙을 승인했다. 이들 양국은 동인도 회사 해체와 더불어 마리아 테레지아가 유럽의 세력균형을 위해 할 혼인, 즉 유럽 주요 국가 위정자 또는 상속인과 결혼해서는 안 된다는 별도의 요구를 했고 이 역시 오스트리아는 수용해야만 했다. 프랑스는 폴란드 왕위계승 전쟁의 종식을 최종적으로 확인하기 위해 1738년 11월 18일 빈에서 체결된 빈 평화조약에서 국사조칙을 승인했다. 거의 같은 시점 오스트리아는 당시 국사조칙에 대해 부정적이었던 스웨덴과 덴마크와도 협상을 펼쳤지만 이들 국가의 과다한 요구로 협상은 조기 중단되었다.

크리스티네가 죽어야만 가능한 방안이었다. 엘리자베트 크리스티네는 나쁜 건강 상태에도 불구하고 임신을 위한 처방에 따라 과다음식을 섭취했다. 즉 그녀는 향미료, 색소를 첨가한 술과 영양분이 지나치게 많은 음식을 섭취했고 이것은 체내에 지방축적을 가져왔을 뿐만 아니라 얼굴마저 볼품없이 붉게 했다. 점차 그녀는 제대로 걸을 수 없을 만큼 비만해졌다. 당시 카를 6세의 주변 인물들은 황제가 비만한 엘리자베트 크리스티네 황후가 빨리 죽기를 기원하는 것 같다고 언급하기도 했다.

1715년 초부터 빈 황실에서는 엘리자베트 크리스티네의 죽음이 임박했고 카를 6세가 새로운 부인을 얻으려 한다는 소문도 돌기 시작했다. 이 과정에서 요제프 1세의 장녀인 마리아 요제파, 로트링엔 대공국의 장녀, 즉 마리아 테레지아의 미래 남편 프란츠 슈테판(Franz Stephan)의 누이 엘리자베트 테레제(Elisabeth Therese), 그리고 엘리자베트 테레제의 여동생인 안나 샤를로테(Anna Charlotte) 등이 황후 후보로 거론되었다. 카를 6세가 죽기 일주일 전에는 모데나(Modena) 대공의 딸도 황후 후보로 언급되었다. 이러한 재혼 움직임과는 별도로 카를 6세는 1736년 2월 12일 마리아 테레지아와 프란츠 슈테판 사이의 약혼식이 끝난 직후 이들을 비공개적으로 불러 향후 자신 및 마리아 테레지아의 여동생에게서 남자 상속인이 태어나면 마리아 테레지아가 오스트리아의 왕위계승권을 포기한다는 서약서도 받아냈다.

작센 선제후 아우구스트 1세(August I)가 1697년 폴란드 국왕, 즉 아우구스트 2세(August II: 1697-1733)로 등극했다.[23] 그런데 이 인물이 1733년 사망함에 따라 폴란드 최고위 귀족이면서 루이 15세의 장인이었던 레슈친스키(Stanisław Boguslaw Leszczyński)가 폴란드 민족주의자들에 의해 스타니스와프 1세(Stanisław I: 1733-1735)로 추대되었다. 같은 해 9월 12일 바르샤바에서 개원한 제국의회(Sejm) 역시 스타니스와프 1세의 등극을 결의했다.[24] 이 인물은 이미 1704년 폴란드 국왕으로 등극했지만 1709년 아우구스트 2세에 의해 권좌에서 강제로 축출당한 바 있었다. 당시 프랑스와 에스파냐는 스타니스와프 1세의 등극을 인정했지만 러시아, 스웨덴, 그리고 오스트리아는 작센 선제후 프리드리히 아우구스트 2세(Friedrich August II)를 대립 왕으로 내세워 폴란드에서 왕위계승 전쟁(1733-1735)을 유발했다.[25]

---

23 작센과 폴란드는 동일 군주에 의해 통치되는 동군연합(Personaluinon)으로 변형되었다.

24 당시 폴란드 왕정은 선출 왕정이었기 때문에 경쟁후보 간의 대립과 그 과정에서 자국의 영향력을 확대하려던 외부세력의 지속적인 개입으로 혼란의 와중에서 벗어나지 못했다. 이와 더불어 폴란드 헌법의 구조적인 취약성 때문에 체제가 마비되는 경우가 많았고 국가의 체제를 개혁하고 튼튼히 하려는 노력마저 방해받았다. 여기서 폴란드 제국의회가 허용한 '리베룸 베토(Liberum Veto)'는 상황을 더욱 어렵게 했다. '자유를 허락하지 않는다'라는 라틴어에서 비롯된 '리베룸 베토'는 제국의회에서 어떠한 안건이 통과되려면 반대하는 의회 구성원이 한 명도 없어야 한다는 일종의 만장일치제였다. 따라서 폴란드 제국의회의 각 구성원은 다수의 뜻을 방해할 수 있었을 뿐만 아니라 그들만의 의회를 소집할 수 있는 귀족들의 무장연합, 즉 '연맹(Konföderationen)'도 형성할 권리를 가졌다. 그리고 이것은 합법화된 내전을 유발하는 요인이 되었고 18세기에 접어들면서 매우 흔한 일로 간주했다. 그러나 리베룸 베토는 1791년 5월 3일 제정한 헌법에서 삭제되었다.

25 당시 러시아는 프랑스의 지원을 받던 스웨덴, 폴란드, 그리고 오스만튀르

국사조칙

당시 프리드리히 아우구스트 2세 역시 자신이 폴란드 국왕으로 등극하기 위해서는 러시아와 오스트리아의 지지가 절대적으로 필요하다는 사실을 인지하고 있었다. 따라서 그는 오스트리아의 카를 6세가 발표한 국사조칙을 인정했다. 이에 반해 스타니스와프 1세는 그를 지지하던 프랑스 및 에스파냐로부터 군사적 지원을 기대했지만 그러한 것이 가시화되지 못했다. 이에 따라 스타니스와프 1세와 그의 추종 세력은 크게 위축되었고

크가 상호 협력하여 지난 북방전쟁에서 그들이 획득한 영토를 다시 차지할지도 모른다는 우려도 하고 있었다.

이는 스타니스와프 1세가 프리드리히 아우구스트 2세와의 대립에서 패하는 요인으로 작용했다.

1738년 11월에 체결된 빈 평화조약에서 오스트리아는 스타니스와프 1세가 로트링엔 대공국의 지배자로 등장하는 것을 허용했고 이 인물이 죽은 후 이 대공국이 자동으로 프랑스에 귀속된다는 것에 대해서도 동의했다. 프랑스는 그것에 대한 대가로 국사조칙을 인정했다.[26]

---

26 폴란드 국왕직에서 물러난 스타니스와프 1세는 로트링엔 대공국을 1766년 2월까지 통치했다.

2 프리드리히 2세의 등극

1713년 2월 25일 프로이센의 2대 국왕으로 등극한 프리드리히 빌헬름 1세(Friedrich Wilhelm I)가 1740년 5월 31일에 사망함에 따라 왕세자 프리드리히(Friedrich)가 그의 후계자로 등장했다.[27] 국왕으로 즉위한 이후부터 프리드리히 2세는 선친이 추진

---

27 1713년 2월 25일 프로이센의 위정자로 등장한 프리드리히 빌헬름 1세는 즉위한 직후부터 절대왕정 체제 구축에 필요한 일련의 개혁을 신속히 펼쳤고 그 과정에서 그는 시민계층도 대거 기용했다. 이 인물은 1723년 기존의 일반재정총국과 국가관리위원회를 통합해 일반재정전쟁왕령지관리총국〔(Generalfinanz-Ober-Finanz-Kriegs-und-Domänendirektorium): 이를 약칭하여 일반총국(Generaldirektorium)〕을 출범시켰는데 이는 영토 및 전문분야를 혼합시킨 것으로 볼 수 있다.

프리드리히 빌헬름 1세 시기 프로이센의 인구는 1713년 160만 명에서 1740년 225만 명으로 늘었다. 이 시기 상비군의 규모도 40,000명에서 83,000명으로 확대되었는데 이는 인구증가율 40%를 3배 이상 초과할 정도였다. 프리드리히 빌헬름 1세가 사망하기 직전, 즉 1740년 초에 프로이센의 상비군은 83,000명이었는데 이는 프랑스가 에스파냐 왕위계승 전쟁 당시 보유한 40만 명과 비교할 때 그리 큰 규모는 아니었다. 프리드리히 빌헬름 1세는 선친인 프리드리히 1세(Friedrich I: 1701-1713)와는 달리 국가재정을 튼튼히 하고 국가 채무 역시 급감시킨다는 원

한 개혁정책, 즉 절대왕정 체제 구축에 필요한 제 정책을 마무리하고 자신이 선호하던 계몽절대주의 체제(Aufgeklärtes Absolutistiches System)도 본격적으로 시행하려고 했다. 프리드리히 2세는 왕위를 계승하기 이전부터 장당(Jacques Égide Duhan de Jandun), 알가로티(Francesco Algarotti), 그리고 볼테르(François-Marie Arouet Voltaire) 등을 통해 계몽사상의 근간 및 그것의 장점들도 터득했다.

장당은 어린 프리드리히 왕세자에게 계몽사상의 근간을 전달했다. 이 인물은 1716년부터 왕세자 프리드리히의 교육을 전담했다. 여기서 그는 공식적 수업뿐만 아니라 프리드리히에게 문학 및 라틴어 특별수업도 자주 했다. 특히 장당은 프리드리히에게 프랑스 역사, 특히 루이 14세 시기를 집중적으로 가르쳤고 이는 향후 프리드리히가 계몽 절대왕정 체제를 정립하는 데도 적지 않은 도움을 주었다. 아울러 그는 왕세자를 위해 비밀도서관을 마련해주는 등의 성의도 보였다.

칙을 지향했다. 프리드리히 빌헬름 1세가 지향한 이러한 원칙 이면에는 그 자신이 유럽 열강의 군사 및 재정적 지원으로 국가를 운영할 때 제기될 제 문제점을 직시했기 때문이다. 따라서 그는 외부의 간섭 없이 독자적으로 국가를 운영하기 위해서는 상비군 체제가 절대적으로 필요하다는 것을 인지했고 그러한 체제 운영에 막대한 비용이 요구된다는 것도 파악했다. 따라서 그는 조세제도를 근본적으로 개혁하려고 했다. 프리드리히 빌헬름 1세가 펼친 이러한 긴축정책으로 프로이센의 국가 세입은 410만 탈러(1713)에서 690만 탈러(1730)로 증가했다. 당시 프리드리히 빌헬름 1세는 프로이센 신민들에게 그들의 의무를 충실히 이행할 것을 요구했고 거기서 그는 1713년 모든 남성에게 병역의무를 부가하는 칸톤 제도(Kantonsystem)도 도입했다. 재위 기간 중 프리드리히 빌헬름 1세는 적극적인 외교정책을 펼치지 않았지만, 즉위 초, 즉 1715년에 참여한 대북방전쟁(Großer Nordischer Krieg)에 참여하여 영토확장을 시도했다.

당시 비밀도서관에는 정확히 3,775권의 장서가 있었는데 이들 중의 상당수는 프랑스로부터 유입된 도서들이었다. 그런데 이들 저서는 베를린 왕궁의 바로 건너편에서 영업하던 암브로시우스 하우데(Ambrosius Haude) 서점의 비밀 책장에 숨겨져 있었다. 프리드리히는 비밀도서관에서 많은 책을 읽었는데 거기서 그는 정치서뿐만 아니라 당시 이탈리아 및 프랑스 작가들이 쓴 계몽주의적 문학작품들도 선호했다.

1730년 8월 5일 프리드리히의 국외 탈출계획이 실패로 끝난 후 프리드리히 빌헬름 1세는 왕세자의 스승들 역시 프리드리히를 만나서는 안 된다는 명령을 받았다. 그리고 그러한 명령의 일환으로 장당은 변방인 메멜(Memel) 지방으로 추방되었다. 그러다 1732년 프리드리히 빌헬름 1세는 장당에게 조건부 사면을 시행했다. 이에 따라 장당은 블랑켄부르크(Blankenburg) 루트비히 루돌프(Ludwig Rudolf v. Braunschweig-Wolfenbüttel) 대공의 도서관에서 사서로 근무하게 되었다.

그러나 이에 앞서 프리드리히 빌헬름 1세는 프리드리히로부터 장당을 만나지 않겠다는 약속도 받아냈다. 1740년 5월 31일 프로이센 국왕으로 등극한 프리드리히 2세는 6월 3일 장당에게 베를린 귀환을 명령했고 그가 베를린으로 돌아온 지 얼마 안 된 6월 초 외무성의 추밀고문관(Geheimrat im Amt für Auswärtiges)으로 임명했다.[28]

---

28 제1차 오스트리아 왕위계승 전쟁이 발발한 후 원정지에서 프리드리히 2

장당이 프리드리히 2세에게 계몽사상의 근간을 알려주었다면, 알가로티는 프리드리히 2세가 계몽사상을 보다 체계적으로 정립하는 데 일조했다. 알가로티는 1739년 9월 라인스베르크(Rheinsberg)성에서 프리드리히 왕세자를 처음 만났고 그 이후부터 이들은 서로를 친구로 생각할 정도로 긴밀해졌다. 이러한 친밀성은 특히 프리드리히가 알가로티로부터 예술의 다양한 부분을 배우려는 자세를 보였을 뿐만 아니라 이들 간의 동성애적인 사랑도 시작된 데서 비롯된 것 같다.

당시 알가로티는 그리스 및 로마 문명에 대해 깊은 관심을 표명했고 이 분야에서 매우 높은 식견도 갖추었다. 또한 알가로티는 육체적·정신적 성장에 필요한 문학, 철학, 예술, 건축에 대해서도 해박한 지식을 겸비했다. 실제로 그는 예술, 문학 및 철학(*arti, lettere & filosofia*)의 교사로 간주될 정도로 그 명성이 널리 알려졌다. 이에 반해 군인왕의 아들이었던 프리드리히는 라틴 및 그리스 문화에 대해서는 거의 문외한이었다. 당시 문화의 중요성을 인정한 이탈리아, 영국, 그리고 프랑스 왕실에서 반드시 배워야 할 예술 및 건축을 프리드리히는 배우지 못했다.

프로이센 국왕으로 등극한 프리드리히 2세는 1740년 6월

세는 자주 장당에게 서신을 보내는 등 그와의 친밀한 관계를 유지하려고 했다. 그리고 프리드리히 2세는 1744년 1월 장당을 학술원 명예회원으로 임명했는데 이것은 그가 스승의 학문적 탁월성을 인정했기 때문이다. 장당에 대한 프리드리히 2세의 신뢰와 믿음은 그가 1745년 12월 25일 드레스덴 평화조약을 체결하고 12월 28일 베를린으로 돌아온 후 임종 직전의 장당을 가장 먼저 방문한 데서 확인할 수 있다.

2일 당시 런던에 머물고 있던 알가로티에게 서신을 보내 베를린에서 활동할 것을 요청했다. 이에 따라 알가로티는 6월 28일 베를린에 왔고 그 이후부터 프로이센 군주와 그 사이의 관계는 매우 긴밀해졌고 그들의 동성애적 사랑 역시 본격화되었다. 1743년부터 1747년까지 알가로티는 작센 공국에서 활동하다가 1747년 3월 중순 베를린으로 귀환했다.

베를린으로 돌아온 알가로티와의 독대 과정에서 프리드리히 2세는 그를 자신의 시종장(Kammerherrn)으로 임명했을 했을 뿐만 아니라 고액의 연금 지급도 약속했다. 1747년 4월 23일 프리드리히 2세는 알가로티에게 '공훈훈장(Orde pour le Mérite)'을 수여했는데 이 훈장은 1740년부터 국가를 위해 공헌한 장군들에게 수여된 일종의 무공훈장이었다. 볼테르 역시 알가로티가 받은 훈장을 프리드리히 2세로부터 받았다.[29]

계몽사상을 프리드리히 2세에게 전수한 마지막 인물은 볼테르였다. 특히 이 인물은 프리드리히 2세에게 계몽사상을 실제 정치에 효율적으로 반영시킬 방법까지 전달했다. 프리드리히 2세는 볼테르와 서신 교환을 하면서 자신이 정립한 계몽사상을 실제 정치에 반영하는 방법에 대해 조언을 듣고자 했다. 여기서

---

29 같은 해 알가로티는 '프로이센 학술원 국외 회원(Auswärtiges Mitglied der preußischen Akademie der Wissenschaft)'으로 임명되었다. 이후부터 1753년까지 알가로티는 프리드리히 2세가 개최하는 점심 만찬의 중요한 회식자로 간주되었고 이 시기에 알가로티와 프리드리히 2세 사이의 동성애적 사랑은 더욱 심화되었다. 당시 프리드리히 2세는 알가로티의 도움을 받아 포츠담을 유럽 예술세계의 중심지로 부각하려는 구상도 하고 있었다.

그는 자신이 제시한 방법이나 절차에 대해 볼테르가 조언 또는 시정 방법을 제시하기를 기대했다.

볼테르와의 서신 교류를 통해 터득한 계몽사상을 토대로 프리드리히 2세는 1740년 『반마키아벨리즘』이라는 저서를 출간했는데 계몽 절대군주의 덕목 등이 자세히 명시되었다.[30]

저서 출간에 앞서 프리드리히는 볼테르에게 서신을 보내 자신이 마키아벨리즘에 관해 연구하고 그것의 결과물을 출간하겠다는 의도도 밝혔다. 실제로 프리드리히는 1739년 5월부터 이 저서를 집필하기 시작했고 같은 해 11월에는 초안 작성도 마무리했다. 다음 해 2월 1일 프리드리히는 자신의 초안을 정리한 후 이것을 4월 26일 볼테르에게 보내어 수정 및 보완을 요청했다. 마침내 1740년 2개의 판본이 출판되었다.

첫 번째 판본은 네덜란드의 덴하흐(Den Haag)에서 반 두렌(Johann van Duren)에 의해 출간되었는데 당시 제목은 『마키아벨리론에 대한 왕자의 비평적 연구(*Examen du Prince de Machiavel, avec*

---

30 마키아벨리즘이라는 용어는 1513년 마키아벨리(Niccoli Machiavelli)가 그의 저서인 『군주론』에서 언급한 사상에서 비롯되었다. 따라서 이 사상의 엄밀한 의미는 국가의 이익을 위해 어떠한 방법이든, 즉 도덕성을 무시한 방법을 활용해도 된다는 것이다. 그러나 모든 사상이 그렇듯 그것이 발의자의 의도로만 국한되는 것은 아니다. 영국에서는 1560년대 말 종교를 경멸하고 정치적 이익만을 추구하는 행위나 행위자를 '마키아벨(Machiavel)' 또는 '마키아벨리안(Machiavellian)'으로 지칭했고, 1592년에는 '위선'이라는 의미로 사용되기도 했다. 당시 볼테르는 프리드리히 2세의 저서를 수정하면서 그것에 대해 비평도 했다. 즉 볼테르는 "만일 마키아벨리가 프리드리히 2세를 자신의 제자로 간주한다면 그는 먼저 프로이센 위정자에게 마키아벨리즘에 반대하는 글을 쓰라고 조언해야 할 것이다"라고 언급했다.

des notes historiques et politiques)』였다. 그런데 프리드리히는 프로이센 국왕으로 등극한 이후 첫 번째 판본에서 정치적으로 부적절하거나 쟁점을 유발할 수 있는 문구들을 출판 전에 삭제하려고 했지만 실패했다. 같은 해 두 번째 판본인 『반마키아벨리론 또는 마키아벨리론에 대한 왕자의 비평적 수필(*Anti-Machiavel ou Essay critique sur le Prince de Machiavel*)』이 첫 번째 판본과 같이 덴하흐에서 출간되었는데 이 판본에서 볼테르는 프리드리히의 정치적 관점을 부분적으로 수정하고 일부 문구들은 삭제했다.

여기서 프리드리히가 당시 유럽에서 '소문을 널리 퍼뜨리는 수다쟁이(Kolporteur von Klatsch und Tratsch)'로 알려진 볼테르에게 자신의 원고를 보냈고 거기서 무기명으로 저서를 출간하겠다는 의도를 밝힌 것은 분명히 의도가 있었다고 볼 수 있다. 그것은 자신이 원고에서 거론한 다소 과격한 구절들에 대한 변호를 볼테르가 해주기를 바란 데서 비롯된 것 같다. 실제로 프리드리히는 당시 모세(Moses)를 사기꾼 또는 지극히 평범한 지도자(ziemlich mittelmäßiger Anführer)로 묘사하는 등 당시 종교계에서 수용할 수 없는 것들을 자신의 초고에서 거론했다.

프리드리히는 두 번째 판본에서 인류의 보편적 도덕을 지향하는 변호자의 관점에서 마키아벨리의 관점을 정면으로 비판했을 뿐만 아니라 올바른 통치자의 상도 제시했다. 그리고 그는 한 국가의 통치자는 자제력을 상실한 명예심, 불성실, 그리고 살인을 추구하기보다 고결한 자세 및 덕성을 갖추어야 한다고 했다. 그리고 그에 따르면 군주는 신민의 복지를 최우선 과제(Das oberste Anliegen)로 설정해야 하며 선, 아량, 그리고 자비를 지향하는 정책도 펼쳐야 한다고 했다. 이를 통해 군주는 유일한 과제를 부여받게 되는데 그것은 자신이 지배하고 있는 신민의 행복을 위해 꾸준히 노력해야 한다는 것이다. 그리고 이러한 관점에서 프리드리히는 "군주는 신민의 행복을 실천시키는 제일의 종복이다"라는 견해도 밝혔다.

프리드리히의 이러한 도덕적 요구는 당시 보편화된 폭정에 대한 비판으로 연계되었고 이는 향후 유럽의 군주들이 국가를 어떻게 통치해야 하는지도 언급한 것이라 하겠다.

프리드리히는 자신의 저서에서 전쟁을 매우 비중 있게 다루었다. 그는 전쟁의 비참함을 강조했고 이것이 종종 위정자의 통제능력에서 벗어나는 폐해, 즉 국가의 존망을 위협할 정도의 매우 심각한 폐해도 가져다준다는 것을 언급했다. 따라서 그는 가능한 한 전쟁을 하지 않아야 한다는 생각을 밝혔지만, 전쟁을 완전히 피할 수 없다고도 했는데 이는 자신이 밝히려던 '정의의 전쟁'을 옹호하는 과정에서 나왔다. 그런데 '정의의 전쟁'은 예상된 공격을 사전에 막기 위한 방어전쟁의 성격이 강한데 이 전쟁은 동맹체제를 구축한 국가들에 대한 계약상의 의무를 수행하는 과정에서 비롯되는 경우가 많다는 것이다. 일반적으로 동맹체제 구축은 군주의 관심과 신민의 이익을 보호·증대시키기 위해 결성되는데 이를 위해 군주는 동맹국의 일원으로 전쟁에 참여할 수도 있다는 것이 프리드리히의 관점이었다.

특히 이 작품에서 관심을 가질 수 있는 것은 군주의 관심과

신민의 이익을 보호·증대하기 위해 군주는 때에 따라 전쟁도 펼칠 수 있다는 것이다.[31]

1732년 프리드리히 빌헬름 1세의 요구에 따라 프리드리히가 브라운슈바이크-볼펜뷔텔-베베른 대공국의 엘리자베트 크리스티네(Elisabeth Christine) 대공녀와 결혼하겠다는 약속을 함으로써 행한 프리드리히의 국외 탈출 시도(1730. 5)에서 비롯된 왕세자와 프리드리히 빌헬름 1세 사이의 불편한 관계는 해소되었다.[32]

---

31 프리드리히 2세는 역사와 관련된 저서들도 다수 저술했는데 그의 대표작으로는 『내 시대의 역사(Geschichte meiner Zeit, 1746)』, 『브란덴부르크 가문사의 회고록(Denkwürdigkeiten zur Geschichte des Hauses Brandenburg; 1748. 2)』, 그리고 『7년 전쟁사(Die Geschichte des Siebenjährigen Krieges; 1764)』를 들 수 있다. 그러나 프리드리히 2세의 저서들 대다수는 그의 사후 출간되었다. 프리드리히 2세의 작품들은 매력적이고 설득력이 강해서 그와 그의 선임자들에 대한 후대 인식 역시 이것들을 통해 형성된 것 같다. 대선제후와 프리드리히 빌헬름 1세의 정치적 유언에서 감지되는 역사 변화에 대한 날카로운 인식은 프리드리히 2세의 내면에서 자의식으로 정착되었다. 프리드리히 빌헬름 1세가 1722년 2월의 『정치적 유언』에서 아들과 그의 후계자들이 '예수 그리스도를 통한 신의 도움'으로 '세상 끝까지' 번창하기를 바라는 경건한 소망으로 끝맺은 데 비해, 프리드리히 2세는 1752년의 『정치적 유언』의 첫 구절에서 모든 역사적 업적의 우발적이고 무상한 성격을 언급했다. 이것은 아마도 신의 섭리가 존재하지 않는다는 프리드리히 2세의 확신에서 비롯된 것 같다.

32 1733년 2월 10일 프리드리히와 엘리자베트 크리스티네 사이의 약혼식이 거행되었다. 이 과정에서 프리드리히는 눈물을 흘렸는데 이는 기쁨에서 나온 눈물은 아니었다. 당시 양인 사이의 결혼 성사에 깊이 관여한 베를린 주재 오스트리아 대사 제켄도르프(Friedrich Heinrich v. Seckendorff) 역시 프리드리히가 기쁨의 눈물을 흘리는 것이 아니라는 것을 인지했고 양인의 결혼생활이 앞으로 순탄하지 못하리라는 것도 예측했다. 실제로 프리드리히는 약혼식 직후 펼쳐진 연회에서 엘리자베트 크리스티네와 이야기를 나누지 않고 당시 약혼식에 참여한 아름다운 여인들과 대화를 했다. 같은 해 6월 12일 프리드리히는 잘츠다룸(Salzdahlum)성에서

왕세자 프리드리히의 국외 탈출 시도의 단초가 되었던 것은 프리드리히의 어머니 조피 도로테아(Sophie Dorothea)가 추진한 프리드리히와 조지 2세의 차녀인 아멜리아(Amelia) 사이의 결혼이었다. 동시에 그녀는 프리드리히의 누이 빌헬미네를 영국 왕위계승자인 웨일스(Wales) 왕자 프레더릭(Frederick)에게 시집보내려 했다.[33] 그런데 조피 도로테아는 영국 국왕 조지 1세(George I)

엘리자베트 크리스티네와 결혼했다. 이렇게 프리드리히의 아내가 된 엘리자베트 크리스티네는 신성로마제국 황제 카를 6세의 조카딸이기도 했다.

[33] 1728년 2월 프리드리히는 프리드리히 빌헬름 1세와 같이 드레스덴(Dresden)에서 개최된 카니발축제(Karnivalfeierlichkeit)에 참여했다. 원래 프리드리히 빌헬름 1세는 프리드리히를 드레스덴 여행에 참여시키지 않으려고 했는데 작센 선제후 프리드리히 아우구스트 1세(Friedrich August I)의 제의에 따라 아들도 여행에 참여시켰다. 이 도시에서 프리드리히는 작센 선제후가 인도한 방에서 거의 옷을 걸치지 않은 한 젊은 여인이 안락의자에 앉아있는 것을 본 이후부터 이성에 대한 관심이 크게 증대되었다. 프리드리히가 첫눈에 반한 여인은 작센 선제후 프리드리히 아우구스트 1세의 서출 딸인 오르젤스카(Anna Carolina Orzelska)였다. 오르젤스카는 1707년 11월 프리드리히 아우구스트 2세와 리옹(Lyon)의 포도주 생산자의 딸인 레너드-뒤발(Henritte Renard-Duval) 사이에서 태어났다. 오르젤스카가 태어난 직후 레너드-뒤발은 파리의 상인 드랑(Francois Drian)과 결혼했기 때문에 오르젤스카는 파리에서 성장했다. 1723년 오르젤스카의 이복 오빠인 루토프스키(Friedrich August Rutowski)가 파리에 나타났고 얼마 후 그는 자신의 이복 여동생을 드레스덴으로 데려갔다. 이 도시에서 루토프스키는 오르젤스카를 드레스덴 궁전에서 개최된 펜싱대회에 데려갔는데 당시 그녀는 변형된 군복을 착용했다. 그런데 펜싱대회에 참석한 프리드리히 아우구스트 1세는 오르젤스카의 미모 및 총명에 감탄했다. 1724년 9월 19일 프리드리히 아우구스트 1세는 오르젤스카가 자신의 서출 딸임을 인정하고 그녀에게 폴란드 백작녀 칭호를 하사했으며 바르샤바의 청궁전에서 거주하는 것도 허락했다. 오르젤스카에 대한 프리드리히의 연민은 점차 사랑으로 바뀌게 되었다. 베를린으로 돌아온 이후에도 그녀에 대한 일방적 사랑, 즉 그녀에 대한 짝사랑으로 인해 체중이 감소했고 실신하는 때도 많아졌다. 이러한 상태는 그녀가 같은 해 프리드리히 아우구스트 1세와 같이 베를린을 방문할 때까지 지속되었다. 프리드리히는 베를린에서 오르젤스카를 다시 만

의 딸이었다. 이러한 시점에 프레더릭의 여동생 아멜리아가 하노버(Hannover) 총독으로 지명되었고 만일 그녀와 프리드리히의 결혼이 성사된다면 프리드리히와 더불어 하노버에서 지내게 한다는 계획도 잠정적으로 마련되었다. 이렇게 조피 도로테아가 추진한 이중 결혼(Doppelhochzeit)은 당시 유럽 내에서 가장 강력했던 영국과의 인적 결합을 통해 호엔촐레른(Hohenzollern) 가문의 위상을 크게 증대시키겠다는 의도도 가진 것 같다. 조피 도르테아는 프리드리히와 빌헬미네에게 자신의 혼인계획을 알렸고 여기서 이들로부터 긍정적인 반응도 얻어냈다. 특히 프리드리히는 어머니의 구상에 적극적으로 동조했는데 이는 결혼을 통해 하노버에서 가정을 꾸릴 수 있다는 것과 부친의 엄격한 규율에서 벗어날 수 있다는 지극히 이기적인 관점에서 비롯된 것 같다. 왕비의 이러한 이중 결혼계획에 대해 프리드리히 빌헬름 1세 역시 긍정적이었다.[34]

─────────────

났지만. 그녀는 이미 결혼했을 뿐만 아니라 임신까지 한 상태였다. 한 여인에 대한 아들의 짝사랑이 이렇게 허망하게 끝난 것을 인지한 프리드리히 빌헬름 1세는 프리드리히를 가능한 한 빨리 결혼시키려 했다.

34 이렇게 프리드리히의 신부 후보로 등장한 아멜리아는 1711년에 태어났기 때문에 프리드리히보다 한 살이 많았다. 그리고 빌헬미네의 신랑 후보였던 프레더릭은 1707년에 태어났다. 그와 조지 2세 사이의 관계는 프리드리히 빌헬름 1세와 프리드리히처럼 원만하지 못했다. 이러한 부자간의 불화로 인해 국왕에 대한 반대 세력도 부상하기 시작했다. 누르스름한 피부, 곱슬머리, 그리고 매부리코를 가진 프레더릭의 외모 때문에 조지 2세는 그가 태어났을 때부터 무척이나 싫어했다. 프레더릭의 성장과 더불어 그에 대한 조지 2세의 부정적 관점 역시 더욱 심화했는데 이는 그가 자기 아들을 고집쟁이이며 거짓말쟁이라고 비하하게끔 했다. 아울러 조지 2세는 프레더릭을 최악의 하층민이고 비인간적 성향을 지녔기 때문

그러나 점차 베를린 왕궁에서 변화의 조짐이 감지되었는데 그것은 프리드리히 빌헬름 1세를 중심으로 구축된 친오스트리아 세력이 조피 도로테아의 결혼계획에 대해 부정적인 시각을 표출했고 국왕 역시 점차 그러한 관점에 동조하는 자세를 보인 데서 확인할 수 있다. 당시 친오스트리아 세력을 주도하던 그룸브코(Friedrich Wilhelm v. Grumbkow) 장군은 프로이센 외교정책에서 핵심적 역할을 담당했고 국왕으로부터도 절대적 신임을 받고 있었다. 그룸브코는 조피 도로테아가 추진하던 프리드리히와 아멜리아의 결혼에서 야기될 문제점, 즉 오스트리아의 강한 반발과 거기서 파생될 문제점을 직시했기 때문에 프로이센 왕세자와 영국 공주 간의 결혼을 반대했고 프리드리히 빌헬름 1세 역시 점차 그룸브코의 관점에 동의하는 자세를 보였다. 실제로 오스트리아와의 친선관계 유지는 프리드리히 빌헬름 1세의 외교정책에서 매우 중요한 위치를 차지하고 있었다.

이렇게 프리드리히와 아멜리아의 결혼에 대한 프리드리히 빌헬름 1세의 시각이 바뀌었음에도 조피 도로테아와 프리드리히는 결혼 구상을 구체화하기 위해 영국 왕실의 인물들과 접촉

에 그가 이 세상에서 빨리 사라졌으면 좋겠다고까지 말했다.

당시 프레더릭의 할아버지 조지 1세는 손자가 처한 어려운 상황을 고려하게 되었고 거기서 그를 도와줄 배필이 필요하다는 것도 인지했다. 따라서 그는 자신의 딸인 조피 도로테아에게 프레더릭과 빌헬미네의 결혼을 제안했고 이에 대해 조피 도로테아도 동의했다. 그뿐만 아니라 조피 도로테아는 부친에게 왕세자인 프리드리히와 아멜리아의 결혼까지도 제안했다. 그러나 조지 1세가 1727년 6월 11일에 사망하고 그의 아들인 조지 2세가 같은 달 22일 영국 국왕으로 등극함에 따라 조피 도로테아의 제안은 영국 왕실에서 탄력을 잃게 되었다.

했고 이는 국왕의 심기를 매우 불편하게 했다. 그리고 당시 조지 2세(George II) 역시 조지 1세와는 달리 여동생이 제안한 이중 결혼에 대해 소극적이었기 때문에 결혼 구상의 가시화는 진전이 없었다.

어머니가 주도하던 결혼계획이 좌절됨에 따라 프리드리히는 친구인 카테(Hans Hermann v. Katte) 소위에게 부친의 지나친 학대 및 신체적 폭력에서 벗어나기 위해 외삼촌 조지 2세가 통치하던 영국으로 망명하겠다는 탈출계획도 밝혔다. 그러나 프리드리히의 첫 번째 탈출계획은 사전에 발각되었고 이에 따라 프리드리히 빌헬름 1세는 궁정 집회에서 프리드리히에 대한 공개 태형도 시행했다. 이러한 공개 태형 이후 프리드리히는 같은 해 8월 2일 부친과 같이 만하임(Mannheim)으로 여행을 떠났다. 이때 그는 프랑스를 거쳐 영국으로 도주하려는 계획을 재차 이행하려고 했다. 프리드리히는 8월 4일 저녁 부친과 머물던 슈타인스푸르트(Steinsfurt)에서 다시금 탈출을 시도했지만, 이번에도 성공을 거두지 못했다. 이후 프리드리히와 카테는 체포된 후 전쟁재판소에서 재판을 받았다. 여기서 카테는 프리드리히의 탈출계획을 알면서도 당국에 바로 고발하지 않은 죄로 종신 징역형을 받았지만, 프리드리히에 대한 판결은 유보되었다. 당시 프리드리히 빌헬름 1세는 카테에 대한 전쟁재판소의 선고, 즉 종신 징역형이 적절하지 못하다고 생각했기 때문에 불에 뜨겁게 달군 집게로 팔다리를 뜯어낸 후 교수형에 처해야 한다고 전쟁재판소에 제안했지만, 전쟁재판소의 반응은 부정적이었다. 이에 따라 프리드리히 빌헬름 1세는 1730년 11월 1일 '지존의 정부 칙령(Aller höchster Kabinettsorder)'을 통해 카테에 대한 교수형을 발표했는데 이는 국왕 권위에 위배되는 행동을 하면 가차 없이 처벌한다는 그의 신조에서 비롯된 것 같다. 비록 프리드리히 빌헬름 1세가 주변의 만류 및 권유로 인해 잔인한 교수형에서 참수형으로 한발 물러섰지만, 아들이 보는 앞에서 카테를 처형해야 한다는 태도를 포기하지는 않았다. 이에 따라 카테는 1730년 11월 6일 새벽 감옥의 독방에서 끌려 나와 처형되었고 프리드리히는 두 교도관의 강요로 독방에서 처형 장면을 목격해야만 했다. 카테를 처벌한 이후 프리드리히 빌헬름 1세는 프리드리히 역시 처형하려고 했지만, 신성로마제국 황제 카를 6세를 비롯한 일련의 위정자들이 처형의 부당성을 제기함에 따라 자신의 견해를 철회했다.

왕자 신분에서 죄수 신분으로 바뀐 프리드리히는 1731년부터 퀴스트린(Küstrin)에 위치한 전쟁 및 국유지 관리국(Kriegs-und Domänenkammer)에서 근무해야 했고 그 과정에서 부친이 파견한 관리의 엄격한 감시도 받아야만 했다.

이 시기 프리드리히는 볼테르와의 서신 교환을 통해 계몽사상의 근간을 보다 구체적으로 확인했다. 서신 교환 과정에서 프리드리히는 볼테르에게 자신의 향후 과제에 대해서도 언급했는데 그것은 프로이센 신민의 무지와 거기서 비롯된 편견을 제거하는 것이었다. 그리고 이를 위해 프리드리히는 프로이센 신민들을 계몽시키고 그들의 품행과 도덕도 교화시키겠다는 견해를

프리드리히 2세

밝혔다.[35] 국왕으로 등극한 직후부터 프리드리히 2세는 자신을 '국가의 제1 공복(erster Diener des Staates)'이라고 자칭했다. 이후 그는 법무부 장관 겸 수석장관(Großkanzler)인 코크체이(Cocceji)에 게 사법제도의 개선을 명령했고 그 과정에서 국왕에 의한 즉흥 적 판결 배제와 3심제도(Die Errichtung einer Gerichtsverfassung mit dreifachem Instanzenzug)의 도입도 구체화되었다. 여기서 프리드리 히 2세는 "법률은 인간의 본성도 고려해야 한다"라는 원칙을 제 시했다.

당시 프리드리히 2세는 부친과 마찬가지로 이민자 및 위그 노들과 유대교인들과 같은 종교적 소수자들에 대한 배려 및 관 용 정책도 펼쳤는데 이는 이들을 통해 적지 않은 경제적 이익을 얻을 수 있다는 확신에서 비롯된 것 같다. 또한 프리드리히 2세 는 언론의 제한적 자유에 관해서도 관심을 표명했고 그 과정에 서 정치 및 문학을 취급할 프랑스어 신문도 창간되었다. 거의 같 은 시기 프리드리히 2세는 농민들의 부담을 크게 완화하는 정 책도 펼치기 시작했는데 이는 지주 계층에 의해 자행되었던 농 토 몰수 및 부역(Frondienst)을 대폭 완화하는 칙령을 발표한 데서 확인할 수 있다. 그러나 프리드리히 2세는 이러한 정책의 효과

---

35 1740년 5월 31일 볼테르는 프리드리히가 프로이센 국왕으로 등극했다는 소식을 듣고 크게 환호했다. 이것은 그가 피력한 "이날은 나의 생애에서 가장 기쁜 날이다. 정말로 나는 한 철학자가 국가를 지배한다는 것은 예상하지도 못했다. 그 런데도 나를 비롯한 여러 인물은 이러한 날이 오기를 기다렸다"라는 문장에서 확 인할 수 있다.

히터(Michael Pachter)와 포겔(Franz Xaver Vogel) 신부는 가톨릭 종교학을, 켈러(Johann Franz Keller)와 슈판나글(Gottfried Philipp Spannagl)은 라틴어, 지리, 역사를, 그리고 궁중 수학자인 마리노이(Jacob Marinoii)는 산술과 기하학을 가르쳤다. 당시 예수회 교단은 어린 대공녀의 일과를 정해 그것에 따라 엄격히 시행했는데 심지어 마리아 테레지아의 취침 시간까지 확인할 정도였다. 그리고 교육 시간에 사용한 학습 교본들은 그녀를 위해 별도로 제작하는 등의 세심한 배려도 했다. 당시 예수회 교단은 신앙심 증대를 우선했기에 어린 대공녀 역시 일찍부터 사제들로부터 빈 궁전에 장식된 선조들의 위업에 대한 지식과 가문의 성장 및 역사에 대해 체계적으로 배웠다.

1728년 11월 3일부터 마리아 테레지아는 54세의 푹스-몰라드 백작 부인으로부터 대공녀 교육을 본격적으로 받기 시작했다. 당시 황비 엘리자베트 크리스티네와 푹스-몰라드 백작 부인은 매우 친밀한 관계를 유지했고 거기서 황비는 백작 부인을 전적으로 신뢰했다. 따라서 그녀는 마리아 테레지아를 비롯한 딸들의 교육을 푹스-몰라드 백작 부인에게 맡겼다. 마리아 테레지아의 교육을 전담한 푹스-몰라드 백작 부인은 그녀의 천부적 재능을 확인하고 그것의 효율적인 확산에도 신경을 썼다.[37]

---

[37] 엘리자베트 크리스티네 황비는 1736년 푹스-몰라드 백작 부인을 마리아 테레지아 전담 궁내부 장관(Obersthofmeisterin)으로 임명했고 그녀에게 로다운(Rodaun)에 위치한 작은 성도 선물했다. 이후 마리아 테레지아와 푹스-몰라드 백작 부인 사이의 관계는 더욱 친밀해졌고 그 과정에서 마리아 테레지아는 그녀를

그런데 마리아 테레지아는 국가행정, 법률제도, 군사제도, 그리고 정치 분야에 대해서는 제대로 배우지 못했는데 이것은 그때까지 카를 6세가 그녀를 자신의 후계자로 생각하지 않았기 때문이다. 만일 카를 6세가 마리아 테레지아를 후계자로 생각했다면 마리아 테레지아에게 유럽 각국을 방문하는 기사 여행(Kavalierstour)을 시켰을 것이다. 그런데도 카를 6세는 마리아 테레지아를 비밀고문관 회의(Geheimer Rat)에 종종 참석시켜 국가업무를 파악하는 기회를 제공하려고 했는데 당시 그녀의 나이는 14세에 불과했다. 일반적으로 비밀고문관 회의는 서너 시간 동안 진행되었고 거기서는 중요한 결정도 내려지지 않았다. 비밀고문관 회의에 참석한 마리아 테레지아는 서너 시간 동안 입을 굳게 다무는 경우가 많았다. 그렇다고 그녀의 이러한 태도가 국가업무에 대한 무관심에서 나온 것 같지는 않은데 이는 즉위한 이후 그녀가 강력히 추진한 일련의 개혁에서 쉽게 확인할 수 있다.

오스트리아 왕국 내 다양한 언어의 공존으로 인해 마리아 테레지아는 외국어를 습득해야 했기 때문에 독일어는 뒷전으로 밀렸다. 이러한 연유로 마리아 테레지아는 당 시대의 국제공용어인 프랑스어를 자유롭게 구사할 수 있었다. 또한 그녀는 합스부르크 가문의 통치지역과 관련하여 헝가리의 공용어인 라틴어

'자유분방한 암여우(Burschikose Füchsin)' 또는 '사랑하는 어머니(Liebevolle Mami)'라 칭하기도 했다.

는 물론이고, 궁중 문화와 궁중 예식에 많이 사용되는 이탈리아어와 에스파냐어도 배웠다.[38]

마리아 테레지아가 성장함에 따라 카를 6세는 유럽의 여러 국가에 파견한 외교관들을 통해 배우자를 찾았으나 그의 마음에 딱 드는 인물은 없었다. 그러던 중 그는 에스파냐와 다시 우호관계를 구축해야 한다는 필요성 때문에 펠리페 5세의 아들들과 자신의 두 딸 간의 이중 결혼도 생각했다. 이때 오스만튀르크와의 전쟁에서 승리를 이끈 오이겐 대공은 왕위계승권을 둘러싼 제 상황을 먼저 고려해야 한다는 견해를 제시했다. 거기서 그는 비텔스바흐 가문의 바이에른과 결합하는 것이 가장 유익하다는 주장도 펼쳤다. 그에 따를 경우, 만일 마리아 테레지아가 바이에른 선제후의 아들과 결혼하면 바이에른 선제후국과 오스트리아는 합병될 것이고 이것은 신성로마제국에서 오스트리아의 위상을 크게 증대시킬 수 있는 계기도 된다는 것이다. 이에 반해 카를 6세의 시종장이었던 바르텐슈타인(Johann Christian v. Bartenstein) 남작은 프로이센의 왕세자 프리드리히를 천거했다.

그러나 카를 6세는 신성로마제국 내 여러 국가가 이러한 제의들에 대해 동의하지 않으리라는 것을 잘 알고 있었는데 이는 이들 국가가 오스트리아의 위상이 독일권에서 지나치게 증대되는 것을 바라지 않는다는 판단에서 비롯된 것 같다. 또한 영국과

---

38 마리아 테레지아는 독일어도 배웠지만, 당시 상류사회의 여성들과 마찬가지로 독일어 방언을 하녀들처럼 천박하게 구사했다.

네덜란드는 1713년 국사조칙을 인정하면서 황제의 상속녀는 오로지 약소국가 위정자들의 아들과 결혼해야 한다는 약속도 받아냈는데 이것 역시 유럽 열강 간의 균형을 유지해야 한다는 판단에서 비롯된 것 같다.

여러 상황을 고려한 끝에 카를 6세는 로트링엔(Lothringen) 대공국의 레오폴트 클레멘스(Leopold Klemens) 대공을 사윗감으로 결정했다. 프랑스어로 로렌(Lorraine)인 로트링엔 대공국은 독일과 프랑스 사이에 있었기 때문에 양국 사이의 쟁탈전이 지속적으로 펼쳐진 장소였다. 당시 이 대공국을 통치하던 레오폴트-요제프(Leopold Joseph) 대공에게는 세 아들이 있었는데 이 중 장남인 레오폴트 클레멘스가 마리아 테레지아의 약혼자로 내정되었다. 신성로마제국 황제 페르디난트 3세(Ferdinand III: 1636-1637)의 손자였고 루이 14세(Louis XIV)의 조카였던 레오폴트-요제프 대공은 1697년 인스브루크(Innsbruck) 왕궁에서 태어났고 적지 않은 시간을 빈의 황궁에서 보냈다. 이 시기에 그는 종형제인 요제프 1세 및 카를 6세와도 친하게 지냈다.

로트링엔 대공국의 지배자로 등극한 이후부터 그는 장남 레오폴트 클레멘스를 향후 오스트리아 지배자로 등장시킬 방법을 생각했고 그것을 위해 빈 황실의 상황을 정확히 전달할 수 있는 인물들도 포섭했다.[39] 그러다가 레오폴트-요제프 대공은 카를

---

39 빈 주재 프랑스 외교관은 1721년 5월 파리에 보내는 보고문에서 레오폴트-요제프가 레오폴트 클레멘스와 마리아 테레지아의 결혼에 대해 매우 깊은 관심을 보이고 있을 뿐만 아니라 그것의 실천을 국가의 중대 과제로도 선정한 것 같

6세가 보헤미아 왕위계승식을 프라하에서 거행한다는 소식을 듣고 자기 아들을 보내어 그와 자연스럽게 만나게 하려고 했다. 그러나 1723년 6월 4일 16살의 레오폴트 클레멘스가 천연두(Die Blattern; petites véroles)로 목숨을 잃게 됨에 따라 레오폴트-요제프 대공은 자신의 계획을 수정해야만 했다. 그는 빈 황실에 사절단을 보내어 레오폴트 클레멘스의 사망 소식을 알렸고 그 과정에서 차남의 존재도 부각하게 했다. 이 자리에서 사절단은 차남 프란츠 슈테판(Franz Stephan)의 외모를 정확히 묘사했고 그가 카를 6세를 매우 존경하고 있다는 것도 언급했다. 사절단의 이러한 행동은 레오폴트-요제프 대공의 지시에 따른 것이었다.

실제로 레오폴트-요제프 대공은 자신의 장남이 죽은 지 일주일도 안 되어 차남을 카를 6세의 대체 사위로 제시했고 그로부터 긍정적 반응이 나오기를 기대했다. 이를 위해 그는 자신의 차남을 익명으로 보헤미아 지방으로 보냈다. 여기서 테셴 대공국(Herzogtum Teschen)을 시찰한다는 것이 프란츠 슈테판의 외형적 방문 목적으로 제시되었다. 그러나 실제 목적은 카를 6세에게 프란츠 슈테판의 실제 모습을 보여주면서 그로부터 긍정적 평가를 받으려는 것이었다.

1723년 8월 10일, 6세의 마리아 테레지아는 프라하에서 개최된 카를 6세의 보헤미아 국왕 대관식에서 9세 연상의 프란츠

다고 언급했다. 따라서 그는 카를 6세에게 자신의 장남을 보내어 그의 후견하에 교육하고 통치자로서 필요한 제 자질을 배우게 하려는 생각도 가지고 있었다.

슈테판을 처음 만났다. 그리고 같은 달 14일 15세의 프란츠 슈테판은 프라하에서 황비와 그녀의 두 딸을 개인적으로 보게 되었다. 다음 날 프란츠 슈테판은 '황금 블리에스 훈장(Orden vom Goldenen Vlies)'을 받았는데 이것은 빈 황실이 개최하는 각종 행사 및 예식에 참여할 수 있는 권한도 부여받은 것으로 볼 수 있다.

얼마 안 되어 카를 6세는 레오폴트-요제프 대공에게 서신을 보냈는데 거기서 그는 모든 일에 성실하고, 적극성을 보인 프란츠 슈테판을 통해 자신이 오랫동안 생각한 양 가문의 결합에 대해 고려하겠다는 생각도 밝혔다. 그러나 당시 카를 6세는 임신 중인 엘리자베트 크리스티네로부터 아들을 기대하고 있었기 때문에 장녀의 결혼에 대해 그리 적극성을 보이지 않았다. 그뿐만 아니라 당시 프라하에 머물던 폴란드 국왕과 바이에른 선제후 역시 그들의 아들과 마리아 테레지아의 결혼에 대해 깊은 관심을 표명했기 때문에 카를 6세는 이들에 대한 배려 역시 해야만 했다.

카를 6세의 이러한 내심을 정확히 파악한 레오폴트-요제프 대공은 아들에게 일단 낭시(Nancy)로 돌아올 것을 명령했다. 9월 초부터 레오폴트-요제프 대공은 몇 주에 걸쳐 카를 6세와 더불어 프란츠 슈테판의 빈 체류에 대한 협상을 펼쳤고 거기서 황제로부터 긍정적인 답변도 얻어냈다. 이에 따라 프란츠 슈테판은 1723년 11월 22일 다시 빈을 찾았고 황제 부부도 다시 알현했다.

프란츠 슈테판이 빈에 머물렀던 시기 마리아 테레지아는 그에게 깊은 관심을 보였다. 물론 어린 마리아 테레지아는 프란츠 슈테판이 그녀의 남편이 될 인물임을 알지 못했지만, 그녀는 그를 처음 본 순간부터 자신이 대공을 위해 태어났다고 믿었다. 또 그 아닌 누구와도 절대 결혼하지 않겠다고, 꿈속에서도 그를 보았다고 말하는 등 낮에는 주변의 궁녀들에게 오직 대공에 대해서만 이야기할 정도로 마리아 테레지아는 프란츠 슈테판에게 깊이 빠져 있었다.[40]

레오폴트-요제프 대공이 1729년 3월 27일에 서거함에 따라 프란츠 슈테판은 로트링엔 대공국의 군주, 즉 프란츠 3세(Franz III)로 등극해야만 했다. 11월 중순 낭시로 돌아온 프란츠 슈테판은 대공직을 계승했다. 그러나 이 인물은 1731년 4월 25일 어머니인 엘리자베트 샤를로테(Elisabeth Charlotte)에게 대공국의 통치권을 위임한 후 낭시를 떠났는데 그것은 카를 6세의 요구에서 비롯되었다. 그리고 프란츠 슈테판은 빈으로 회귀하기 전에 카를 6세의 권유에 따라 오스트리아령 네덜란드, 네덜란드, 영국, 그리고 프로이센으로 기사 여행도 했다. 이러한 기사 여행이 마무리됨에 따라 카를 6세는 프란츠 슈테판을 헝가리 총독으로 임명했는데 이것은 미래 사위의 통치능력을 확인하려는 의도에서 비롯되었다.

1732년 4월 16일부터 프란츠 슈테판은 빈에서 몇 주 동안 머무르게 되었는데 이 기간에 그는 아름다운 여인으로 변모한

---

40 1735년 7월 5일 빈 주재 영국 외교관이었던 로빈슨(Thomas Robinson) 남작은 프란츠 슈테판에 대한 마리아 테레지아의 이러한 감정표현을 여과 없이 런던 정부에 보고했다.

마리아 테레지아를 만났다.[41] 당시 양인 사이의 깊은 연정은 변하지 않았고 프란츠 슈테판이 자신의 남편이 될 것이라는 마리아 테레지아의 확신 역시 더욱 깊어졌다.

그런데 당시 황실의 결혼은 자유로운 사랑의 감정으로 간단히 이루어지는 것은 아니었다. 실제로 프란츠 슈테판은 마리아 테레지아를 얻기 위해 커다란 대가를 치러야만 했다. 그가 합스부르크 가문의 후계자로 주목받던 대공녀와 결혼한다는 사실이 알려졌을 때, 로트링엔 대공국과 국경을 접하고 있던 프랑스의 루이 15세(Louis XV: 1715-1774)는 이 대공국이 그들의 숙적인 합스부르크 가문에 소속된다는 사실에 긴장했다. 따라서 그는 이들의 결혼을 방해했고, 프란츠 슈테판을 로트링엔 대공국에서 축출하려는 방법을 마련했으며, 거기서 에스파냐와의 동맹도 가시화시켰다. 그런데 1733년에 시작된 폴란드 왕위계승 전쟁은 로트링겐 대공국에 대한 해법을 제시했다.

1735년 10월 31일 빈에서는 폴란드 왕위계승 전쟁을 종식하기 위한 평화회의가 시작되었다. 여기서는 우선 다음 해 1월 28일 레슈친스키를 폴란드 국왕 자리에서 물러나게 하는 것과 작센 대공 프리드리히 아우구스트 2세(Friedrich August II)가 아우

---

41 당시 마리아 테레지아는 둥글고 다소 마른 얼굴을 가졌고 머리칼은 금발이었다. 담청색의 눈동자를 가진 그녀의 큰 눈은 선명하고 온순한 느낌이 들게 했다. 그녀의 코는 다소 작지만 매부리코(Adlernase)나 들창코(Stupsnase)는 아니었다. 입은 다소 크지만 하얀 치아를 가졌고 가끔 보이는 미소 역시 매우 호감적이었다. 또한 목은 다소 가늘었지만 신체와 잘 조화를 이루었다.

구스트 3세(August III)로 등극하는 것이 결정되었다. 그리고 국왕 자리에서 물러나 레슈친스키는 한시적으로 로트링엔 대공국의 위정자로 등장하지만, 그가 죽은 후 이 대공국은 자동으로 프랑스에 귀속된다는 것이 1736년 4월 13일에 체결된 평화조약의 문구에서 확인되었다.

당시 카를 6세는 프란츠 슈테판이 로트링엔 대공국을 포기하지 않는다면 마리아 테레지아와의 결혼 역시 성사될 수 없다는 견해를 밝혔다. 결국 프란츠 슈테판은 카를 6세의 이러한 일방적 요구를 받아들였고 이것으로 그동안 마리아 테레지아와의 결혼에서 장해 요소로 작용한 열강들의 입장 역시 정리되었다. 1737년 2월 프란츠 슈테판은 자신이 통치하던 대공국을 잃게 되었다.[42]

1735년 12월 중순 카를 6세는 마리아 테레지아 대공녀와 로트링겐 대공국의 프란츠 슈테판의 약혼을 공포했고, 결혼식은 다음 해 2월 12일에 거행한다고 확정했다. 카를 6세는 마리아 테레지아와 프란츠 슈테판을 비공개적으로 불렀다. 여기서 그는 프란츠 슈테판으로부터 로트링엔 대공국을 영원히 포기한다는 것과 향후 오스트리아 왕국 내 세습지(Erbland)에 대한 어떠한 상속권도 요구하지 않는다는 약속을 받아냈다. 그리고 자신

---

42 1736년 4월 13일에 체결된 평화조약에 따라 11세기 초부터 로트링겐 대공국을 다스렸던 프란츠 슈테판의 가문은 1737년 3월 이 대공국을 떠나야만 했다. 이에 앞서 프란츠 슈테판은 1737년 2월 로트링겐 대공국을 포기한다는 공식문서에 서명도 했다.

의 딸에게는 향후 자신 및 마리아 테레지아의 여동생에게서 남자 상속인이 태어나면 오스트리아 왕위계승권을 포기한다는 서약(*renuntiatio et abdiaatio*; Reuniciations-Actus)도 받아냈다.

재 수요일(사육제 다음 날로서 사순절의 제1일이다. 이날 가톨릭교도들은 참회의 뜻으로 이마에 성회를 바른다) 이전의 일요일인 1736년 2월 12일 프란츠 슈테판은 프레스부르크를 떠나 오후 4시경에 빈에 도착했다.[43] 결혼예식은 오후 6시 왕궁과 인접한 아우구스티너 성당(Augustinerkirche)에서 고풍스럽고 장중하게 진행되었다.[44] 교황 클레멘스 12세(Clemens XII: 1730-1740)의 대리인인 도메니코 파시오나이(Domenico Passionei) 주도로 진행된 예식에는 신부의 부모인 카를 6세와 엘리자베트 크리스티네를 비롯한 합스부르크 가문의 대표자들, 신랑 측의 주빈, 프란츠 슈테판의 동생 카를 알렉산더(Karl Alexander) 대공을 비롯한 일련의 관계자들 모두가 참석했다. 그리고 결혼식에는 귀족들과 궁정인들도 대거 참여했다.[45]

---

43 빈에서 동쪽으로 약 60km 떨어진 곳에 있는 프레스부르크는 1536년부터 1738년까지 헝가리 왕국의 수도였다. 그리고 브라티슬라바(Bratislava)로 명칭이 변경된 이 도시는 오늘날 슬로바키아(Slovakia) 공화국의 수도이다.

44 아우구스티너 성당은 황족의 결혼이 거행되던 아우구스티누스 교단 소속의 성당이었다. 이 성당에서는 마리아 테레지아와 프란츠 슈테판 대공의 결혼식뿐만 아니라 이들의 아들인 요제프와 이사벨라 파르마 대공녀의 결혼식 및 프란츠 요제프 1세(Franz Joseph I: 1848-1916)와 바이에른 대공녀인 엘리자베트(Elisabeth v. Wittelsbach)의 결혼식도 1854년에 거행되었다.

45 성장 과정에서 비롯된 제 문제점으로 인해 프리드리히 2세는 결혼 후 원만한 부부생활을 하지 못했고 후손 역시 없었다. 물론 프리드리히 2세가 부친의 요

카를 6세가 서거할 당시 마리아 테레지아는 요제프를 임신한 지 3개월 정도 되었기 때문에 카를 6세는 그녀가 자신의 장례식에 참석하는 것을 불허했다. 그것은 카를 6세가 장례식 진행과정에서 받을 마리아 테레지아의 심적 충격과 거기서 야기될 수 있는 유산(Fehlgeburt)을 고려했기 때문이다. 따라서 마리아 테레지아는 부친의 시신 분리 예식과 10월 4일에 거행된 야간 장례식에도 참여하지 않았다.[46] 합스부르크 가문의 군주나 그의 가족들의 장례식은 저녁에 개최되었고 이러한 전통은 이 가문의 제국이 사라질 때까지 지속되었다.

구에 따라 엘리자베트 크리스티네와 결혼한 것 역시 불행한 부부생활의 요인으로 작용했다. 이러한 프리드리히 2세와는 달리 마리아 테레지아는 자신이 사랑하던 프란츠 슈테판과 결혼한 후 16명의 자녀를 가질 정도로 화목한 부부생활을 했다. 물론 프란츠 슈테판의 다소 문란한 생활, 즉 젊은 여인들과의 염문으로 인해 마리아 테레지아가 심적 고통을 받았지만, 이것은 프리드리히 2세의 그것에 비교할 때 사소한 사안에 불과했다. 여기서 원만한 부부생활을 한 군주와 그렇지 못한 군주가 국가를 통치할 때 나타나는 차이점도 확인하도록 한다. 원만한 부부생활을 못하던 군주는 후계자를 가지지 못하고 이것은 국가통치 과정에서 자기 지향적인 자세를 견지하는 요인으로 작용한다는 것이다. 이로 인해 이는 효율적인 국가통치에 위해적인 요소로 작용하는 때도 많다는 것이다. 이에 반해 원만한 부부생활을 하는 위정자는 신하와 신민을 배려하고 주변의 조언 역시 수용하는 정책을 펼쳐 국가통치의 효율성을 증대시키는 요인으로 작용한다는 것이다.

마리아 테레지아의 16명의 자녀 중에서 첫 번째 딸인 마리아 엘리자베트(Maria Elisabeth)는 1737년 2월 5일에 태어났다.

46 합스부르크 가문의 특이한 시신 분리 예식은 다음의 절차에 따라 진행되었다. 우선 사망한 군주의 시신에서 부패하기 쉬운 장기들을 끄집어낸 후 빈 곳은 밀랍으로 채운다. 그리고 시신 표면에는 소독제인 팅크제(tincture)를 바르고 시신에서 끄집어낸 장기들, 즉 혀, 심장, 내장, 눈, 뇌는 에틸알코올(ethylal cohol)에 담갔다가 저장용기로 바로 옮긴 후 납땜질을 한다. 이후 이렇게 밀봉된 장기들은 은병에 담긴다.

카를 6세는 임종 직전까지 마리아 테레지아 부부가 아들을 출산하지 못한 것에 대해 심한 우려를 표명했다. 그런데 빈의 신민들은 카를 6세의 사망 소식을 듣고 슬퍼하지도 않았고 이들 중 일부는 손뼉을 치는 등의 무례한 행동도 했다. 이것은 아마도 카를 6세가 신민을 배려하는 정책을 등한시한 데서 비롯된 것 같다. 실제로 카를 6세는 신민에 대한 배려 및 포용정책을 거의 펼치지 않았을 뿐만 아니라 장기간 지속된 전쟁으로 신민들에게 중과세하는 데만 치중했다. 이에 따라 오스트리아인들의 머릿속에서 카를 6세는 빠르게 지워졌는데 이것은 당시 빈 주재 프로이센 대사였던 보르케(Kaspar Wilhelm v. Borcke)가 1740년 10월 26일 프리드리히 2세에게 보내는 서신에서도 언급되었다.

카를 6세에 이어 오스트리아의 위정자로 등극한 마리아 테레지아는 프리드리히 2세와는 달리 계몽사상의 근간을 제대로 파악하지 못했다. 따라서 그녀는 자신의 향후 과제에 대해서도 제대로 정립하지 못했다. 만일 마리아 테레지아가 계몽사상을 터득했다면 그녀는 오스트리아 신민의 무지와 편견을 완화하는 정책을 수립했을 것이다. 10월 26일 빈 정부는 마리아 테레지아가 다음 해 1월 프레스부르크에서 헝가리 국왕으로 등극하고 3월에는 프라하에서 거행하는 보헤미아 국왕 대관식에도 참석한다는 것을 발표했다.[47] 마리아 테레지아는 자신이 오스트리아

---

47 마리아 테레지아가 오스트리아 국왕으로 등극하기 이전 영국과 러시아에서도 여왕들이 등장하여 국가를 통치했다. 영국에서는 메리 튜더(Mary Tudor: 1553-1558), 엘리자베스 1세(Elizabeth I: 1558-1603), 메리 2세(Mary II: 1689-

왕위를 계승한 이후부터 그것에 대한 부정적 시각이 증대됨에 따라 같은 해 11월 21일 남편 프란츠 슈테판을 오스트리아 왕국의 공동통치자로 지명했는데 이것은 여성인 자신이 신성로마제국의 황제로 선출될 수 없다는 현실적 상황에서 비롯된 것 같다. 게다가 그녀는 이전처럼 오스트리아의 위정자가 신성로마제국의 황제직을 가져야 한다는 판단도 했다.

1694), 앤 2세(Anne II: 1702-1714)가 여왕으로 활동했고 러시아에서는 표트르 대제의 미망인이었던 카타리나 1세(Katharina I: 1725-1727), 안나 이바노브나 (Anna Iwanowna: 1730-1740), 엘리자베타 페트로브나(Elizaveta Petrowna: 1741- 1762), 카타리나 2세(Katharina II: 1762-1796)가 국가 위정자로 등장했다.

4 　마리아 테레지아의 왕위계승에 대한 반발

　　카를 6세에 이어 마리아 테레지아가 오스트리아 왕위를 계승함에 따라 바이에른 선제후 카를 알브레히트(Karl Albrecht)와 작센 선제후 프리드리히 아우구스트 2세는 국사조칙의 적법성과 마리아 테레지아의 상속권에 대해 이의를 제기했고, 그들의 배우자들, 즉 요제프 1세의 두 딸 이름으로 오스트리아 왕국에 대한 상속권을 강력히 주장했다.[48] 특히 카를 알브레히트는 자신이 파견한 조문사절단 대표인 페루자(Karl Felix v. Perusa) 백작에게 자신의 상속권을 공식적으로 제기하게 했다.

---

48 이렇게 양국이 공동으로 왕위계승권에 대해 이의를 제기한 것은 카를 알브레히트와 프리드리히 아우구스트 2세의 수차례에 걸친 비밀회동과 거기서 체결된 '미심쩍은 요구'에 대해 공동으로 대처한다는 비밀협약에서 비롯되었다. 마리아 테레지아 등극 이후 강하게 제기된 그녀와 그녀의 남편에 대한 오스트리아인들의 부정적 시각은 오스트리아 왕위계승 전쟁이 진행되면서 사라졌다. 이는 전쟁과정에서 그들이 큰 폐해를 당한 것과 마리아 테레지아에 대한 연민의 정에서 비롯된 것 같다.

그러나 빈 정부는 이러한 주장에 대해 큰 관심을 보이지 않았는데 그것은 당시 유럽 왕실에서 영토 요구권이나 상속권을 제기하는 것 등은 일반적 관례로 간주했기 때문이다. 당시 오스트리아 신민들은 마리아 테레지아보다 카를 알브레히트가 오스트리아의 위정자로 등장하기를 기대했다. 이는 마리아 테레지아의 남편인 프란츠 슈테판이 오스트리아인이 아닌 프랑스인이므로 그가 신성로마제국의 황제로 등극해서는 안 된다는 관점에서 비롯된 것 같다.

카를 6세는 바이에른 및 작센으로부터 상속권 주장이 제기될 수도 있다는 우려 때문에 요제프 1세의 두 딸이 시집갈 때, 즉 1719년과 1722년에 국사조칙을 충실히 준수하고 그들의 남편 역시 오스트리아 왕위계승에 관여하지 않겠다는 서약서를 받았지만 실제 상황에서 이러한 문서는 아무런 효력도 발휘하지 못했다. 요제프 1세의 차녀인 마리아 아말리아와 1722년에 결혼한 카를 알브레히트는 보헤미아 왕국과 오버외스터라이히 대공국을, 요제프 1세의 장녀인 마리아 요제파와 1719년에 결혼한 프리드리히 아우구스트 2세는 모라비아와 니더외스터라이히 대공국을 각각 요구했다.[49]

이러한 시점에 작센의 프리드리히 아우구스트 2세는 비공식적 방법을 통해 마리아 테레지아에게 슐레지엔, 작센, 그리고

---

49 프리드리히 아우구스트 2세는 1697년 폴란드 의회(sejm)에서 폴란드 국왕으로 선출되었고 이때부터 사스키(Saski) 왕조가 시작되었다.

폴란드 사이의 회랑 교환(Korridor)을 제안했다. 그리고 그는 마리아 테레지아가 자신의 제안을 수용한다면 국사조칙도 인정하겠다는 의사를 밝혔다. 이러한 프리드리히 아우구스트 2세의 비밀접촉 소식을 접한 프리드리히 2세는 회랑 교환이 실현되면 브란덴부르크의 동부 및 남부가 작센에 의해 통제받을 수 있다는 우려를 표명했고 가능한 한 빨리 슐레지엔 지방을 차지해야 한다는 결심도 했다. 아울러 그는 오스트리아와의 협상을 통해 슐레지엔 지방 양도도 가능한 한 빨리 모색하기로 했다. 당시 프리드리히 2세는 작센과 바이에른이 오스트리아와 전쟁에 돌입하면 작센의 영역 확대는 피할 수 없는 사실이 되고 그것은 프로이센의 이익 창출에도 위해적 요소가 되리라는 판단을 했다.

당시 카를 알브레히트는 합스부르크 가문에 대한 자신의 상속권이 1564년에 사망한 신성로마제국 황제 페르디난트 1세(Ferdinand I: 1556-1564)가 1543년과 1546년에 작성한 혼인장(Ehevertrag) 및 유언장(Testament)에서도 명시되었다는 주장을 펼쳤다. 실제로 페르디난트 1세는 자신의 차녀인 안나(Anna)를 바이에른 선제후 알브레히트 5세(Albrecht V), 즉 카를 알브레히트의 5대 선조와 결혼시키면서 합스부르크 가문에서 남자 상속인이 완전히 단절될 때 비텔스바흐 가문의 인물들이, 즉 안나와 그녀의 남계 후손들이 왕위를 계승할 수 있다는 것을 혼인장 및 유언장에서 언급했다.[50]

---

50 특히 페르디난트 1세의 유언장은 1546년 안나가 알브레히트 5세와 결혼할 당시 합스부르크 가문과 비텔스바흐 가문 간에 체결된 결혼 계약의 구성요소이

아울러 카를 알브레히트는 유언장에서 보헤미아, 오버외스터라이히, 티롤, 그리고 포르란테(Vorlande)가 자동으로 비텔스바흐 가문으로 이양된다는 것 역시 거론되었음을 밝혔다. 이후 카를 알브레히트는 특별사절단을 빈에 파견하여 페르디난트 1세의 유언장을 직접 제시했지만 마리아 테레지아는 그것을 인정하지 않았다. 그 과정에서 마리아 테레지아는 카를 알브레히트의 특별사절단에게 자신이 가지고 있던 유언장도 보였는데 거기서는 바이에른 위정자가 제시한 유언장과는 달리 합스부르크 가문의 적출혈통이 단절(Erlöschen der ehelichen Habsburg-Sprosse)되면 상속권이 비텔스바흐 가문으로 넘어간다는 것이 명시되었다.[51] 이렇게 카를 알브레히트가 오스트리아 왕국에 대한 계승권을 강력히 제기한 이면에는 중세뿐만 아니라 근대 초기까지 널리 확산되었던 '남성이 육체적·정신적으로 여성보다 훨씬 우월하다'라는 인식도 강하게 작용한 것 같다.

카를 알브레히트의 이러한 태도 표명에 대해 프랑스, 에스파냐, 스웨덴, 덴마크, 사르데냐-피에몬테, 쾰른 선제후국(Kurköln), 그리고 작센 역시 동의하는 자세를 보였다.

바이에른의 오랜 동맹국이었던 프랑스의 루이 15세는 카를 6세가 서거한 직후 국사조칙을 인정하겠다는 견해를 밝혔지만

기도 했다.

51 비텔스바흐 가문은 14세기와 15세기에 두 명의 신성로마제국 황제, 즉 루트비히 4세(Ludwig IV: 1314-1347)와 루프레히트(Ruprecht: 1400-1410)를 배출했다.

마리아 테레지아

오스트리아 왕위계승 전쟁(1740-1763)

이러한 그의 관점은 곧 바뀌었다. 그것은 국사조칙의 불인정을 통해 오스트리아령 네덜란드, 즉 오늘날의 벨기에를 차지할 수 있다는 판단에서 비롯된 것 같다.[52] 프랑스의 이러한 태도 변화는 그들이 1735년 카를 6세에게 약속한 국사조칙에서 확인되는 예외 규정에서 비롯된 것 같다. 실제로 프랑스는 제3자가 제기하는 합스부르크 영토 요구에 대해 거부한다는 약속을 하지 않았다. 당시 카를 알브레히트는 프랑스의 지원을 받아 오스트리아 왕국의 일부를 차지한 후 자신이 신성로마제국의 황제로 등극하면 프랑스가 오스트리아령 네덜란드를 자국에 편입시키는 것에 반대하지 않겠다는 태도를 보였다. 이에 반해 영국과 네덜란드는 국사조칙에 따라 왕위계승을 한 마리아 테레지아의 정통성을 인정하려고 했다. 이러한 상황에서 마리아 테레지아는 자신의 남편 프란츠 슈테판을 오스트리아 공동통치자로 임명했다.

마리아 테레지아는 프란츠 슈테판에게 보헤미아 국왕이 가졌던 신성로마제국 황제선출권도 넘겨주었는데 이것은 여성 통치자인 그녀가 신성로마제국 황제선출에 참여할 수 없다는 현실적 판단에서 비롯된 것 같다.[53]

---

52 카를 6세가 서거한 직후 루이 15세는 마리아 테레지아에게 조문 편지를 보내어 애도를 표방했을 뿐만 아니라 국사조칙을 준수하겠다는 태도도 밝혔다.

53 1806년 8월 6일까지 존속한 신성로마제국(Sacrum Romanum Imperium)은 동프랑크의 오토 1세(Otto I: 962-973)가 이탈리아 왕국을 통합한 962년 출범했다. 이후 이 제국은 선제후국, 공작령, 주교령, 백작령, 제국도시, 수도원령, 기사령 등 약 1,600개 정도의 독립된 영방국가와 도시들로 구성된 혼합체로 확대·변형

그런데 신성로마제국 황제선출 절차권을 가진 마인츠
(Mainz) 대주교가 카를 6세가 사망하고 얼마 안 된 10월 23일 프

되었다. 1356년 신성로마제국 황제 카렐 4세(Karel IV: 1346-1378)는 유명한 '황
금 칙서(Zlatá bula)'를 공포하여 체코 왕국과 신성로마제국과의 관계를 재조정했
다. 그 주된 내용은 체코 왕국의 군주가 제국 내 일곱 명의 선제후 중에서, 성직계
의 대표를 제외한 세속권력의 대표 자격, 즉 제국 내에서 일인자의 지위(*primus
inter pares*)를 가진다는 것이었다. 신성로마제국 황제와 제후들 사이의 정치적 타
협에서 나온 일종의 성과물이었던 황금 칙서에서는 마인츠(Mainz) 대주교, 트리
어(Trier) 대주교, 쾰른(Köln) 대주교, 체코 국왕, 팔츠 궁중백(Pfalz Grafschaft), 작
센 대공, 그리고 브란덴부르크 변경백(Mark-grafenschaft Brandenburg)을 7명의
선제후로 명시했고 이들 중에서 4명 이상의 지지를 받는 인물이 독일 왕으로 선출
된다는 것도 언급되었다. 또한 프랑크푸르트(Frankfurt)는 독일 왕의 선출장소, 아
헨(Achen)은 독일 왕의 등극 장소로 한다는 것도 결정되었다. 그리고 독일 왕이 서
거하면 마인츠 대주교는 3개월 이내에 선제후들을 프랑크푸르트로 모이게 했다.
각 선제후는 200명의 기사를 동반할 수 있으나 이들 중에 50명만이 무장할 수 있
다는 것도 명시되었다. 또한 황금 칙서에서는 선제후들이 회의하는 동안 외지인들
의 프랑크푸르트 출입 금지가 거론되었을 뿐만 아니라 30일 내에 새로운독일 왕
을 선출하지 못하면 빵과 물만 제공한다는 것도 언급되었다. 황금 칙서는 대립 왕
(Gegenkönig)의 옹립도 불가능하게 했다. 지금까지 선제후들은 자기 파의 인물을
독일 왕으로 추대하려는 시도를 종종 펼쳤고 그 과정에서 두 명의 독일 왕이 등장
하기도 했다. 그런데 이 칙서에서는 선제후 중에서 체코 왕가의 경우 남자 상속인
이 없으면 여자 후계자가 왕위를 계승할 수 있다는 것이 명시되었지만 다른 왕가
들의 경우 그들 영역이 자동으로 제국의 자유 봉토(vacant feud)로 귀속되게끔 규
정했으며, 선제후들이 독일어뿐만 아니라 이탈리아어와 체코어도 구사할 수 있게
끔 하라는 이상적이지만 매우 비현실적인 요구도 들어 있었다. 30년 종교전쟁
(1618-1648) 기간인 1623년 바이에른 대공국은 팔츠 궁중백이 가지고 있던 선제
후권을 넘겨받았다. 이것은 팔츠 궁중백이었던 프리드리히 5세(Friedrich V)가 체
코 귀족들에 의해 체코 국왕으로 선출된 후 당시 신성로마제국 황제 페르디난트 2
세(Ferdinand II: 1620-1637)가 프리드리히 5세가 가졌던 선제후권을 박탈했기
때문이다. 1648년 베스트팔렌(Westfalen) 평화조약이 체결된 이후 팔츠 궁중백이
선제후권을 돌려받음에 따라 신성로마제국 황제를 선출할 수 있는 선제후의 수는
7명에서 8명으로 늘어나게 되었다. 그런데 당시 보헤미아 왕국은 여성에게 신성로
마제국 황제선출권을 부여하는 것을 허용하지 않았다.

란츠 슈테판에게 차기 황제선출식에 참여할 것을 요청했다. 이러한 소식을 접한 카를 알브레히트와 프리드리히 아우구스트 2세는 즉시 이의를 제기했다. 당시 폴란드 국왕직을 겸하고 있던 프리드리히 아우구스트 2세는 오스트리아 왕위계승 문제에 개입하여 영토적 보상을 받거나 자신이 신성로마제국 황제로 등극해야 한다는 생각도 했는데 이것은 향후 카를 알브레히트와 대립할 수도 있는 사안이었다.

마리아 테레지아의 빠른 행보에도 불구하고 한 여인이 과연 선제후직위권을 행사할 수 있는지에 대한 강한 의구심이 독일권에서 강하게 제기되었다. 또한 마리아 테레지아가 자신의 남편에게 이양한 선제후직위권 역시 아무런 효력을 발휘할 수 없다는 관점도 등장했다. 이렇게 독일권에서 부정적인 분위기가 조성되었음에도 마리아 테레지아는 오스트리아 선거사절단을 프랑크푸르트로 파견하여 당시 다른 선제후들과 접촉을 모색하게 했다. 그러나 이들의 접촉 시도는 일절 거절되었고 그 과정에서 이들은 전례 없이 거칠게 다루어지는 수모도 당했다. 이에 따라 마리아 테레지아가 1740년 겨울을 보낸 후 결국 오스트리아 왕국의 위정자직에서 물러날 것이라는 예상도 강하게 제기되었다.

5   프리드리히 2세의 제안

    당시 독일권에서 오스트리아와 대립하던 프로이센의 프리드리히 2세 역시 마리아 테레지아의 왕위계승을 인정하지 않았다. 그러나 선왕 프리드리히 빌헬름 1세는 1726년 10월 12일과 1728년 12월 23일에 체결된 부스터하우젠 비밀조약 및 베를린 조약에서 국사조칙을 인정했다.[54] 프리드리히 빌헬름 1세는 부스터하우젠 조약을 통해 러시아 및 오스트리아와 동맹체제를 구축했다. 그리고 이로부터 2년 후에 체결된 베를린 조약에서 프로이센의 위정자는 다시금 국사조칙을 인정했고, 마리아 테레지아와 그녀의 약혼자인 프란츠 슈테판의 결혼이 실현될 경우, 카를 6세의 후임으로 신성로마제국 황제선출 시 브란덴부르

---

54 부스터하우젠 비밀조약은 1725년 9월 3일 체결된 헤렌하우젠(Herren-hausen) 조약의 효력을 무력화시켰다. 이렇게 효력을 잃은 헤렌하우젠 조약은 에스파냐와 오스트리아가 주도한 빈 조약에 대응하기 위해 체결되었는데 여기에는 프로이센, 프랑스, 영국 및 하노버가 참여했다.

크 선제후로서 프란츠 슈테판을 지지하리라는 것도 약속했다.

이렇게 선왕이 두 번이나 인정한 국사조칙을 무시한 프리드리히 2세는 오스트리아 왕위계승 분쟁을 활용해 경제적으로 부유한 슐레지엔 지방을 차지하려고 했고 1740년 11월 15일 오스트리아와의 비밀협상을 통해 자신의 목적도 관철하려고 했다.

그런데 프리드리히 2세는 등극한 이후부터 프로이센 왕국의 영역을 확대해야 한다는 강박관념(obsession)을 가지고 있었다. 따라서 이 인물은 즉위 직후 뤼티히(Lüttich) 후작위를 가진 주교(Fürstenbischof)에게 뤼티히 내 작은 지역인 헤어슈탈(Herstal)을 프로이센에 24만 탈러에 매도할 것을 강요했다. 당시 프리드리히 2세가 헤어슈탈을 프로이센에 편입시키려 한 것은 1713년 오라니엔의 상속권이 프로이센으로 이양되었다는 것과 이 지역이 뤼티히로부터 멀리 떨어진 프로이센 왕국 내에 있었다는 데서 비롯된 것 같다.

빈 정부와의 비밀협상을 통해 프리드리히 2세는 200년 전에 체결된 호엔촐레른 가문과 슐레지엔 지방을 통치했던 피아스텐(Piasten) 가문의 게오르크 1세(Georg I)와의 결혼조약까지 부각하면서 슐레지엔 지방에 대한 프로이센의 권리를 주장했다. 이러한 것은 20세기 중반까지 전쟁유발국이 전쟁의 당위성을 부각하는 수단으로 종종 활용했다. 이렇게 프리드리히 2세에 의해 거론된 피아스텐 가문은 전설적 조상인 피아스트(Piast)에서 비롯되었다. 피아스텐 가문은 폴란드를 통치했을 뿐만 아니라 일시적으로 폴란드에서 분리된 마소비엔(Masowien)과 슐레지엔 지방까지 통치했다. 10세기부터 17세기까지 이 가문에서는 많은 국왕과 대공들이 배출되었다. 그런데 이 가문은 독일계통 공주들과의 결혼과 동식민지 추진정책으로 점차 독일 귀족가문으로 변형되었다. 1526년 보헤미아 왕국이 합스부르크 가문에 편입된 후, 보헤미아 국왕은 1742년까지 슐레지엔을 지배했다. 1537년 슐레지엔의 리그니츠-브리크-볼라우(Liegnitz-Brieg-Wohlau) 대공 프리드리히 2세(Friedrich II)가 브란덴부르크 선제후 요아힘 2세(Joachim II)와 체결한 상호상속조약에서 합스부르크 가문의 동의 없이, 호엔촐레른 가문의 상속을 허용함에 따라, 합스부르크 가문은 1546년 리그니츠 대공과 브란덴부르크 선제후 간에 체결된 상호상속조약을 무효화시켰다. 이로부터 100년 후 리그니츠-브리크-볼라우의 마지막 대공 게오르크 빌헬름 1세(Georg Wilhelm I)가 후계자 없이 15세의 어린 나이로 사망함에 따라 이 공국은 제국공유지로 회수되었고, 레오폴트 1세는 이 공국을 1675년 합스부르크 가문에 귀속시켰다. 이에 대해 브란덴부르크 선제후인 프리드리히 빌헬름은 1537년에 체결된 상호상속조약의 내용을 거론하면서 리그니츠-브리크-볼라우 공국에 대한 상속권을 재차 제기했다. 그러다가 프리드리히 빌헬름은 1686년 슈비부스(Schwiebus)의 일부 지역을 할애받는 조건으로 리그니츠-브리크-볼라우에 대한 상속권을 포기했다.[55] 그

---

55 그러나 할애받은 슈비부스는 프리드리히 1세 때 다시 오스트리아의 수중으로 넘어갔다. 당시 슐레지엔 지방은 리그니츠, 브리크, 그리고 볼라우를 비롯하여 모두 50여 개의 공국으로 구성되었다.

오스트리아 왕위계승 전쟁(1740-1763)

런데도 프리드리히 2세는 1740년 11월 6일 카를 6세의 사망을 계기로 슐레지엔 지방을 차지하겠다는 견해를 밝히면서 자신의 행동이 매우 '합당(billig)하다'라는 관점도 피력했다.

프로이센 국왕으로 등극한 이후부터 프리드리히 2세는 오스트리아의 상황을 예의 주시하고 있었다. 즉 그는 남자 후계자 없이 카를 6세가 사망하면 오스트리아 왕위계승 분쟁이 발생할 수 있으리라는 것을 예견했고 실제로 분쟁이 발생하면 오스트리아 왕국의 일부 지방을 프로이센에 편입시키겠다는 구체적인 구상도 했다.

당시 프리드리히 2세는 주변국의 영토를 비합법적인 방법 및 수단, 즉 무력을 통해 강제로 빼앗은 후 법적인 방법과 수단으로 영토 점유를 치장한 후 역사가들로부터 그 정당성도 부여받아야 한다고 했다.[56] 그리고 이 인물은 미화된 역사적 관점을 통해 자신의 관점, 즉 영토확장 야욕이 자연적 야생성에서 확인되는 규율이라는 것을 부각하려 했고 그 과정에서 프로이센과 같은 신생국은 가능한 한 빨리 강대국으로 성장하기를 바라고 있다는 것도 강조했다. 당시 프리드리히 2세는 대선제후 프리드

---

56 왕세자 시절인 1731년 2월 프리드리히는 귀족 출신의 젊은 비서관(Kammerjunker)인 나츠메르(Karl Gneomar Duvislav v. Natzmer)에게 서신을 보냈는데 거기서 그는 자신이 구상한 두 정책에 대해 구체적으로 언급했다. 프리드리히는 첫 번째 정책에서 유럽평화를 견지시키기 위해 주변 국가들과의 친선관계 유지에 관심을 기울이겠다고 했다. 이어 거론한 두 번째 정책에서 프리드리히는 프로이센의 국가 영역을 점진적으로 확대하겠다는 것도 언급했다. 그러면서 그는 분산된 영토의 집중화를 지향하고 과거에 프로이센 영토였던 지방(Losgerissene Stücke) 모두를 반드시 되찾겠다는 의지도 밝혔다.

리히 빌헬름이 작성한 『정치적 유산(Politisches Testament)』에서 거론된 슐레지엔 합병 방식에 대해 전적으로 동의했다. 프리드리히 빌헬름은 자신이 작성한 『정치적 유산』에서 오스트리아 합스부르크 가문의 남계가 소멸할 경우, 작센의 슐레지엔 합병 가능성을 사전에 방지하고, 폴란드의 프로이센 종속을 강화하기 위해 슐레지엔 지방을 반드시 차지해야 한다는 의견을 피력했다.

오스트리아 외교수장이었던 바르텐슈타인 남작이 참여한 비밀협상에서 프리드리히 2세는 마리아 테레지아가 프로이센의 슐레지엔 지방 점유를 인정하면 자신은 윌리히-베르크 대공국을 포기한다는 제안을 했다.[57] 이어 프리드리히 2세는 마리아 테레지아의 남편인 프란츠 슈테판이 신성로마제국 황제로 선출되는 데 적극적인 지지도 아끼지 않겠다는 견해를 밝혔다. 또한 그는 오스트리아에 대한 외부적 위협이 있으면 그것을 격퇴하는 데도 적극적으로 참여하겠다는 약속도 했다. 아울러 프리드

---

57 카를 6세는 프리드리히 빌헬름 1세에게 윌리히-베르크 대공국의 통치자가 사망하면 이 대공국의 통치권을 프로이센의 위정자에게 넘겨주겠다고 약속했다. 그런데 이 약속은 원래부터 실현될 수 없었는데, 그것은 작센 공국과 비텔스바흐 가문의 분파인 술츠바흐(Sulzbach) 가문에게도 같은 약속을 했기 때문이다. 프리드리히 2세는 카를 6세가 자신의 부친을 '무지한 군인왕(einfältiger Soldatenkönig)'으로 간주한 것을 잘 알고 있었다. 나아가 그는 카를 6세가 프리드리히 빌헬름 1세를 유럽의 다른 군수들과는 달리 비하적 내지는 차별적으로 취급한 것도 인지했다. 프리드리히 빌헬름 1세 역시 자신에 대한 카를 6세의 이러한 비하적 자세에 대해 심한 불만을 품었지만, 그것에 대해 적극적으로 대응하지는 못했다. 프로이센 국왕으로 등극하기 이전인 1737년부터 프리드리히 역시 이 문제에 관심을 표명했고 같은 해 한 전단에서 자신을 영국인으로 위장한 후 오스트리아 위정자의 오만함을 신랄히 비판하기도 했다.

리히 2세는 오스트리아에 200만 굴덴(Gulden)의 차관을 저리로 제공하겠다는 생각도 밝혔다. 프리드리히 2세와의 비밀협상을 끝낸 후 바르텐슈타인은 얼마 전까지 오스트리아는 2개의 적대국, 즉 서쪽에는 프랑스, 동쪽에는 오스만튀르크를 상대해야 했지만, 이제는 또 하나의 새로운 적대국인 프로이센과도 대립해야 하는데 이 국가는 프랑스나 오스만튀르크보다 훨씬 위험하고, 음흉하다는 관점을 피력했다. 여기서 그는 향후 오스트리아의 동맹체제를 새롭게 구축해야 한다는 필요성도 제기했다. 당시 해상국가인 영국과 네덜란드는 프랑스와의 대립에서 항상 오스트리아를 지지하려고 했지만 이들 국가는 오스만튀르크에 대해서는 그리 적극성을 보이지 않았다. 따라서 바르텐슈타인은 오스만튀르크와 새로운 적대국으로 등장한 프로이센에 효율적으로 대응하기 위해서는 러시아의 도움이 절실히 필요하다는 견해도 제시했다.

프리드리히 2세의 협상안을 가지고 빈으로 돌아온 바르텐슈타인은 마리아 테레지아와 독대했고 거기서 그는 마리아 테레지아에게 프리드리히 2세의 제안을 거부할 것을 조언했고 오스트리아의 위정자는 그러한 조언을 수용했다.[58] 마리아 테레지아의 거부 의사가 공식적으로 밝혀짐에 따라 프리드리히 2세는 군사적 방법으로 자신의 목적을 실천해야 한다고 확신했다.

----

58 당시 마리아 테레지아는 프로이센을 오스트리아와 대등한 국가가 아니라는 비하적인 판단을 했는데 그것은 "바이에른을 한 지방으로 간주할 때 프로이센은 작은 마을에 불과하다"라는 언급에서 확인할 수 있다.

오스트리와의 전쟁을 준비하던 프로이센의 영토는 오스트리아의 6분의 1인 120,000km²였고 인구 역시 3분의 1 정도에 불과했다. 영토 및 인구에서의 열세 상황에서 벗어나기 위해 프리드리히 2세는 즉위한 직후부터 오스트리아로부터 4만 km²의 면적을 가진 슐레지엔 지방을 빼앗으려고 구상했고 그러한 구상이 실현되면 프로이센의 위상 역시 독일권에서 크게 증대시킬 수 있다고 판단했다.[59]

프리드리히 2세의 제안을 거부한 후 마리아 테레지아는 특별사절단을 베를린으로 파견하여 프로이센 위정자의 입장을 더욱 정확히 파악하려고 했다. 베를린으로 가는 도중 특별사절단의 대표 보타-아도르노(Anton Otto de Botta-Adorno) 후작은 프로이센의 거대한 병력이 슐레지엔 방향으로 이동하는 것을 목격했다. 보타-아도르노는 베를린에서 프리드리히 2세를 알현했고 거기서 그는 프로이센 위정자의 의도를 정확히 파악할 수 있었다. 프리드리히 2세는 보타-아도르노에게 가까운 시일 내에 프로이센군이 슐레지엔 지방으로 진격할 예정이라는 것을 밝혔다. 여기서 그는 오스트리아 여왕을 주변의 적들로부터 보호하고 그녀의 남편인 프란츠 슈테판을 신성로마제국 황제로 등극

---

59 프로이센과 국경을 접하고 있던 슐레지엔 지방은 엄지손가락처럼 생긴 긴 지방(daumenförmige Proinz)으로 오스트리아의 보헤미아 경계에서 노이마르크(Neumark) 남방한계선 북서로 뻗어 있었다. 그리고 오데르(Oder)강은 오버슐레지엔(Oberschlesien)의 산악지방으로 흐름이 이어지다가 북서쪽으로 우회하며 브란덴부르크를 관통하고 포메른(Pommern)의 슈테틴에서 발트해로 흘러 들어갔다.

시키기 것이 군사 행동의 진정한 목표라고 언급했다. 그리고 프리드리히 2세는 가능한 한 빨리 빈으로 사절단을 파견하여 자신의 의도를 설명하겠다는 생각도 밝혔다. 이후 보타-아도르노는 프로이센 군주의 의도를 빈에 전달했고 거기서 조만간 프로이센이 오스트리아를 침공하리라는 우려도 표명했다.

6 　오스트리아의 대응

　　당시 오스트리아는 오스만튀르크와의 전쟁에서 벗어난 지 얼마 안 되었기 때문에 프로이센과 전쟁을 펼칠 상황이 아니었다.[60] 즉 빈 정부는 전쟁 수행에 필요한 수백만 굴덴을 자체적으

60　오스트리아는 레오폴트 1세(Leopold I: 1658-1705) 때 두 차례에 걸쳐, 즉 1663년과 1683년에 오스만튀르크와 전쟁을 펼쳤는데, 특히 1683년 7월 14일 빈(Wien) 근처까지 진출한 카라 무스타파(Kara Mustafa) 대재상(Grosswesir; Pascha)이 이끄는 200,000명의 오스만튀르크군과 대치했다. 이 과정에서 레오폴트 1세는 간신히 빈을 방어했지만 결국 왕국의 수도를 떠나 파사우(Passau)로 가야만 했다. 1683년 7월 7일 저녁 레오폴트 1세는 그의 측근들과 더불어 빈을 떠났는데 여기서 흉갑을 착용한 기병(Kürassier) 200명이 호위를 담당했다. 이렇게 그가 빈을 떠난 것은 그 자신이 오스만튀르크군의 포로가 될 수도 있다는 우려에서 비롯되었다.

　　이후 빈은 슈타르헴베르크(Rudiger Ernst Graf v. Starhemberg) 백작, 콜로니트쉬(Leopold Kollonitsch) 주교, 그리고 리벤베르크(Andreas Liebenberg) 빈 시장의 주도로 방어되었는데 당시 방어에 참여한 군 병력은 17,000명에 불과했다. 이후 60,000명에 달하는 오스트리아인들이 왕국의 수도를 떠날 정도로 사태는 더욱 악화되었다. 당시 많은 사람은 '기독교권의 황금 사과(Goldener Apfel der Christenheit)'라 지칭되던 빈은 결코 이교도들에게 섬령되지 않는다고 생각했지만, 점차 이것이

로 충당할 능력이 없었다. 실제로 당시 빈 정부의 부채는 1억 굴덴을 초과했지만, 당시 빈 정부가 활용할 수 있는 재원은 단지 수십만 굴덴에 불과했다. 프리드리히 2세는 오스트리아의 이러한 상황을 정확히 파악하고 있었는데 그것은 자신이 1740년 11월 5일 빈 주재 프로이센 대사인 보르케(Caspar Wilhelm v. Borcke)에게 보낸 서신에서 확인되었다. 편지에서 프리드리히 2세는 "황제는 사망했다. 이에 따라 신성로마제국과 오스트리아는 그들을 이끌 인물이 사라진 상황이다. 오스트리아는 국가 운영자금이 바닥났고, 군대 역시 전투에 참여할 능력을 잃었고, 각 지방은 지속된 전쟁, 전염병, 기근, 그리고 과도한 세금 등으로 인

안이한 생각에 불과하다는 판단도 하게 되었다. 1683년 7월 16일 카라 무스타파 대재상이 이끄는 오스만튀르크군이 빈을 완전히 포위함에 따라 레오폴트 1세는 유럽 각국에 도움을 요청했다. 이에 당시 로마 교황 인노첸시오 11세(Innocentius XI: 1676-1789)는 150만 굴덴에 달하는 거액 지원을 약속했고 그란(Gran) 대주교는 40만 굴덴을 전쟁 비용으로 내놓았다. 아울러 인노첸시오 11세는 특별사절단을 페르시아에 파견하여 오스만튀르크의 후방교란도 요청했다. 거의 같은 시기 포르투갈, 에스파냐, 토스카나, 그리고 제노바(Genova)도 100만 굴덴의 지원을 약속했다.

1684년 3월 5일 인노첸시오 11세의 주도로 '신성동맹(Die Heilige Liga)'도 결성되었는데 여기에는 오스트리아, 폴란드, 그리고 베네치아가 참여했다. 이후 신성로마제국 전역에서 모인 70,000명의 병력과 폴란드 국왕 얀 3세(Johann III: 1674-1696)가 이끌던 철갑 기사병이 1683년 9월 12일 아침부터 오스만튀르크군에 대한 대대적인 공세에 나섰다. 그리고 빈 근처의 칼렌베르크(Kahlenberg)에서 펼쳐진 전투에서 얀 3세가 이끈 독일-폴란드 연합군은 카라 무스타파 대재상의 오스만튀르크군을 불과 몇 시간 만에 대패시켰다. 이렇게 오스만튀르크군을 격파한 얀 3세는 지도도 없었고, 적들을 상대할 싸움터의 지형조차 제대로 파악하지 못한 열악한 상태였다. 이후 카라 무스타파 대재상은 12월 25일 베오그라드(Beograd)에서 술탄 메흐메트 4세(Mehmet IV: 1648-1687)가 보낸 비단 줄로 교살당했는데 이것은 오스만튀르크의 위정자가 패전 장군에게 내리는 일반적인 처형 방법이었다.

해 피폐한 상태이다"라고 언급했다.[61] 그런데 프리드리히 2세의 이러한 편지는 보르케가 카를 6세가 서거한 직후 그에게 보낸 보고서를 반박하는 과정에서 발송되었다. 실제로 보르케는 보고서에서 "카를 6세가 갑자기 사망했음에도 불구하고 그의 후계자로 등장한 마리아 테레지아와 오스트리아인들은 그들의 현재 영토를 보존할 수 있는 능력을 충분히 갖춘 것 같다"라는 것을 언급했고 이것에 대해 동의하는 자세도 보였기 때문이다.

프로이센의 무력적 압박이 가시화됨에 따라 마리아 테레지아는 오스트리아의 고위 성직자들과 명문귀족 가문의 인물들을 소환했고 거기서 그녀는 그들에게 자발적인 대여도 요청했다. 이렇게 하여 모은 금액은 320만 굴덴이었다. 이 과정에서 슈타르헴베르크(Gundacker Thomas v. Starhemberg), 리히텐슈타인(Johann Nepomuk Karl v. Lichtenstein), 킨스키(Philipp Joseph v. Kinsky), 에스터하지(Nikolaus Joseph v. Esterházy) 등이 여왕을 만났고 거기서 이들은 평균적으로 50만 굴덴의 지원을 약속했다. 그런데 마리아 테레지아의 이러한 시도에 대해 이의를 제기하는 목소리가 빈에서 등장했는데 그것에 따르면 자발적인 대여에 앞서 왕실 재산을 매각하는 것이 우선순위라는 것이다.[62] 이렇게 재정적으로

---

61 실제로 카를 6세가 사망할 당시 오스트리아의 부채는 1700년의 부채보다 무려 5배나 많았다. 따라서 카를 6세는 1740년 프리드리히 2세에게 특사를 파견하여 적지 않은 액수를 대출받으려고 했고 이것은 프리드리히 2세가 오스트리아의 재정적 상황이 극히 열악하다는 것을 정확히 파악하는 계기도 되었다.

62 당시 빈 정부의 고위 관료들은 마리아 테레지아의 통치능력에 대해 회의적인 반응을 보였다. 그 일례로 마리아 테레지아가 국가 현안을 논의하기 위해 개

어려운 상황에 놓여있던 오스트리아와는 달리 프리드리히 2세는 부친이 넘겨준 800만 탈러 금화를 보유하고 있었는데 이것은 장기간 전쟁을 펼쳐도 국가재정에 어려움을 가져다주지 않을 거액이었다.[63]

최한 비밀궁정 회의에 참석한 궁내부 장관이 여왕의 국정 파악능력을 평가하기보다는 "비밀궁정 회의에 참석한 우리 여왕은 정말로 아름답다"라고 표현한 것을 들 수 있다.

　63　실제로 800만 탈러 금화는 갈색 자루에 담긴 채 베를린 왕궁 지하실에 쌓여있었다.

제2부

오스트리아 왕위계승 전쟁

1 제1차 오스트리아 왕위계승 전쟁

프로이센의 선제공격

한 국가가 전쟁을 펼치기 위해서는 먼저 병력부터 동원해야 하는데 그것을 가시화시키려면 적어도 서너 달의 시간이 필요하다. 그러나 프로이센은 서너 주 만에 자국군을 전투 장소에 파견하는 민첩성을 보였는데 이것은 프리드리히 2세의 절대적 신임을 받던 안할트-데사우 공국 레오폴트 2세(Leopold II)의 개인적 비망록과 당시 베를린 정부의 비공개 문서에서 확인된다. 이것들을 토대로 당시 프리드리히 2세의 행보도 다음과 같이 재구성할 수 있다.

1740년 10월 26일 프리드리히 2세는 카를 6세의 사망 소식을 전해 듣고 비상대책을 마련했다. 그것은 그가 11월 7일 프로이센 내 모든 연대에 비상대기 명령을 내린 데서 확인할 수 있다. 12월 2일 프리드리히 2세는 라인스베르크에서 베를린으로 귀환했고 12월 8일에는 기병연대, 클라이스트(Heinrich v. Kleist)

장군의 연대, 그리고 지도(Egidius Ehrentreich v. Sydow) 장군의 연대가 슐레지엔 지방으로의 행군을 개시했다. 이로부터 5일 후인 12월 13일 프리드리히 2세 역시 베를린을 떠났고 3일이 지난 12월 16일 그는 오데르(Oder)강 유역의 크로센(Krossen)에서 프로이센 주력군과 합류한 후 슐레지엔 지방으로 진격했다. 같은 날 그는 오스트리아에 대해 선전포고도 없이 슐레지엔 지방의 여러 지역, 즉 예게른도르프(Jägerndorf), 브리크, 리그니츠, 그리고 볼라우를 선제공격했다.[1]

프리드리히 2세가 예게른도르프를 선제공격 목표로 선정한 것은 이 지방이 1523년 호엔촐레른 가문의 소유지로 바뀐 후 1603년 브란덴부르크 선제후국의 영지로 편입된 역사적 배경에서 비롯되었다. 브란덴부르크 선제후였던 요아힘 프리드리히(Johaim Friedrich)는 장남 요한 지기스문트(Johann Sigismund)를 자신의 후계자로 삼고, 차남 요한 게오르크(Johann Georg)에게는 예게른도르프를 상속했다. 그런데 요한 게오르크는 보헤미아의 겨울왕(Winterkönig) 프리드리히 5세(Friedrich V: 1619-1620)의 추종자로서 보헤미아 귀족 봉기에 참여했다. 이 인물은 신교군인 유니온(Union)의 사령관 신분으로 1620년 11월 8일 백산 전투(Bilá Hora)에 참여하여 오스트리아 페르디난트 2세(Ferdinand II: 1619-1637)군, 즉 가톨릭 동맹체제인 리가(Liga)군에 대항했다.

소위 30년 전쟁(1618-1648)의 시발점이 되었던 백산 전투에

---

1 예게른도르프는 체코에 편입된 후 크르노스(Krnos)로 지명이 바뀌었다.

서 요한 게오르크와 프리드리히 5세의 신교군이 리가군에 의해 격파됨에 따라 페르디난트 2세는 1621년 이들 양인을 신성로마 제국에서 강제로 추방했다. 같은 해 페르디난트 2세는 예게른도 르프도 점령했는데 이것은 이 지방을 더는 브란덴부르크 선제 후국의 소유로 인정하지 않겠다는 의지에서 비롯된 것이라 하겠다. 그리고 페르디난트 2세는 1619년 보헤미아 귀족 봉기 시 자신을 지원했고, 백산 전투 이후 반란세력들에 대한 체포 및 처형을 위임할 정도로 신임한 모라비아 출신의 리히텐슈타인(Karl v. Lichtenstein) 후작에게 예게른도르프를 봉토로 하사했다. 이후 부터 이 지역은 오스트리아의 영역으로 간주되었다. 그러나 프리드리히 2세는 즉위한 직후부터 오스트리아가 예게른도르프를 불법적으로 점유하고 있다고 판단했고 그것의 시정 역시 필요하다는 생각도 했다.

프리드리히 2세와 더불어 슐레지엔 지방 공략에 나선 프로이센군은 외양상 강군이었지만 실제로 이들의 상당수는 전투 경험도 제대로 하지 못한 신병의 상태였다. 이것은 전쟁 초기에 진행된 여러 전투에서 의외의 돌발적 상황을 초래하기도 했다. 그리고 프리드리히 빌헬름 1세가 도입한 칸톤 제도로 신민의 상당수가 병역 의무를 수행했음에도 불구하고 당시 슐레지엔 공격에 나선 프로이센군 중에서 외국인 용병이 차지하던 비율은 30%를 상회했다. 그런데 용병은 체계적인 군사훈련과 다양한 경험, 풍토병에 대한 면역력, 특히 돈을 벌어야 한다는 확고한 목표의식까지 가졌기 때문에 급히 징집되어 싸우는 정부군보다 월등한 전투력을 갖추고 있었다. 그러나 용병들은 충성심보다 돈을 우선시했기 때문에 그들의 급료가 밀리면 그들의 총부리를 임차인에게 겨누기도 했다.

프리드리히 2세는 자신의 저서인 『반마키아벨리즘』에서 '정의의 전쟁'에 대해 언급했었다. 그런데 그는 자신이 천명한 '정의의 전쟁'의 범주인 방어전쟁, 예방전쟁, 그리고 동맹국들의 지지를 받는 전쟁에 해당하지 않는 전쟁을 일으켰다. 즉 그는 오스트리아의 일부 지방을 강제로 빼앗으려는 전쟁을 유발한 것이다. 이후 그는 외무성을 중심으로 침략의 당위성을 찾아냈을 때 "좋다, 이것은 협잡꾼의 아주 좋은 작품이다(Bravo, cela est l'ouvrage d'un bon charlatan)"라고 했다. 동시에 그는 주변의 고위 관료들에게 "나의 행동보다는 나의 말을 따르라"라는 위선적인 언급도 했다.

슐레지엔 지방에 대한 프리드리히 2세의 기습공격이 감행됨에 따라 마리아 테레지아는 바르텐슈타인의 조언에 따라 육군 중장(Feldmarschall-Leutnant)인 브로브네(Maximilian Ulysses v. Browne)에게 프로이센군을 슐레지엔 지방에서 격퇴할 것을 명령했다.[2] 당시 브로브네의 오스트리아군은 6,000명에 불과했지만, 프리드리히 2세의 군은 이보다 4배나 많은 25,000명이나 되었다.[3] 이러한 불리한 상황에서 브로브네가 실제로 할 수 있는 것

---

2 당시 36세의 브로브네는 프로이센군의 우위를 정확히 인지하고 있었다.

3 빈 정부는 평상시 슐레지엔 지방에 8,000명의 병력을 주둔시켰지만 이러한 병력으로 브란덴부르크(Brandenburg) 지방과 접하고 있던 국경지역을 제대로

은 프로이센군의 진격 속도를 다소나마 줄이는 것이었다. 그러나 프리드리히 2세의 프로이센군은 1741년 1월 슐레지엔 지방의 주도인 브레슬라우(Breslau)를 점령했다.[4]

브레슬라우를 점령한 프리드리히 2세는 1월 17일 알가로티에게 서신을 보냈고 거기서 그는 우선 슐레지엔 지방을 점령하는 과정에서 단지 22명의 장교와 병사가 목숨을 잃었다는 것을 언급했다. 이어 그는 머지않아 슐레지엔 지방 전체가 프로이센에 귀속될 것이라는 예견도 했다. 단기간 내에 슐레지엔 지방의 대다수를 점령한 프로이센군은 이 지방에서 겨울 숙영 준비를 했고 그 과정에서 글로가우, 브리크, 그리고 나이세 근처에 강력한 요새도 구축하기 시작했다. 상대적으로 용병 비율이 높았던 다른 국가들의 병사들은 점령지의 주민들을 상습적으로 약탈했고, 주민들을 위협해 겨울에 필요한 물자들을 준비하곤 했지만, 프로이센군은 비교적 정예화된 상비군이었기 때문에 그러한 행위를 자행하지 않았다.

당시 프리드리히 2세에 대해 긍정적이었던 볼테르 역시 그의 기습공격과 그것에 따른 전승 소식도 들었다. 이후 볼테르는

방어하기에는 무리였다. 그리고 프리드리히 2세가 슐레지엔 지방을 침공할 때의 주둔 병력은 평상시 병력보다 적은 6,000명에 불과했고 프로이센군의 장비 역시 오스트리아군의 그것보다 훨씬 잘 갖춘 상태였다.

4 이렇게 슐레지엔 지방의 대다수를 신속히 점령한 프리드리히 2세는 부친으로부터 넘겨받은 상비군 수를 축소하지 않았을 뿐만 아니라 오히려 단기간에 그 수도 100,000명까지 늘렸다. 브레슬라우는 오늘날 폴란드 브로츠와프(Wrocław)이다.

친구인 팔케너(Ewald Falkener)에게 서신을 보냈는데 거기서 그는 프리드리히 2세의 전승 소식을 알렸고 프리드리히 2세가 얼마 전에 출간한 저서에서 반마키아벨리적 입장을 표방했음에도 불구하고 마키아벨리가 그의 저서에서 언급한 영웅과 같은 행동을 취하는 실수를 범했다고 했다. 이어 그는 프리드리히 2세가 영국에 대해 매우 선호적인 자세를 취하고 이 국가의 통치체제를 답습하려고 하지만 실제로 프로이센 군주는 오스만튀르크의 전제군주, 셀림 1세(Selim I: 1512-1520) 또는 무스타파 1세(Mustafa I: 1617-1618/1622-1623)와 같다는 날 선 비평도 했다. 편지의 뒷부분에서 볼테르는 만일 마키아벨리가 한 군주를 자신의 제자로 두었다면 그는 자신의 제자에게 우선 마키아벨리즘과 반대되는 관점을 거론하게 하여 위정자의 매력을 부각하려 했을 것이라고 했는데 이것은 프리드리히 2세의 슐레지엔 공격을 우회적으로 비판한 것으로 볼 수 있다.

이렇게 여러 곳에서 비우호적 견해가 제시되리라는 것을 예측했음에도 불구하고 프리드리히 2세가 선제공격을 감행한 것은 마리아 테레지아의 왕위계승에 대해 적지 않은 국가들이 이의를 제기한 것과 그것에 따른 오스트리아 왕국의 고립화도 직시했기 때문이다.

당시 그는 오스트리아의 오랜 동맹국이었던 영국이 1739년부터 에스파냐와 전비가 많이 드는 식민지전쟁을 펼치고 있다는 것과 그것으로 인해 자신의 선제공격에 개입할 여유가 없음을 인지하고 있었다. 또한 그는 1740년 11월 8일 러시아 황제로 등극한 안나 레오폴도브나(Anna Leopoldowna: 1740-1741)의 반프로이센적 행보를 예의 주시하고 있었다.[5] 프리드리히 2세가 슐레지엔 지방을 공격했다는 소식을 접한 안나 레오폴도브나는 1740년 12월 16일 프리드리히 2세에게 직접 편지를 보냈고 거기서 국사조칙의 준수도 강력히 요구했다. 또한 그녀는 편지에서 국사조칙 준수를 통해 오스트리아 왕국의 분열을 저지하고, 필요하다면 30,000명으로 구성된 러시아 원정군도 파견하여 마리아 테레지아의 오스트리아를 지원하겠다는 의사도 밝혔다. 이는 1726년 오스트리아와 체결한 동맹체제에서 비롯된 것 같다. 그러나 안나 레오폴도브나는 스웨덴의 지속적인 압박과 표트르(Poetr: 1682-1721) 대제의 막내딸 엘리자베타 페트로브나(Elizaveta Petrowna)가 1741년 12월 6일에 일으킨 모반으로 권좌에서 축출되었다. 실제로 그것 때문에 러시아는 향후 당분간 오스트리아 왕위계승 문제에 개입할 수 없었다.[6]

---

5 메클렌부르크-슈베린(Mecklenburg-Schwerin) 대공국 카를 레오폴트(Karl Leopold) 대공의 딸인 안나 레오폴도브나는 1741년 12월 6일까지 러시아를 통치했다.

당시 러시아는 '암살을 통한 완화된 전제정치'를 지향했는데 이것은 황제 후계자 선정에서 적절한 원칙이 제시되지 못한 데서 비롯된 것 같다. 물론 현재 황제가 차기 황제를 지명할 수 있는 권한을 가지지만 정통성을 갖춘 후계자가 없을 때 러시아 정세는 바로 혼란의 와중에 빠지게 되는 경우가 많다. 표트르 대제 이후 그의 부인인 카타리나 1세(1725-1727), 그의 손자 표트르 2세(1727-1730), 그리고 조카딸인 안나(1730-1740)가 황위를 승계했는데 이 시기에 러시아는 극도로 혼란한 상황에 놓였었다.

6 이에 따라 안나 레오폴도브나와 1740년에 태어나 같은 해 황제로 등극한 이반 6세(Ivan VI: 1740-1741)는 투옥되었다. 그 이후부터 이반 6세는 오랜 시간

1743년 러시아주재 오스트리아 대사였던 보타-아도르노 (Anton Otto de Botta-Adorno) 후작이 같은 해 발생한 엘리자베타 페트로브나 축출 모반에 깊이 연루되었다는 주장이 러시아 황실에서 제기되었다. 이러한 소식을 접한 마리아 테레지아는 크게 격노했고 그러한 모반에 자신의 신하가 관련되었다는 증거 제출을 엘리자베타 페트로브나에게 요구했다. 이후 빈에서는 보타-아도르노의 모반 사안을 구체적으로 논의할 위원회가 구성되었고 거기서 모반에 연루된 인물이 고문과정에서 거짓 자백을 한 것도 밝혀냈다. 이후 마리아 테레지아는 엘리자베타 페트로브나에게 일종의 반박 서신을 보냈고 거기서 그녀는 러시아 황녀의 미숙함을 지적했을 뿐만 아니라 그것의 반성도 촉구했다. 마리아 테레지아의 반박 서신을 받은 엘리자베타 페트로브나는 크게 분개했고 그러한 분노는 마리아 테레지아가 1743

동안 감옥에서 보내야만 했고 1764년, 즉 예카테리나 2세 통치기에 살해당했다.
　　모반을 통해 러시아 황녀로 등장한 엘리자베타 페트로브나는 지적이고, 총명하고, 신앙심이 깊었지만, 향락적인 부분에 대해서도 매우 큰 관심을 보였다. 그런데 당시 러시아 황녀는 마리아 테레지아와 스웨덴의 왕세자비, 즉 아돌프 프레드리크(Adolf Fredrik)의 부인인 알베르티나 프리데리케 폰 바덴-두르라흐(Albertina Friederike v. Baden-Durlach)에 대해 매우 부정적이었는데 이는 동성에 대한 그녀의 맹목적인 시기심에서 비롯된 것 같다. 그런데도 프리드리히 2세는 마리아 테레지아와 엘리자베타 페트로브나 사이의 동맹체제 구축에 대해 두려움을 가졌다. 따라서 그는 양 여인 사이의 시기 내지는 알력을 적극적으로 활용하려고 했다. 이후부터 프리드리히 2세는 엘리자베타 페트로브나에게 많은 선물을 보내고 훈장을 수여하는 등의 방법을 활용하여 그녀와의 관계를 돈독히 하려 했고 그러한 과정에서 그는 러시아 황녀에게 마리아 테레지아가 이반 6세와 그의 어머니를 복권하려는 구상을 하고 있다는 것, 즉 허위 사실도 넌지시 알려주었다.

년 10월 14일에 공포한 포고문을 암스테르담(Amsterdam)의 일간 신문에 게재시킴에 따라 더욱 증폭되었다. 포고문에서 마리아 테레지아는 러시아 황녀가 부당한 사실을 진실인 것처럼 언급한 비이성적 태도를 지적하고 그러한 과정에서 보타-아도르노가 희생양이 되었다는 것도 언급했다. 이렇게 러시아와 오스트리아 위정자 사이의 상호 비방이 심화되었지만 마리아 테레지아는 점차 러시아 황녀와 화해해야 한다는 것과 그것을 통해 1746년에 종료될 러시아와의 동맹체제 기간을 연장해야 한다는 필요성도 느끼게 되었다. 실제로 당시 마리아 테레지아는 프로이센과 그의 동맹국들과의 전투에서 러시아의 군사적 지원이 절실히 필요했다. 이에 따라 마리아 테레지아는 1744년 8월 로젠베르크(Philipp Rosenberg) 백작을 특사 자격으로 러시아로 보냈다. 이후 로젠베르크는 엘리자베타 페트로브나와 여러 번 독대했고 거기서 그는 보타-아도르노 문제가 '자신의 잘못(Mea cupla)'에서 비롯되었다는 마리아 테레지아의 입장을 러시아 여제에게 전달했다. 이러한 마리아 테레지아의 태도 변화에 대해 러시아 여제 역시 긍정적인 반응을 보였고 이것은 결국 러시아와 프로이센 간의 관계를 단절시키는 요인으로도 작용했다. 당시 엘리자베타 페트로브나는 프로이센의 영토확장 정책에 우려를 표명했고 그것의 제재가 필요하다는 것도 인지했다. 아울러 당시 여제에게 커다란 영향력을 행사하던 대재상 베스투제프-류민(Alexsei Petrovich Bestuzhev-Ryumin) 백작 역시 프로이센을 동발트해에서의 영향력 확대를 둘러싼 경쟁국이자 러시아의 서진정책에 잠재적인 방해물로 간주했다. 이후 오스트리아와 러시아 사이의 관계는 안나 레오폴도브나 시기로 회귀했고 양국 사이의 동맹체제 역시 이전보다 확고해졌다. 엘리자베타 페트로브나는 1746년 오스트리아와 동맹을 갱신하면서 마리아 테레지아에게 프로이센이 작센이나 오스트리아를 공격하면 오스트리아의 슐레지엔 탈환 시도를 지원하겠다는 약속도 했다. 또한 그녀는 패배한 프로이센은 오스트리아와 러시아가 나눈다는 것에 대해서도 동의했다.

오스트리아의 대응

슐레지엔 지방의 대다수를 프로이센에 빼앗긴 마리아 테레지아의 오스트리아는 전쟁 수행에 필요한 비용을 충당할 수 없었을 뿐만 아니라 제대로 훈련받은 군대 역시 확보하지 못한 상태였다. 당시 오스트리아는 문서상으로 123,000명의 병력을 보유했지만 실제로 가용할 수 있는 병력은 60,000명에 불과했다. 더구나 이들 병력은 오스트리아령 네덜란드로부터 롬바르디아를 거쳐 지벤뷔르겐(Siebenbürgen)까지 분산배치 되었기 때문에 즉각적인 동원 역시 불가능했다.[7] 또한 마리아 테레지아는 국가의 어려운 상황에 효율적으로 대응할 수 있는 정부도 갖추지 못한

---

7 지벤뷔르겐은 오늘날 트란실바니아(Transilvania)로 불리는 루마니아 서북부지방이다.

상태였다. 실제로 당시 빈 정부에 참여한 인물들의 평균나이는 70대 중반이었고 이들은 국가업무보다는 개인 업무를 우선시하는 등 비효율적인 자세를 보였다. 그리고 이들의 실제 업무 시간은 당시 프랑스 고위관료들의 절반도 안 되었다.[8]

슐레지엔 지방을 점령한 직후 프리드리히 2세는 고터(Gustav Adolf Gotter) 백작을 빈으로 파견하여 슐레지엔 지방 양도를 다시금 설득하려고 했다. 그러나 마리아 테레지아는 고터와의 독대를 거절했고, 프란츠 슈테판이 그를 대신 면담했다.[9] 면담 과정에서 고터는 국사조칙 승인과 프란츠 슈테판 대공의 차기 신성로마제국 황제 선출 건 이외에도, 슐레지엔 지방 양도에 대한 반대급부로 독일제국 여러 곳에 산재한 오스트리아의 고립영토에 대한 영유권 보장 및 200만 탈러에 달하는 재정적 지원 약속 등의 '당근'도 동시에 제시했다.[10] 아울러 고터는 프로이센이 오스트리아와 동맹체제도 구축할 수 있다고 했다. 그리고 이 동맹체제에 영국, 네덜란드, 그리고 러시아도 참여하리라는 것을 명시했다. 이에 프란츠 슈테판은 프로이센군이 슐레지엔 지방에 계

---

8 또한 이들은 여왕이 참석하는 궁정회의에서도 사담이나 농담을 하는 등 국정업무에 대해 적극성을 보이지 않았다. 따라서 이들의 활동에서 업무 효율성은 거의 없는 상태였다.

9 당시 마리아 테레지아는 프리드리히 2세를 "믿음과 정의감이 없는 적(Feind ohne Glauben und Rechtsbewußtsein)"이라 비하했다. 따라서 그녀는 프로이센의 위정자가 보낸 특사와의 면담을 수치로 간주했다.

10 고터가 프란츠 슈테판에게 제시한 것들은 10월 28일 베를린에서 개최된 비밀회의에서 거론된 것들이었다. 당시 비밀회의에는 프리드리히 2세, 슈베린(Schwerin) 원수, 그리고 포데빌스(Heinrich v. Podewils) 장관이 참석했다.

속 주둔하는 한 오스트리아는 프리드리히 2세와 더불어 협상을 하느니 차라리 몰락의 길을 선택하겠다고 답변했다.

고터가 베를린으로 귀환했을 때 그는 마리아 테레지아의 친서를 가지고 있었는데 거기서 그녀는 "오스트리아는 왕국 영토의 극히 일부라도 포기하지 않을 것이고 자신에게 부여된 권리 및 명예를 지키기 위해 맨손으로도 대응할 것이다"라는 태도를 밝혔다.[11] 이는 그녀가 보헤미아 궁정사무국장(der böhmische Hofkanzler) 킨스키(Philipp Joseph Kinsky) 백작에게 보낸 서신에서도 확인되었다. 그 편지에서 마리아 테레지아는 "나는 어떠한 상황에서도 슐레지엔 지방을 포기하지 않을 것이다. 그리고 신은 본인이 이 지방을 포기하면 분명히 그것의 이행도 가로막을 것이다"라고 했다.[12]

마리아 테레지아의 이러한 태도 표명에도 불구하고 프리드리히 2세는 은밀히 마리아 테레지아의 고위 측근 인물들을 성향, 청렴도, 그리고 국가에 대한 충성심을 토대로 평가했다. 여기서 그는 일부 인물들을 금전적으로 매수할 수 있다는 판단도

---

11 마리아 테레지아의 강한 의지를 파악한 프리드리히 2세는 전쟁의 장기화가 필요하다는 것도 인지했다. 고터와 면담을 한 프란츠 슈테판이 프리드리히 2세를 알게 된 것은 그가 베를린에서 개최된 프리드리히의 약혼식에 참석한 이후부터였다. 그리고 이후부터 양인은 매우 긴밀한 관계를 유지했다. 카를 6세의 서거 소식을 접한 후 프리드리히 2세는 프란츠 슈테판 대공과 그의 부인에게 큰 유감을 표명했을 뿐만 아니라 마리아 테레지아의 왕위계승도 전적으로 지지하겠다는 태도를 보였다. 그러나 프리드리히 2세의 이러한 언급은 얼마 후 가식으로 밝혀졌다.

12 당시 마리아 테레지아는 오스트리아가 슐레지엔 지방을 상실하면 프리드리히 2세는 보헤미아 지방마저 자국에 편입하려 한다는 것도 잘 알고 있었다.

했다. 즉 그는 수석 궁내 대신인 친첸도르프(Karl v. Sinzendorf) 백작에게 200,000굴덴, 로트링엔 대공인 프란츠 슈테판에게 100,000굴덴을 주면 이들은 기꺼이 마리아 테레지아에게 슐레지엔 지방을 프리드리히 2세에게 넘겨줄 것을 강력히 촉구할 것이라고 예상한 것이다. 그러나 프리드리히 2세가 이들 양인에게 실제로 접근하여 뇌물을 공여하지는 않은 것 같다. 이것은 친첸도르프와 프란츠 슈테판이 마리아 테레지아에게 슐레지엔 지방 양도를 강력히 요구하지 않은 데서 확인할 수 있다.

몰비츠 전투

왜 프리드리히 2세는 마리아 테레지아의 강력한 반발에도 불구하고 슐레지엔 지방을 차지하려고 했을까? 오데르강 상류에 있는 슐레지엔 지방은 프로이센의 브란덴부르크와 국경을 접한 유일한 오스트리아의 영역이었다. 그리고 100만 명의 인구를 가진 이 지방은 섬유공업이 활성화되었을 뿐만 아니라 석탄, 철, 동, 그리고 아연도 많이 생산했다. 만일 오스트리아가 이 지방을 상실하면 독일권에서 빈 정부의 위상은 크게 실추될 뿐만 아니라 정부의 재정적 수입 역시 급감하고 군사력 또한 크게 약화될 수밖에 없었다. 실제로 슐레지엔은 오스트리아 국고 수입의 약 4분의 1을 담당하고 있었기 때문에 마리아 테레지아는 프리드리히 2세의 요구를 거부했다.

이와는 달리 클라크(Christopher Clark)를 비롯한 일부 역사가들은 프리드리히 2세의 개인적 자료에서 슐레지엔 침공 원인을 찾고자 했다. 여기서 이들은 프리드리히 2세가 '명성과의 조우 (Rendezvous mit dem Ruhm)'를 지향했고 그의 정책 및 행동이 모든 언론에 게재되는 것을 좋아했다는 것과 후세 사람들이 자신의 행위를 역사서에서 읽기를 원했다는 것을 확인했고, 이것 역시 슐레지엔 침공 원인으로 작용했다는 주장을 펼쳤다. 또 다른 학자들, 특히 블래닝(Tim Blanning)은 프리드리히 2세가 왕세자였을 때 영국 공주 아멜리아와 결혼하려고 했지만 빈 황실의 개입으로 좌절된 것, 그 이후 자신이 추진한 영국으로의 탈출계획이 실패로 끝난 것과 그로 인해 자신의 절친한 친구였던 카테가 처형된 것 모두가 오스트리아의 깊숙한 간섭 및 개입에서 비롯되었다는 확신을 했기 때문에 그것에 대한 응징 차원에서 슐레지엔 침공을 감행했다는 견해도 제시했다.

프로이센의 선제적 군사행동에 고무받은 국가들 역시 오스트리아를 공격하는 데 주저하지 않았다. 바이에른은 오버외스터라이히, 작센은 보헤미아 지방, 에스파냐는 오스트리아가 이탈리아에서 장악하고 있던 지역, 그리고 프랑스는 라인강을 건너 오스트리아를 공략하기 시작했다. 그러나 당시 오스트리아는 이들 국가와 전쟁을 펼치는 데 필요한 제반 준비마저 마무리하지 못한 상태였다. 또한 프란츠 슈테판의 제안에 따라 오스트리아군 총사령관으로 임명된 나이페르크(Wilhelm Reinhardt Neipperg) 백작 역시 프로이센군과 대적하기에 필요한 역량을 충분히 갖추지 못했다. 당시 마리아 테레지아가 군사적 안목이 있거나 경험을 했더라면 나이페르크를 총사령관으로 임명하지 않았을 것이다. 왜냐하면 이 인물은 지난 오스만튀르크와의 전쟁에서 끊임없는 주저와 전략적 실수로 오스트리아군을 위기 상황에 놓이게 한 장본인이었기 때문이다. 따라서 이 인물은 오스트리아인들로부터 신랄한 비난을 받았을 뿐만 아니라 무능한 장군으로도 평가된 상태였다. 당시 오스트리아에는 나이페르크 이외에도 발리스(Georg Olivier v. Wallis) 장군과 제켄도르프(Friedrich Heinrich v. Seckendorff) 장군이 있었는데 이들 역시 나이페르크와 마찬가지로 지휘관으로서 필요한 제 능력을 갖추지 못했을 뿐만 아니라 오스만튀르크와의 평화협상에서 자신들에게 부여된 업무도 제대로 수행하지 못했다. 따라서 이들은 카를 6세에 의해 보직이 해임된 후 교도소에 구금되는 형을 받았다. 그러다가 이들 장군은 1740년 11월 6일 마리아 테레지아에 의해 복권되었다.

　나이페르크 백작에 대한 부정적 평가가 강하게 제기되었음에도 마리아 테레지아는 일말의 희망을 품었는데 그것은 70세의 총사령관이 전투 경험이 거의 없는 29세의 프리드리히 2세보다 실전에서 우위를 차지할 것이라는 믿음에서 비롯되었다. 1741년 4월 10일 아침부터 브리크 근처의 소읍인 몰비츠(Mollwitz)에서 프로이센군과 오스트리아군 사이에 격렬한 전투가 펼쳐졌다. 몇 차례 진행된 치열한 공방전에서 슈베린(Kurt Cristoph v. Schwerin) 장군이 이끄는 프로이센군이 나이페르크 백작의 오스트리아군을 격파했다.[13] 그런데 실전 경험을 가지지 못했던 프리드리히 2세는 몰비츠 전투에서 프로이센군이 승리할 것이라고 확신하지 못했다.[14]

실제로 몰비츠에서 펼쳐진 첫 전투에서 오스트리아군은 수적인 열세에도 불구하고 그들이 자랑하던 기마병으로 프로이센군의 우측을 습격하여 프로이센군을 혼란에 빠뜨렸다. 이렇게 첫 전투에서 프로이센군이 패배함에 따라 프리드리히 2세는 상황을 역전시키기 위해 프로이센군을 이끌고 오스트리아군 진영으로 진격하려고 했다. 이에 슈베린 장군은 프리드리히 2세의 무모하고, 위험한 행동을 저지하면서 그에게 전투 장소에서 잠시 벗어날 것을 제안했다. 당시 프리드리히 2세는 프로이센군의 총사령관인 자신이 해야 할 일을 정확히 인지하지 못했을 뿐만 아니라 전투의 참상, 곳곳에 낭자하게 뿌려진 선혈과 포탄에 맞

---

13 몰비츠 전투에 앞서 안할트-데사우 공국의 레오폴트 2세가 이끄는 프로이센군은 1741년 3월 9일 저녁 글로가우(Glogau) 요새를 기습 공격하여 점령했다. 거의 같은 시기 나이페르크 백작의 오스트리아군은 나이세(Neisse)와 베르크에 대한 포위망을 풀려고 했다.

14 그러나 프리드리히 2세는 이전 전투에서 체포한 오스트리아 병사들과 당시 그에게 우호적이었던 지역 농민들로부터 얻은 정보들을 통해 전략상의 이점을 확보하고 있었다. 당시 프로이센군에 의해 점령된 슐레지엔 지방민들은 양분되었는데 그것은 이 지방의 개신교도들이 가톨릭교도들과는 달리 프로이센군에 대해 호의적인 자세를 보인 데서 비롯되었다. 지금까지 자원이 풍부한 슐레지엔 지방은 빈 정부의 엄격한 감시와 통제를 받으며 농업생산물과 광물자원 등 풍부한 지역 산물을 지나칠 정도로 빼앗겼다. 공공건물에 오스트리아의 쌍독수리 대신 프로이센의 독수리 한 마리가 그려진 깃발이 게양됨에 따라 사람들은 "머리가 두 개 있는 것보다 하나 있는 독수리가 먹이를 덜 쪼아 먹는다"라는 언급을 하면서 프로이센에 대한 일말의 기대를 했다.

아 떨어져나간 병사들의 팔다리, 여기저기 널린 시체들을 목격한 후 거의 정신이 나간 상태였다. 자신의 무모한 행동과 거기서 파생될 수 있는 상황을 인지한 프리드리히 2세는 자신보다 슈베린 장군이 프로이센군을 지휘하는 것이 전투의 상황을 보다 유리하게 진행할 수 있다고 판단했다. 이에 따라 그는 슈베린 장군에게 지휘권을 넘겨주었다.[15]

프리드리히 2세가 몰비츠를 떠난 후 재개된 전투에서 슈베린 장군의 프로이센군은 오스트리아군의 중앙부를 돌파했고 그 이후 오스트리아군은 혼란 상태에 빠져 후퇴하게 되었다.[16]

오후 5시에 오스트리아군과의 전투가 종료됨에 따라 슈베린 장군은 프리드리히 2세에게 승전보를 알리기 위해 전령을 급파했다. 그런데 전령은 프리드리히 2세에게 승전 소식을 알리기 전에 그가 어디에 있는지부터 찾아야 했다. 프리드리히 2세와 그의 호위병들은 몰비츠 전투 장소를 떠나 50km 이상을 이동하면서 안전한 장소를 찾으려 했고 그 과정에서 오스트리아 기병에 의해 체포될 위기 상황에 놓이기도 했다.

---

15 당시 전투에 참여한 오스트리아 장교는 거푸집으로 줄을 맞춘 듯 일직선을 이루어 진격해오던 프로이센군의 모습을 보고 "내 평생에 그런 장면은 처음 본 것 같다"라고 했다.

16 이 전투에서 오스트리아군에게 결정적인 타격을 안긴 것은 보병이었다. 이들은 착검한 총을 둘러멘 채 어깨를 나란히 하고 3열 횡대를 이루며 오스트리아군을 향해 전진했다. 1분 90보의 규정 속도로 나아가다가 적과 가까워지면 70보로 줄이며 전혀 흔들림 없이 멈추지 않고 나아갔다. 그런데 대다수의 프로이센군은 프리드리히 2세가 몰비츠를 떠난 사실을 모르고 있었다.

마침내 다음 날 아침 전령은 프리드리히 2세와 그의 호위병들이 숨어있던 장소를 찾았고 국왕에게 승전 소식을 전달했다. 그러나 당시 프리드리히 2세의 반응은 생각보다 차분했다. 이것은 아마도 승전에 대한 기쁨보다 살벌한 전투과정에서 1,500명 이상의 병사들을 잃은 것과 3,000명 이상이 중상을 입고 이들 중의 상당수가 창상 괴저(Wundbrand)로 생을 마감한 것에 대한 책임에서 그 역시 자유롭지 못하다는 일종의 죄책감에서 비롯된 것 같다.[17]

프리드리히 2세는 자신의 전투장소 이탈을 수치적 행위로 간주했기 때문에 10월 12일 베를린의 한 장관에게 보낸 서신에서 프로이센군이 4시간 이상 계속된 몰비츠 전투에서 승리한 것만을 명시하고 자신이 전투장소를 떠나 안전한 곳을 찾아나선 것에 대해서는 거론하지 않았다. 즉 그는 프로이센의 기병보다 무려 3배나 많은 나이페르크의 오스트리아군을 격파한 것과 그들이 퇴각하면서 남겨놓은 다량의 대포 및 병참물 등을 노획한 성과에 대해서만 언급했다. 이어 프리드리히 2세는 알가로티와 빌헬미네에게도 편지를 보냈는데 거기서도 승전에 대해서만 거론했지, 자신의 전투장소 이탈에 대해서는 함구했다.

몰비츠 전투에서 승리한 직후 개최된 승전예배식에서 프리

---

17 프로이센군은 당시 기준으로 볼 때 비교적 규모가 크고 잘 조직된 야전병원을 운영했지만, 교전 이후의 혼란한 상태에서 제대로 치료받을 가능성은 극히 희박했다. 그리고 치료의 질적 수준은 군의관에 따라 천차만별이었고 감염된 상처를 치료하는 시설 역시 초보적 단계였다.

드리히 2세는 『디모데(*Timothy*)』 전서 2장 11절과 12절에 있는 바울서신(Paulbrief)의 성경 구절인 "여자는 혼자서 겸손해지는 것을 배워야 한다. 따라서 여자가 남자를 가르치거나 남자에게 권위를 행사하려는 것은 내가 허락하지 아니할 것이므로 여자는 단지 조용해야 할 것이다(Eine Weib lerne in der Stille mit aller Bescheidenheit. Einem Weibe aber gestatte ich nicht, daß sie lehre, auch nicht, daß sie des Mannes Herr sei, sondern ich will, daß sie stille sei)"를 인용하면서 마리아 테레지아를 조롱했다. 이렇게 프리드리히 2세가 승전 예배식에서 『디모데』 전서를 인용한 것은 이 전서가 여성들의 관직 활동을 금지해야 하는 이유를 신학적으로 제시한 데서 비롯된 것 같다.[18]

---

18 전투가 끝난 직후 오스트리아에서는 프리드리히 2세가 자신의 목숨을 보전하기 위해 오스트리아군보다 수적으로 우세한 프로이센군을 버리고 몰비츠에서 말을 타고 도망갔다는 조롱적 언사를 널리 회자했지만, 프리드리히 2세는 그것에 대해 어떠한 반론도 제기하지 않았다. 그런데도 프리드리히 2세는 후에 몰비츠 전투에서 자신이 취한 행동에 대해 후회한다는 것을 누차에 걸쳐 거론했다. 즉 그는 몰비츠 전투를 시작했을 때 전투에 대해서는 완전 초보자에 불과했고 자신이 이 전투에서 저지른 실수는 슈베린 장군이 없었다면 비극적인 결말을 초래했을 것이라고 했다. 나아가 그는 이러한 실수의 원인을 파악하고 향후 그러한 실수가 반복되지 않게끔 노력하겠다는 자세도 보였다. 실제로 몰비츠 전투 당시 프리드리히 2세가 전투에 대한 경험을 가졌다면 그는 오스트리아군을 격파한 후 이들에게 시간적 여유를 주지 않고 계속 공격했을 것이고 이를 통해 프로이센은 인명 및 재정적 손실을 최소화하면서 그들이 바라던 슐레지엔 지방을 더 쉽게 차지했을 것이다.

반합스부르크 동맹체제의 결성

몰비츠 승전 이후 동맹파트너로서의 가치를 급격히 높인 프로이센은 뮌헨 근처의 님펜부르크(Nymphenburg)성에서 당시 프랑스 외교정책을 이끌던 88세의 플뢰리(André Hercule de Fleury) 추기경 주도로 결성된 반합스부르크 동맹체제에 참여했다.[19] 1740년 5월 프리드리히 2세가 프로이센 국왕으로 등극했을 때 당시 유럽 국가들은 그에 대해 평가했는데 그것에 따르면 우선 프리드리히 2세는 음악을 좋아하고 프랑스 문학을 탐닉하는 예술가

---

19 프리드리히 2세가 슐레지엔 지방을 공격한 직후인 1740년 12월 29일 마리아 테레지아는 루이 15세에게 서신을 보내 군사적 지원을 요청했지만, 그것에 대한 회답은 도착하지 않았다. 다음 해 2월 10일 마리아 테레지아는 빈 주재 프랑스 외교관과의 대화에서 루이 15세로부터 회신이 오지 않는 것에 대해 우려를 표명하면서 프랑스 지원이 절실히 필요하다는 것도 재차 역설했다. 마침내 루이 15세의 대답이 담긴 서신이 1741년 2월 26일 빈에 도착했다. 서신에서 루이 15세는 마리아 테레지아가 프리드리히 2세의 슐레지엔 지방 침공에 대한 즉각적이고, 적절한 대응이 없었기 때문에 자신은 오스트리아의 지배자가 그러한 침공에 대해 전혀 우려하지 않는 것 같다는 일종의 궤변적 언급을 하면서 프리드리히 2세의 슐레지엔 지방 공격의 정당성을 옹호하는 견해를 밝혔다. 같은 날 마리아 테레지아는 플뢰리에게 서신을 보냈는데 거기서 그녀는 프랑스에 대한 자신의 믿음이 전혀 약화하지 않았다는 것을 말하고 자신의 남편이 신성로마제국의 황제로 선출될 수 있게끔 협조도 요청했다.

4월 2일 플뢰리 역시 마리아 테레지아에게 답장을 보냈는데 거기서 그는 프랑스가 국사조칙을 준수하고 프란츠 슈테판이 신성로마제국 황제로 등극할 수 있게끔 적극적인 지원도 아끼지 않겠다고 했다. 그러나 5월 28일 님펜부르크에서 개최된 회의에서 프랑스는 오스트리아 왕국의 해체와 카를 알브레히트가 신성로마제국의 황제로 선출되는 것을 지지한다는 공식적 견해를 밝혔다. 프랑스의 이러한 견해 표명을 통해 루이 15세는 당시 프랑스가 지향한 목표, 즉 오스트리아 세력을 약화시켜 더는 프랑스의 경쟁자가 되지 못하게 한다는 의도를 적나라하게 표출시켰다. 이러한 소식을 접한 마리아 테레지아는 커다란 충격을 받았고 그것은 그녀가 외부 접촉을 피하고 온종일 울게 한 요인이 되었다.

적 성향을 지닌 군주라는 것이다. 그리고 이들 국가는 프로이센의 젊은 군주가 볼테르와의 접촉을 통해 계몽주의의 영향을 깊이 받았기 때문에 그것에 따라 국가를 운영할 것이라는 평가도 했다. 그런데 이것은 프리드리히 2세를 잘못 평가한 것으로 볼 수 있다. 당시 그는 부친이 넘겨준 상비군 체제를 보다 증대시켜 프로이센을 유럽 강대국의 반열에 올려놓겠다고 생각했고 그러한 과정에서 필요하다면 무력 사용도 불사하겠다는 태도를 주변 인물들에게 피력하기도 했다. 이러한 프리드리히 2세의 영토 확장 의도에 대해 루이 15세를 비롯한 강대국들의 위정자들은 회의적이었는데, 이것은 프로이센의 국력 및 군사력을 과소평가한 데서 나온 것 같다.

반합스부르크 동맹체제를 주도한 플뢰리 추기경은 부르봉 (Bourbon) 공작에 이어 1726년부터 파리 정부의 실세로 활약했다. 그는 프레쥐스(Fréjus) 주교로 활동하다가 루이 15세에 의해 발탁되었는데, 파리 정부의 각료로 활동하기 전에 에스파냐 왕위계승 전쟁의 참상을 실제로 목격했다.[20] 자신의 교구가 중심 전쟁터가 되었기에 그 피해를 직접적으로 보았고 전쟁의 후유증도 실제로 체험했다. 그러므로 플뢰리 추기경은 자신이 향후 프랑스 외교정책에 영향을 줄 수 있는 위치에 오른다면 가능한 한 전쟁보다는 외교적 협상 및 타협을 통해 프랑스 국익을 추구

---

20 프레쥐스는 프로방스알프코트다쥐르 바르주(Provence-Alpes-Côte d'Azur Var)에 있는 도시이다.

하겠다는 의사를 여러 번 밝혔다.

실제로 플뢰리는 현실적 상황을 정확히 직시하고 거기서 프랑스의 이익을 최대한 찾고자 했다. 이것은 그가 1735년 10월 31일부터 폴란드 왕위계승 전쟁을 종식하기 위해 빈에서 개최된 평화회의 과정에서 보인 태도에서 확인할 수 있다. 1736년 4월 13일에 체결된 평화조약에서는 다음 해 1월 28일 레슈친스키가 폴란드 국왕 자리에서 물러난다는 것과 작센 선제후 프리드리히 아우구스트 2세가 폴란드 국왕 아우구스트 3세로 등극한다는 것이 결정되었다. 그리고 평화조약에서는 국왕 자리에서 물러나 레슈친스키가 한시적으로 로트링엔 대공국을 차지하지만, 그가 죽은 후 이 대공국은 자동으로 프랑스에 귀속된다는 것도 명시되었는데 이것은 당시 플뢰리의 관점이 최대한 반영된 것이었다.[21] 실제로 플뢰리는 로트링엔 대공국이 한시적으로 프랑스와 신성로마제국 사이에서 프랑스의 위성국 역할을 담당하게 되리라는 것을 인지했고 이 대공국이 프랑스로 이양되기 전에 프랑스와 오스트리아 사이에 전쟁이 발생하면 이 대공국은 프랑스의 우방국으로 전쟁에 개입하게 될 것이라는 판단도 했다. 플뢰리는 수석 대신으로 활동하다가 추기경으로 임명된 이후부터 이 명칭을 계속 사용했다. 출신이 미천하고 단순한 취향을 가졌던 플뢰리는 외유내강형의 인물로서 신중한 정책을 지향했고

---

21 레슈친스키의 딸인 마리아 레슈친스카(Maria Leszczyńska)는 1725년 8월 15일 루이 15세와 결혼했다.

여기서 그는 영국과의 동맹을 프랑스 대외정책의 근간으로 삼은 전임자의 정책도 그대로 유지하려고 했다.

플뢰리는 카를 6세가 서거한 직후 그의 딸인 마리아 테레지아에게 동정과 연민의 정을 표했을 뿐만 아니라 프랑스는 향후 계속하여 오스트리아와 긴밀한 유대관계를 지속하겠다는 태도도 밝혔다. 그러나 점차 이 인물은 향후 발생할 수 있는 왕위계승 전쟁을 효율적으로 활용하면 유럽 대륙에서 프랑스의 위상을 크게 증대시킬 수 있다는 확신도 하게 되었는데 그 이면에는 파리 정부 내에서 벨릴(Charles Louis Auguste Fouquet, marquis duc Belle-île) 후작이 주도하던 전쟁 파가 득세했기 때문이다. 당시 벨릴 후작은 35,000명의 병력을 독일에 파병하여 프로이센 및 바이에른과 협력해야 한다고 했다. 그리고 에스파냐, 사르데냐, 오스만튀르크에 사절단을 파견하여 이탈리아와 발칸반도에서 오스트리아를 공격해야 한다고 주장했다.[22] 아울러 그는 러시아가 오스트리아를 지원하지 못하게끔 스웨덴과 러시아 사이의 전쟁을 유발해야 한다고도 했다.

1741년 5월 28일에 결성된 반합스부르크 동맹체제에는 프로이센, 프랑스, 바이에른, 작센, 팔츠, 쾰른, 사보이아-피에몬테(Savoia-Piemonte), 그리고 에스파냐가 참여했고 합스부르크 가문이 300년 이상 차지해온 신성로마제국의 황제승계권을 박탈하

---

22 당시 오스만튀르크는 헝가리를 다시 자국에 편입시키는 것에 대해 관심을 표명했다.

고 새로운 황제로 바이에른의 선제후 카를 알브레히트를 지명
한다는 것을 동맹 목적으로 제시했다.[23] 그런데 이 동맹체제는
바이에른 선제후 카를 알브레히트와 프랑스 국왕 루이 15세 사
이에 체결된 양국 동맹체제에서 비롯된 것이다.[24] 반합스부르크
동맹체제에 가입한 국가들은 1741년 9월 10일 프랑크푸르트에
서 동맹국들의 이해관계를 조정하는 협정도 체결했다.

협정에서 먼저 거론된 것은 프랑스가 카를 알브레히트의 신
성로마제국 황제 승계를 지지하고 26,000명의 병력을 바이에른
에 지원함과 동시에 거기서 비롯되는 비용 및 군수품 조달 일체
를 책임지며, 유사시 병력을 60,000명까지 증강하기로 약속한
다는 것이다. 그 대가로 카를 알브레히트는 오스트리아령 네덜
란드를 비롯한 일련의 지방을 프랑스의 점령지역으로 승인하고

---

23 반합스부르크 동맹체제 결성에 앞서 오스트리아는 1741년 2월 16일 드
레스덴에서 영국, 러시아, 그리고 네덜란드와 반프로이센 동맹체제를 결성했다.
반오스트리아 동맹체제에 가입한 에스파냐는 1741년 5월 카를 알브레히트의 신
성로마제국 황제 등극을 지지한다는 견해를 밝혔다. 당시 런던 정부에서 유럽 내
가톨릭 및 이슬람 국가들과의 관계를 담당하던 뉴캐슬(Duke of Newcastle) 공작은
만일 카를 알브레히트가 신성로마제국의 황제로 등극하면 이 제국은 결국 프랑스
에 귀속될 것이라는 암울한 분석을 했다. 나아가 그는 이러한 신질서체제가 구축
된다면 영국이 지향하던 '유럽 내에서의 균형정책' 역시 큰 타격을 보게 될 것이라
고 했다.

24 님펜부르크 조약 체결 이후 슐레지엔의 브레슬라우에서 프로이센과 프랑
스 사이의 동맹조약도 체결되었다. 이 조약에서 프로이센은 프랑스 접경지역의 윌
리히와 베르크 공국에 대한 영유권 주장을 포기하고, 카를 6세가 사망한 후 공위
상태에 있는 신성로마제국 황제를 선출할 때, 프랑스가 지지하던 바이에른의 선제
후 카를 알브레히트에게 찬성표를 던질 것도 약속했다. 프랑스는 그 대가로 프로
이센에게 니더슐레지엔과 브레슬라우 공국의 영유권을 보장했다.

자신이 상속권을 제기한 합스부르크 가문의 보헤미아, 오버외스터라이히, 티롤, 브라이스가우(Breisgau)에 대한 소유권을 프랑스로부터 보장받았다. 또한 조약에서 에스파냐는 바이에른에 약 6천 명의 병력을 동원하는 데 필요한 보조금을 지급하기로 약속했고, 바이에른은 카를 알브레히트가 황제로 선출되면 에스파냐가 이탈리아에서 최대한 많은 영토를 획득할 수 있게끔 지원하기로 했다.

프랑스가 카를 알브레히트를 적극적으로 지지한 것은 가문 세력이 거의 없는 이 인물이 신성로마제국 황제로 등극하면 프랑스가 향후 이 제국 및 독일권을 자유롭게 개입하고, 제어할 수 있으리라 확신했기 때문이다. 그러나 카를 알브레히트는 중세 말기 비텔스바흐 가문에서 이미 두 명의 황제가 배출되었기 때문에 현재 상황에서 자신만이 신성로마제국 황제가 될 자격이 있다고 판단했다. 에스파냐는 동맹 참여의 대가로 토스카나, 파르마, 롬바르디아 지방 할애를 약속받았다.[25] 그리고 작센의 프리드리히 아우구스트 2세는 신성로마제국의 황제직을 포기하는 대신 오버슐레지엔 지방과 모라비아 지방을 넘겨받기로 했다.[26] 또한 반합스부르크 동맹체제에 가입한 국가들은 마리아

---

25 당시 에스파냐는 와병 중인 펠리페 5세를 대신하여 그의 두 번째 부인인 이사벨 디 파르네시오(Isabel de Farnesio)에 의해 통치되었는데 이 인물은 모데나 출신의 이탈리아인이었다.

26 프리드리히 아우구스트 2세는 오버슐레지엔과 모라비아를 작센에 편입시킨 후 작센 공국을 왕국으로 격상하려는 구상도 했다. 그리고 그 자신이 신생 왕국의 통치자로 등극하려고 했다.

테레지아를 오스트리아 왕국의 잔여 지방 및 헝가리 왕국의 지배자로 인정하고 에스파냐는 프랑스와 더불어 카를 알브레히트가 신성로마제국 황제로 등극하는 데 필요한 재정적 지원을 약속했다. 그런데 프랑스가 적극적으로 주도한 프랑크푸르트 조약의 내용이 실제로 이행될 때 독일권에서는 비슷한 규모의 국가가 무려 네 개나 등장하게 되는 아이러니한 상황이 초래될 수 있는데 이것은 이들 국가가 단독으로 프랑스에 도전할 수 없게끔 해야 한다는 파리 정부의 강한 의지에서 비롯된 것이다.

이렇게 오스트리아의 영토분배가 논의되는 동안에도 마리아 테레지아는 프랑스로부터의 지원을 기대했는데 이는 그녀가 플뢰리 추기경에게 보낸 서신들에서 확인할 수 있다. 프랑스의 최종적 입장은 8월 말 플뢰리 추기경의 서신에서 확인되었는데 거기서 그는 향후 바이에른이 지향하는 정책을 적극적으로 지지하겠다는 견해를 밝혔다.[27] 또한 그는 합스부르크 가문이 통치하는 오스트리아는 더는 존재하지 않을 것이라는 언급도 했는데 이것은 오스트리아 왕위계승 전쟁을 통해 프랑스의 경쟁국인 오스트리아를 제거한다는 구상에서 비롯된 것이라고 하

---

27 1741년 6월 4일 브레슬라우에서 루이 15세와 프리드리히 2세 사이에 군사동맹 체제가 결성되었다. 여기서 프로이센은 프랑스 접경지역에 있는 윌리히-베르크 공국에 대한 영유권을 포기하고, 카를 6세가 사망한 후 공위 상태에 있던 신성로마제국 황제를 선출할 때, 프랑스가 지지하던 비텔스바흐 가문의 카를 알브레히트에게 찬성표를 던질 것도 약속했다. 프랑스는 그 대가로 프로이센에 니더슐레지엔과 브레슬라우 공국의 영유권을 보장했다. 이렇게 프로이센이 프랑스와 브레슬라우 조약을 체결함으로써 프로이센은 2주 전에 체결된 프랑스-바이에른 군사동맹에 자동으로 가입하는 상황에 놓이게 되었다.

겠다.

이후 빈에서는 슐레지엔 지방의 일부 또는 다른 지방의 일부를 할애하여 프로이센 및 그의 동맹국들과의 전쟁을 종식해야 한다는 주장이 제기되었고 이에 대해 당시 프란츠 슈테판 역시 동의하는 자세를 보였다. 그러나 마리아 테레지아는 왕국의 어떠한 영토도 포기하지 않겠다는 견해를 밝혔는데 그것은 그녀가 보헤미아 궁정사무국장 킨스키 백작과의 대화에서 다시금 거론되었다.[28]

카를 7세의 등극

프로이센이 몰비츠 전투에서 승리함에 따라 작센 역시 오스트리아와의 협상을 중단했다. 마리아 테레지아의 왕위계승에 이의를 제기했던 바이에른의 카를 알브레히트도 1741년 8월부터 오스트리아 공격에 본격적으로 참여하기 시작했다. 그는 독립 주교구인 파사우를 기습공격하면서 제1차 오스트리아 왕위계승 전쟁에 정식으로 관여하기 시작했다. 카를 알브레히트는 프랑스 및 작센군과 더불어 오스트리아에 대한 공략을 본격적으로 감행하여 9월 15일 오버외스터라이히의 주도 린츠(Linz)를

---

28 빈 주재 영국 외교관이었던 로빈슨(Robinson)은 마리아 테레지아와 그녀의 측근 사이의 대화 장면을 자세히 언급했다. 이에 따르면 창백한 얼굴의 여왕이 의자에 앉아 대신들과 밀도 있는 대화를 나누었음에도 뚜렷한 해결책이 제시되지 못했다는 것이다.

점령한 후, 그곳에서 오버외스터라이히 대공 자격으로 10월 2일 이 지방 제후들로부터 새로운 지배자로 인정받았을 뿐만 아니라 그들로부터 충성 맹세도 받았다. 이어 그는 10월 14일 빈 근교의 장크트 푈텐(St.Pölten)까지 진격했고 이로 인해 빈 정부는 일시적으로 프레스부르크로 피난했다.[29] 그런데 당시 카를 알브레히트는 빈을 점령하는 대신, 프랑스군과 작센군의 지원을 받아 공격목표를 보헤미아 점령으로 전환했다.[30]

11월 20일 프리드리히 아우구스트 1세의 서자인 모리츠 (Moritz v. Sachsen)가 이끄는 20,000명의 작센군이 바이에른-프랑스 연합군에 합류했다. 이로부터 5일 후인 11월 25일 저녁 프라하(Praha)가 점령되었고 12월 19일 400명에 달하는 보헤미아 귀족들은 카를 알브레히트를 보헤미아 국왕으로 인정했다.[31] 당시 카를 알브레히트는 보헤미아 왕위 확보가 신성로마제국 황제 즉위를 위한 지름길이라는 것을 잘 알고 있었는데 그것은 보헤미아 국왕이 신성로마제국 황제선출권을 가지고 있었기 때문이다.

---

29 오늘날 니더외스터라이히의 주도인 장크트 푈텐에서 빈까지의 거리는 60km 정도였다.

30 프랑스군은 1741년 8월 15일 라인강을 건너 카를 알브레히트의 바이에른군과 합류하려고 했다.

31 이러한 상황에서 나이페르크 원수는 슐레지엔에 주둔하던 오스트리아군을 보헤미아로 이동시켰지만 바이에른-작센-프랑스 동맹군의 프라하 점령을 막지는 못했다. 이렇게 보헤미아 왕국이 카를 알브레히트에게 넘어감에 따라 마리아 테레지아는 크게 상심했다. 아울러 그녀는 프라하 대주교를 비롯한 일련의 고위 귀족들이 카를 알브레히트에게 충성 서약을 한 것에 대해서도 분노했다.

거의 같은 시기, 즉 1741년 10월 9일 마리아 테레지아와 프리드리히 2세 사이에 비밀협약이 슐레지엔 나이세 인근의 작은 마을 클라인슈넬렌도르프(Kleinschnellendorf)에서 체결되었다. 비밀협약에서 프로이센은 1741년 6월 4일 프랑스와 체결한 브레슬라우 조약을 폐기한다고 약속했다.[32] 또한 프로이센의 오스트리아 공격 중단과 그것의 반대급부로 오스트리아가 오버슐레지엔보다 면적이 2배나 넓은 니더슐레지엔(Niederschlesien)에 대한 점유를 포기한다는 것도 비밀협약에서 명시되었다. 그리고 양국 사이의 비밀협약에서 프리드리히 2세는 오스트리아에게 다시는 영토 요구를 하지 않겠다는 약속을 했다.[33]

그러나 프리드리히 2세는 이러한 비밀협약을 준수하지 않았는데 그것은 프로이센의 동맹군이었던 프랑스-바이에른-작센군이 11월 25일 프라하를 점령한 후 얼마 안 되어 보헤미아 지방의 대부분도 장악했기 때문이다.[34] 당시 프리드리히 2세는

---

32 당시 프리드리히 2세는 바이에른-작센-프랑스 동맹군이 오스트리아군에 연승을 거두자, 이들의 지나친 세력확대에 우려를 표명하기 시작했다. 1756년 프리드리히 2세는 약속과는 달리 브레슬라우 조약의 파기를 공식적으로 철회하면서 신뢰를 한 번 잃으면 결코 그것을 회복할 수 없다는 의미심장한 언급을 하기도 했다.

33 당시 프리드리히 2세는 독일권에서 프랑스의 영향력이 지나치게 확대되는 것에 우려를 표명했는데 이것이 클라인슈넬렌도르프 비밀협약 체결의 결정적 요인으로 작용한 것 같다. 클라인슈넬렌도르프 비밀협약에서 프리드리히 2세는 나이세를 얻는 대신 나이페르크 원수가 이끄는 오스트리아군의 자유로운 퇴각도 허용했다.

34 프리드리히 2세는 프랑스, 작센, 그리고 바이에른이 당시 전황을 주도하는 것에 대해 절대 방관하지 않으려고 했다. 12월 7일 보헤미아 국왕으로 등극한 카

오스트리아가 클라인슈넬렌도르프에서 체결된 비밀조약의 일부, 즉 조약의 내용은 반드시 '비밀상태를 유지(secret inviolable)'해야 한다는 조항을 위배했기 때문에 협약이행을 준수할 의무가 없다고 주장했다. 이후 그는 모라비아 지방으로 진격하여 1741년 11월 22일 올뮈츠(Olmütz)를 점령했다.[35]

이러한 위기 상황에서 마리아 테레지아는 개인 소유의 보석들과 왕실에서 사용하던 은쟁반 같은 것들을 팔아 전쟁 비용의 일부로 충당하려고 했다. 거의 같은 시기 프란츠 슈테판은 마리아 테레지아의 암묵적 동의하에 프피트쉬너(Karl Pfytschner)를 올뮈츠에 머물던 프리드리히 2세에게 보내어 오스트리아와 프로이센 사이의 평화조약 체결과 양국 사이의 군사동맹체제 결성을 제안했다. 이러한 제안에 대해 프리드리히 2세는 현재 잘 작동되고 있는 프로이센-프랑스-작센-바이에른 동맹체제를 와해시킬 의사가 전혀 없음을 밝혔다. 여기서 그는 프란츠 슈테판의 제안 대신 마리아 테레지아가 프로이센으로부터 군사 요새 도시인 글라츠(Glatz)를 요구하지 말고 바이에른에게는 보헤미아 지방을, 작센에는 모라비아 지방과 오버슐레지엔 지방을 넘겨주는 것부터 이행해야 한다고 했다.

를 알브레히트는 마리아 테레지아와 프리드리히 2세 사이의 비밀협상에 대해 동의하지 않았고 거기서 결정된 사안들에 대한 파기도 강력히 요구했다. 그러나 프리드리히 2세는 카를 알브레히트의 이러한 요구에 대해 대응하지 않았다.

35 당시 오스트리아는 프리드리히 2세의 속임수에 역이용되어 슐레지엔 지방에서 일방적으로 병력을 철수시킨 상태였다.

그런데 오스트리아의 곤경은 여기서 그치지 않았다. 1741년 11월과 다음 해 1월 각각 14,000명과 28,000명의 에스파냐군이 프랑스 해군의 지원을 받아 이탈리아에 상륙했다. 당시 카디스와 아메리카의 카르타헤나(Cartagena)를 봉쇄하기 위해 해군 전력의 상당 부분을 투입한 영국 해군은 에스파냐군이 바르셀로나(Barcelona)에서 이탈리아로 이동하는 것을 저지하지 못했다. 에스파냐는 이사벨 디 파르네시오(Isabel de Farnesio)의 둘째 아들 돈 펠리페(Don Felipe)를 위해 파르마와 피아첸차, 그리고 만토바를 획득하려 했다. 이때 다행스럽게도 사르데냐의 카를로 에마누엘레 3세(Carlo Emanuele III: 1730-1773)가 오스트리아에게 동맹을 제안했다. 사르데냐는 펠리페 5세와 그의 두 번째 부인인 이사벨 디 파르네시오 사이에서 태어난 돈 카를로스(Don Carlos)가 나폴리와 시칠리아를 차지한 데 이어 그의 동생들, 즉 펠리페(Felipe)와 루이스 안토니오(Luis Antonio)에게 북부이탈리아 공국들마저 양도되면 이탈리아가 사실상 에스파냐에 의해 장악될 것으로 보고 오스트리아와 힘을 합쳐 그러한 시도를 막고자 했다. 지금까지 사르데냐는 오스트리아와 밀라노를 두고 각축을 벌여왔지만, 프랑스의 지원을 받던 에스파냐가 비타협적으로 그들의 계획을 추진하자 경쟁자와 협력하기로 했다. 다만 오스트리아와 사르데냐가 오랜 기간 적대적인 관계에 있었으므로 양국은 동맹의 구속성을 최소화하기 위한 단서 조항도 첨부하기로 했다. 사르데냐는 오스트리아와의 동맹이 지속되는 동안 밀라노에 대한 그들의 권리를 주장하지 않기로 합의했다. 그리고 동맹이 지속되는 동안 필요하다면 제3국과의 동맹체결도 허용되었다. 이전부터 카를로 에마누엘레 3세의 사르데냐에 큰 불신을 가진 오스트리아는 이러한 제한적 동맹체결에 동의했는데 그것은 오스트리아의 대내외적 상황이 매우 심각한 데서 비롯되었다. 1742년 2월 1일에 체결된 오스트리아-사르데냐 동맹은 단기 목적을 위해 편의적으로 동맹이 체결된 후 바로 포기되던 18세기 유럽 외교정책의 일반적 관행에 비추어보아도 예외적이었다.

　　오스트리아에 대한 프리드리히 2세의 압박이 보다 강화되면서 마리아 테레지아를 조롱하는 그림이나 전단들이 등장했고 이것들은 다양한 형태로 제작·유포되었다. 그 일례로 아우크스부르크(Augsburg)에서 주조된 후 유포된 메달은 프로이센 국왕과 작센 선제후가 마리아 테레지아의 곁에서 그녀의 연회복 일부를 가위로 잘라내고 그녀의 뒤에 있던 카를 알브레히트는 그녀의 긴 옷자락을 떼어내는 모습을 새겼다. 이후부터 가슴, 다리, 그리고 허벅지가 노출된 '벌거벗은 여왕(Entblößte Königin)'의 그림이 전 유럽에 확산하기 시작했다. 이러한 그림을 접한 마리아 테레지아는 크게 분노를 표시했지만, 당시 그녀는 그러한 것에 효율적으로 대응할 방법을 가지지 못했다. 마리아 테레지아의 이러한 처지에 대해 당시 유럽 귀족사회의 여인들은 동정을 표했고 이들은 자발적으로 마리아 테레지아를 지원하려고도 했다. 특히 영국에서는 1,500명에 달하는 귀족 부인들이 각기 30 기니(Guinee: 영국 금화)씩 갹출하여 45,000기니를 마리아 테레지

카를 7세

아에게 전달하는 성의를 보였다. 이후에도 영국에서는 마리아 테레지아를 지원하려는 움직임이 지속되었다.

1742년 1월 초부터 케벤휠러(Ludwig Andreas Graf v. Khevenhüller) 백작의 오스트리아군은 엔스강 주변에 주둔하던 프랑스군을 습격하여 패퇴시켰다.[36] 그는 같은 해 1월 23일과 1월 24일 바이에른군을 격파하여 린츠와 파사우를 되찾았는데 이것은 카를 알브레히트의 핵심지역을 차지하겠다는 계획에서 비롯되었다.[37]

카를 알브레히트는 1월 24일 프랑크푸르트에서 개최된 선제후 회의에서 독일인이 아닌, 로트링엔 출신의 프란츠 슈테판에 대해 강한 거부감을 가졌던 선제후들의 주도로 신성로마제국의 황제로 선출되었다. 카를 6세가 1740년 10월 사망한 후 약 1년 6개월의 공위기를 뒤로하고 치른 선거는 1438년 이후 합스부르크 가문 출신이 황제로 선출되지 않은 유일한 선거였다. 카를 알브레히트는 1742년 2월 12일 프랑크푸르트 대성당에서 신성로마제국의 황제, 즉 카를 7세(Karl VII: 1742-1745)로 등극했다.[38] 그러나 마리아 테레지아는 카를 알브레히트가 신성로마제

---

36 실제로 케벤휠러는 용맹하고 용의주도한 통솔자였기 때문에 마리아 테레지아가 부여한 과제를 충분히 이행할 능력을 갖추고 있었다.

37 1741년 7월 31일 바이에른 군이 점령한 파사우는 빈으로 가는 지름길이었다. 오스트리아가 린츠와 파사우를 회복하는 과정에서 헝가리군은 매우 큰 역할을 수행했다.

38 자신이 신성로마제국 황제로 선출되었다는 소식을 접한 카를 알브레히트는 대관식에 참석하기 위해 드레스덴과 뮌헨을 거쳐 프랑크푸르트에 도착했다. 당시 카를 알브레히트의 동맹국이었던 프랑스는 막대한 자금을 써가면서 선제후들을 상대로 카를 알브레히트가 신성로마제국 황제로 선출될 수 있게끔 막후 로비도

국의 황제로 선출되는 과정에서 절차상의 문제점, 즉 보헤미아 국왕에게 부여된 황제선출권 행사가 방해되었다고 하면서 선출 자체를 무효라 주장했다. 그러나 그녀의 이러한 주장에 관심을 보인 국가들은 거의 없었다.

카를 7세로 등극한 카를 알브레히트는 등극 이틀 후인 2월 14일 뮌헨을 비롯한 바이에른의 대부분 지역이 케벤휠러 백작의 오스트리아군에게 점령되었기 때문에 영토가 없는 황제로 전락하게 되었다. 이에 따라 그는 뮌헨으로 돌아가지 못하고 제국 직속도시인 프랑크푸르트에서 망명 생활을 해야만 했다. 당시 카를 7세는 바이에른을 방어해야 할 군대를 대관식 행사에 동원했기 때문에 오스트리아의 공격을 막아내지 못했다.

프리드리히 2세는 카를 7세가 어려운 상황에서 벗어나 실효성을 갖춘 권력구도를 구축해야 한다고 생각하여 프라하에서 빈에 대한 공략을 구상했고 바로 실행에 옮겼다. 그러나 그는 당시 66세의 오스트리아 육군 중장 아벤스페르크 운트 트라운(Otto Ferdinand v. Abensperg und Traun)의 효율적인 대응으로 어려움에 직면하게 되었다. 당시 아벤스페르크 운트 트라운은 프리드리히 2세 군과의 결정적 전투를 회피하고 프로이센의 보급망을 차단하는 등의 방법을 통해 프리드리히 2세에게 결정적 타격을 가져다주었다. 이는 결국 프리드리히 2세의 프로이센군을 보헤미

적극적으로 펼쳤다. 카를 7세의 대관식은 교황 베네딕토 14세를 대신하여 쾰른 대주교 아우구스트(Clemens August)의 주도로 거행되었다. 아우구스트 대주교는 카를 알브레히트의 친동생이었다.

아 지방에서 철수하게 하는 결정적 요인으로 작용했다. 후에 프리드리히 2세는 아벤스페르크 운트 트라운의 전략을 높이 평가했을 뿐만 아니라 그것을 '전투예술(Kriegskunst)'이라고도 했다.

영국의 개입

비텔스바흐 가문의 카를 7세가 신성로마제국의 황제가 됨에 따라 남편 프란츠 슈테판이 신성로마제국 황제로 선출되기를 원했던 마리아 테레지아는 크게 상심했다. 이후 프로이센과 오스트리아는 영국의 중재로 1742년 6월 11일 브레슬라우에서 예비평화회담을 종료했고 같은 해 7월 28일 베를린에서 평화협정도 체결했다.[39] 프로이센을 대표한 포데빌스(Heinrich v. Podeswils) 백작과 오스트리아의 길레른(Karl Joseph v. Gillern) 추밀고문관 사이에 합의된 브레슬라우 예비평화조약에서 오스트리아는 테셴(Teschen) 대공국, 트로파우(Troppau) 대공국, 그리고 헨너스도르

---

[39] 1741년 9월 영국 국왕 조지 2세는 하노버 선제후 자격으로 프랑스와 중립협약(Neutrality Convention)을 체결했다. 이 협약에서 조지 2세는 프랑스가 하노버를 공격하지 않는 대가로 프로이센을 군사적으로 적대하지 않고 카를 알브레히트의 신성로마제국 황제 선출도 지지하기로 약속했다. 조지 2세의 이러한 결정은 영국 내에서 커다란 파장을 불러일으켰다. 프랑스와의 대립을 주도해야 할 영국 국왕이 중립협약을 체결하여 싸움을 포기하기로 한 것이다. 조지 2세를 도와 협약체결을 주도한 국무장관 해링턴(William Stanhope Harrington) 백작이 "협약은 난순히 하노버 선제후국의 사안이며, 어떤 경우에도 영국 국왕으로서의 임무 이행에 영향을 주지 않을 것"이라고 주장했지만, 이러한 주장의 신빙성을 믿는 이는 거의 없었다.

프(Hennersdorf)와 예게른도르프의 일부를 제외한 나머지 니더슐레지엔과 오버슐레지엔 전체를 프로이센 측에 양도하는 대신, 프로이센은 향후 더 이상의 영토 요구를 포기하고, 오스트리아를 공격하기 위해 체결된 모든 동맹에서 탈퇴하기로 했다.[40] 아울러 오스트리아는 프리드리히 2세가 집요하게 요구한 보헤미아의 백작령 글라츠(Grafschaft Glatz)를 프로이센에 양도하기로 했다. 여기서 프로이센은 오스트리아의 요구를 수용해 신교로의 강제 개종을 슐레지엔에서 이행하지 않고, 영국 무역상들이 슐레지엔에서 든 보험액 170만 굴덴의 상환 책임도 약속했다. 브레슬라우 예비평화조약은 베를린 평화협정의 기초가 되었고 이 협정체결로 슐레지엔 분쟁에서 비롯된 양국 사이의 전쟁은 일단 종료되었다.

베를린 평화협정은 브레슬라우 예비평화조약의 내용을 재확인했다. 그리고 이 평화협정에서 추가된 합의 중에서 중요한 것은 마리아 테레지아가 프로이센 국왕과 그의 후계자들에게 슐레지엔 공작 및 글라츠 백작의 칭호를 양도하되, 마리아 테레지아와 그녀의 후계자들 역시 이 칭호들을 계속 사용할 수 있다는 조건을 단 것뿐이었다. 이것은 프로이센이 실리를 가져간 대신, 오스트리아 황실은 대외적 명분에 집착했다는 것을 알려주

---

40 당시 프리드리히 2세는 자신의 측근에게 "사람들은 적절한 시기에 포기하는 능력도 갖춰야 한다(Man muß fähig sein, zur rechten Zeit aufhören)"라는 언급도 했는데 이것은 마리아 테레지아를 우회적으로 비판한 것으로 볼 수 있다.

는 일례라 하겠다.[41]

그런데 베를린 평화협정은 프로이센과 연합한 바이에른, 프랑스, 그리고 작센에 적지 않은 타격을 주었다. 이제 마리아 테레지아의 오스트리아 주력군은 바이에른과 프랑스에 대항할 수 있게 되었지만, 바이에른군과 프랑스군은 프로이센군의 측면 지원 없이 보헤미아 지방에서 오스트리아군과 직접적으로 맞서야 하는 어려운 상황에 놓이게 되었다. 베를린 평화협정 체결에 앞서 마리아 테레지아는 전세를 역전시키기 위해 영국에게 군사적 지원도 요청했다.

당시 영국은 프랑스와 에스파냐 세력이 유럽에서 급격히 확산하는 것을 막아야 한다는 태도였기 때문에 오스트리아의 요청을 수용했다. 영국은 1742년 5월 13일부터 오스트리아왕위계승 전쟁에 본격적으로 개입하기 시작했는데 이것은 1731년 영국, 네덜란드, 그리고 오스트리아 사이에 체결된 군사방어 동맹체제에서 비롯되었다.[42] 군사방어 동맹체제에서는 제3국이 동맹체제에 가입한 국가를 공격하면 나머지 국가들은 즉시 군사

---

41 평화협상 과정에서 오스트리아는 슐레지엔을 포기하는 대신 바이에른을 보상받으려 했지만, 이것에 대해 프리드리히 2세는 유보적인 자세를 보였다. 그러나 당시 오스트리아가 슐레지엔을 담보로 영국과 네덜란드에게 빌린 1,700,000탈러는 프로이센이 넘겨받기로 했다. 프리드리히 2세는 이렇게 프로이센에 편입된 슐레지엔 지방의 주도인 브레슬라우에 본인이 직접 담당하는 직할 정부도 세워 통치하려고 했다.

42 영국의 소극적인 대유럽정책은 1742년 2월 월폴의 실각 이후 바뀌게 되었다.

적 개입을 한다는 것이 명시되었다. 그런데 당시 조지 2세는 프로이센과 국경을 접하고 있던 하노버 공국의 위정자이기도 했기 때문에 프로이센에 대한 적대 행위를 가능한 한 회피하려고 했다. 그러나 영국은 프로이센 주도로 오스트리아의 해체가 가시화되는 것을 직시했고 이것은 그들이 그동안 지향한 '유럽에서 열강 간의 균형 유지'정책에도 위해적 요소가 된다는 사실을 인지했다. 실제로 당시 런던 정부의 재무장관이었던 펠헴(Henry Pelhem)은 프로이센과 그의 동맹국이 신성로마제국을 해체하여 그들의 보호가 필요한 소규모 국가들만 남겨놓을 것이며, 이는 유럽 및 영국의 안전에 심각한 불안 요소로 작용할 것이라고 경고했다.

이후부터 영국은 네덜란드, 헤센, 그리고 하노버와 더불어 오스트리아에 대한 군사적 지원을 시작했다. 이에 앞서 오스트리아는 프로이센의 오랜 동맹국이었던 영국에게 중립을 요청했고 그것에 대한 반대급부로 30만 파운드의 보조금도 내겠다는 제의를 했다. 이러한 제의에 대해 영국 정부는 수용하겠다는 견해를 밝혔다. 그러나 영국 정부는 당시 오스트리아의 국고가 거의 바닥난 것을 인지했기 때문에 마리아 테레지아에게 1741년 역제안을 했다. 그것은 런던 정부가 오스트리아에게 3년 동안 매년 30만 파운드를 지원하겠다는 것이었다. 영국 정부가 약속한 1742년의 약정금액이 빈 정부에 도착하기 전, 오스트리아의 국고는 거의 비어있는 상태였다.

1742년 5월 17일 보헤미아 지방의 코투지츠(Chotusitz)에서 오스트리아군과 프로이센군 사이에 전투가 시작된 날 첫 번째 약정금액이 영국으로부터 도착했다. 당시 오스트리아의 긴박한 상황은 빈 주재 영국대사였던 포터(James Porter)가 정확히 묘사했는데, 그에 따르면 만일 약정금액이 도착하지 않았다면 오스트리아군의 전면적 해체는 불가피했다는 것이다. 실제로 당시 빈 정부의 실세로 활동한 슈타르헴베르크 백작, 킨스키 백작, 그리고 힐데브란트(Hildebrandt) 남작뿐만 아니라 빈 정부의 각료들도 포터의 관점에 대해 전적으로 동의했다.

제1차 오스트리아 왕위계승 전쟁이 시작되기 전인 1739년 10월 영국 국왕이며 하노버 공국의 선제후인 조지 2세는 에스파냐에 대해 전쟁 선포를 했다. 당시 영국과 하노버 공국은 동일 군주가 통치하는 군합국가였다. 18세기 영국에서 대외정책에 관한 모든 권한, 즉 전쟁을 시작하거나 끝낼 경우, 조약을 체결하고 외교관을 임명하고 그들에게 지시를 내리는 제 권한은 국왕에게 속했다. 그러나 정부 재정에 관한 최종 승인권은 의회에 있었기 때문에 의회는 많은 전비가 필요한 전쟁과 연계된 결정이나 재정 부담이 요구되는 조약체결 등의 사안에서 실제적 영향력을 발휘했다. 의회의 막강한 권한에도 불구하고 영국은 왕국이었으므로 하노버 출신 군주가 두 나라의 통치자로서 가지는 이해관계를 전적으로 도외시할 수는 없었다.

그런데 하노버 공국의 통치자가 어떻게 영국의 위정자로 등장했을까? 명예혁명(1688) 이후 영국의 공동통치자로 등장한 인물은 윌리엄 3세(William III: 1689-1702)와 메리 2세(Mary II: 1689-

1694)였다.[43] 이에 따라 메리 2세의 여동생인 앤(Anne)도 영국 왕위계승권을 가지게 되었는데 그것은 1689년에 제정된 권리장전(Bill of Right)에서 비롯되었다. 권리장전에서는 윌리엄 3세와 메리 2세 사이에 후손이 없으면 앤이 왕위를 계승한다는 것이 명시되었다. 그런데 당시 메리 2세와 앤 사이의 관계는 매우 나빴다. 이것은 메리 2세가 부친인 제임스 2세(James II: 1685-1688)를 추방한 데서 비롯된 것 같다. 1702년 윌리엄 3세가 남자 상속인 없이 사망함에 따라 앤(1702-1714)은 권리장전에 따라 스튜어트(Stuart) 왕조의 마지막 군주로 등극했다. 이렇게 왕위를 계승한 앤은 남자 상속인이 없는 상태였기 때문에 의회는 신교도를 다음 후계자로 지명해야 한다는 왕위계승법(Act of Settlement)도 제정하려고 했다.[44] 이미 더는 아이를 가질 수 없는 상황에 놓여있던 앤 역시 왕위계승법 제정에 동의했다. 이렇게 제정된 왕위계승법에 따르면, 왕위계승자는 반드시 프로테스탄트여야 하며 혈통적으로도 왕실에 가장 가까워야 했다. 당시 이런 조건을 충족시킬 인물들로는 하노버 공국의 선제후 에른스트 아우구스

---

43 윌리엄 3세와 메리 2세는 공동 군주였지만, 권력구도 서열상 메리 2세가 윌리엄 3세보다 우선이었다. 그러나 메리 2세는 항상 남편에게 순종하고 자신의 권리도 주장하지 않았다.

44 왕위계승법은 1701년에 제정되었고 이 법에 따라 가톨릭 계통의 인물이 왕위를 계승하는 것은 불허되었다. 앤은 프로테스탄트 교육을 받고 성장했다. 결혼 후 그녀는 무려 18번이나 임신을 했지만, 불행하게도 다섯 아이만 살아서 태어났다. 그리고 이들 중에서 아들 한 명을 제외한 나머지는 유아기도 넘기지 못하고 죽었다. 이렇게 마지막 남은 아들 역시 1700년 말 생을 마감했다.

트(Ernst Augustus)와 결혼한 제임스 1세의 손녀인 팔츠 공국의 조피(Sophie)와 그녀의 아들이자 하노버 공국의 실질적 지배자인 게오르크(Georg), 즉 조지(George)가 있었다.

이렇게 조지가 영국 왕위계승권을 가졌음에도 불구하고 토리당(Tory Party)과 휘그당(Whig Party)의 대립 속에서 그가 과연 왕위에 오를 수 있을지는 다소 불투명했다. 그러나 1714년 6월 8일 조지의 어머니인 조피가 세상을 떠나고 두 달 후인 8월 1일 앤 여왕마저 죽게 됨에 따라, 영국의 왕위계승권은 조지에게 주어졌다. 이것은 사실상 왕조교체를 의미하기 때문에 영국 정계로서는 매우 신중한 태도를 보여야 했다. 그러나 당시 정권을 장악한 지 얼마 안 된 휘그당은 패권 주도 및 안정을 위해 하루라도 빨리 조지를 등극시켜야 할 필요성도 느끼고 있었다. 이에 반해 스튜어트 왕조의 정통성을 지향한 토리당은 제임스 2세의 아들인 스튜어트(James Francis Edward Stuart)를 정통 후계자로 내세웠다.[45] 1715년 9월 스코틀랜드의 볼링브룩(Lord Bolingbroke and Mar) 주도로 자코바이트 난(rebellion of Jacobits)이 시작되었다. 당시 볼링브룩은 스코틀랜드의 권리를 되찾기 위해서는 제임스 2세를 왕으로 재추대하고 스튜어트 왕조도 복원시켜야 한다고

---

45 제임스 2세의 즉위를 인정하지 않는 측이 인정하는 세력을 가리켜 '토리'라 지칭했다. 토리란 아일랜드어의 'toraidhe'에서 유래되었으며, 그 의미는 '불량' 또는 '도적'이었다. 한편 즉위를 인정하는 자들은 즉위를 인정하지 않는 세력을 지칭하여 '휘그(Whig)'라 불렸고, 스코틀랜드어에서 파생된 이 단어는 '모반자' 또는 '도둑'이라는 의미가 있다.

주장했고 그것에 따라 5천여 명이 모였다. 이렇게 모인 볼링브룩의 추종세력은 에든버러(Edinburgh)성을 함락했고 남으로 진격할 기세도 보였다. 그러나 정부지원을 받은 또 다른 친영 토호세력인 아가일 공작(Duke of Argyll)의 대응으로 인해 반란세력은 44일 만에 무릎을 꿇게 되었다. 이에 따라 스튜어트는 프랑스로 도망갔고 거기서 프랑스 정부의 지원을 받아 1719년 다시 한 번 모반을 시도했지만, 이 모반은 시작 단계에서 무산되었다. 이렇게 모반이 진압됨에 따라 토리당은 소극적인 정치활동을 펼쳐야 하는 상황에 놓이게 되었다.[46]

조지 1세(1714-1727)가 영국 국왕으로 등극할 당시의 나이는 54세였다.[47] 조지 1세는 선천적으로 무척 소심하고 부끄럼을 많이 타는 내성적 성격의 소유자였다. 더욱이 이 인물은 영어를 전혀 배우지 않았기 때문에 영국 왕실의 움직임을 제대로 파악할 능력도 갖추지 못했다. 따라서 조지 1세는 공식적인 만찬도 개최하지 않았을 뿐만 아니라 자신이 거처하는 왕궁 식당에서 홀로 식사하는 일종의 칩거 생활도 해야만 했다. 그런데도 조지 1세는 새로운 왕국에 대한 자신의 의무감을 이행하려고 했다.

---

46 실제로 토리당의 리더인 세인트 존스(St. Johns) 경도 자코바이트 난에 직접 관련되었기 때문에 그의 숙청은 불가피했다.

47 조지 1세가 그리니치(Greenwich)를 통해 영국에 첫발을 딛고, 런던으로 향했을 때, 영국은 의외로 조용했다. 정말 평화롭게 새로운 군주와 왕조를 맞이하는 듯 보였지만, 그렇다고 스튜어드 왕조(1603-1688)에 대한 정서가 완전히 사라진 것은 아니었다. 조지 1세 역시 거리를 메운 환영 인파 속에서 보이는 불만세력의 모습을 충분히 감지할 수 있었다.

비록 영어를 할 줄 몰랐지만, 프랑스어를 약간 할 줄 알았기 때문에 장관들과 프랑스어로 의사소통했고 언어로 인한 불편함과 소심한 성격 탓으로 각의에 참석하는 대신 주요 각료와 개별적인 만남을 자주 했는데 이것은 내각의 기능을 악화시키는 요인으로 작용했다.[48]

1727년 조지 1세에 이어 왕위에 오른 조지 2세(George II: 1727-1760) 역시 1714년 그의 부친과 함께 영국에 도착했을 때 이미 30세를 넘긴 나이였다.[49] 따라서 하노버 선제후로서의 정체성과 의무는 조지 1세뿐만 아니라 조지 2세에게도 강하게 각인되어 있었다. 이들은 재위 기간 중 정례적으로 하노버를 방문한 후 거기서 수개월씩 머무르곤 했다. 하노버에 대한 특별한 애착으로 이들은 영국의 대외정책에서 영국의 이익과 하노버의

---

48 조지는 영국 국왕으로 등극하기 전, 즉 1682년 첼레(Celle) 공국의 조피 도로테아(Sophie Dorothea)와 결혼했다. 그런데 조피 도로테아가 1694년 스웨덴 출신 용기병인 쾨니히마르크(Königmark) 대령과 부정을 저질렀고 그것 때문에 조지와의 부부관계 역시 끝나게 되었다. 이렇게 이혼당한 그녀는 알든(Alden)성에 유폐되는 부수적인 처벌도 받았다. 영국 국왕으로 등극한 조지 1세는 이혼한 이후부터 자신을 보좌하던 두 명의 여인을 영국 왕실로 데려왔다. 거의 칩거 생활을 하던 조지 1세와 그와 접촉하려던 정치가들 사이에 왕의 시중을 들던 두 여인이 끼어드는 상황이 초래했고 이러한 기묘한 관계는 점차 중차대한 문제도 유발했다. 국왕을 만나고 싶어하는 정치가들로서는 반드시 이 두 여인을 거쳐야 했으므로 그녀들에게 적지 않은 뇌물을 줄 수밖에 없었기 때문이다.

49 조지 2세는 건장한 몸매와 튀어나온 푸른 눈, 붉은 혈색 그리고 얼굴의 크기에 비해 커다란 코를 가지고 있었으며, 왕으로서 충분한 위엄도 갖추었다. 그는 역사에 대해 특별한 관심을 보였고 부친과는 달리 프랑스어, 이탈리아어, 그리고 영어를 자유롭게 구사할 수 있었다. 그뿐만 아니라 그는 독일식 패션, 제복 등을 즐겨 입고, 스스로 왕실의 예절을 지키는 등 자유로움보다는 형식적인 것을 선호했다.

이익을 구분하려고 하지 않았다. 아무리 의회가 정부에 큰 영향력을 행사하더라도 대외정책은 군주의 고유권한이었기 때문에 조지 1세와 조지 2세가 하노버에 대한 애정과 관심을 포기하지 않는 한 영국의 대외정책 역시 이를 부분적으로라도 인정해야만 했다. 즉 의회는 양국의 대외정책이 엇박자를 내지 않게끔 조율해야 했으며 이것은 분명히 18세기 영국의 대외정책에서 적지 않은 부담 요인으로 작용했다.[50] 영국은 조지 1세의 왕위계승 이전까지 하노버 공국과 별다른 이해관계를 공유하지 않았다. 대부분의 영국인은 독일 북부에 있는 하노버 공국에 대해 잘 알지 못했고, 이 공국이 신성로마제국의 선제후국으로서 가지는 특수한 성격에 대해서도 무지했다.

영국이 에스파냐에 대해 선전포고를 한 결정적인 동기는 1738년 3월 영국 상선 선장인 젠킨스(Robert Jenkins)가 에스파냐 해안경비대(guarda costas) 군인에 의해 잘린 자신의 귀를 가지고 영국 하원의 한 분과위원회에 출석하여 에스파냐 해군의 만행을 자세히 보고한 것에서 비롯되었다. 젠킨스는 서인도제도의 한 섬에서 영국으로 귀환하던 1731년 4월 9일 에스파냐 경비대 군인에 의해 체포된 후 귀가 잘렸다. 이에 그는 같은 해 6월 11일 런던 정부와 조지 2세에게 자신이 당한 억울한 상황을 보고했지만, 이것에 대한 후속 조치는 없었다.[51] 그러다가 젠킨스가

---

50 특히 조지 1세는 영국의 이익보다 하노버 공국의 이익을 우선시했다.

51 1711년 영국 정부는 남해회사를 설립했다. 이 회사는 아프리카 노예, 즉 아시엔토(Asiento)를 서인도제도의 플랜테이션 농장에 공급할 독점권을 가지고

알코올에 담긴 자신의 잘린 귀를 가지고 하원에 다시 출두하여 에스파냐 해안경비대의 만행을 더욱 자세히 보고함에 따라 영국 내에서 반에스파냐적 성향이 갑자기 강하게 주목받기 시작했다.

그런데 젠킨스의 잘린 귀 사건의 재점화에 앞서 에스파냐의 해안경비대가 1737년 14척의 영국 선박을 나포하거나 공격함에 따라 에스파냐에 대한 보복을 요구하는 여론이 영국 내에서 크게 증대되었고 그것에 따라 런던 정부는 문제해결을 위해 에스파냐와 협상을 펼쳤다. 1738년 영국과 에스파냐는 협약을 체결했는데 거기서는 에스파냐 정부가 95,000파운드의 배상금을 남해회사(South Sea Company)에 지불하고, 회사는 연체된 관세

있었을 뿐만 아니라 매년 한 차례씩 650톤 이하의 선박을 이용하여 에스파냐령 아메리카에서 무역거래도 할 수 있었다. 하지만 점차 더 많은 수의 영국 상인들은 유럽인들의 필수기호품이 된 담배 및 설탕 생산을 통해 경제적으로 급속히 팽창한 이 지역과의 무역거래에서 더 많은 이익을 얻고자 했고, 그 결과 에스파냐 감시를 피해 공식적으로 승인된 거래량보다 몇 배나 많은 밀무역도 자행되었다. 남해회사 역시 노예무역 자체보다는 거래가 금지된 상품을 사고파는 데 집중했다.

영국 상인들의 밀무역 규모가 늘어나고 그것에 따라 에스파냐 상인들의 피해 규모가 점차 확대됨에 따라 서인도제도의 에스파냐 총독은 해안경비대를 동원하여 밀무역에 종사하는 영국 및 네덜란드의 선박들을 나포하기 시작했다. 그러나 해안경비대의 활동만으로 밀무역 단속이 제대로 이루어지지 않음에 따라 에스파냐는 현지의 에스파냐인들을 대상으로 사략선 면허를 발급하여 영국과 네덜란드 선박을 나포한 후 화물을 빼앗을 권리도 주었다. 당시 사략선은 타국의 선박들을 나포하고 노략질할 수 있는 허가를 국가로부터 받은 선박이었다. 그런데 이러한 밀무역 단속과정에서 합법적인 무역선들도 적지 않은 피해를 보았다. 이 과정에서 젠킨스의 무역선이 압류되었고 선장인 그가 신체적인 절단도 당했다. 당시 젠킨스는 합법적 무역선의 선장이었는데 그것은 그가 영국 하원에 출석하여 에스파냐 해안경비대의 만행을 언급한 데서 확인할 수 있다.

68,000파운드를 에스파냐 정부에 납부한다는 것이 명시되었다. 그러나 남해회사는 협약이행을 거부했고, 의회와 여론 역시 회사 입장을 지지했다.[52]

당시 대다수의 영국인은 양국 사이에 전쟁이 발생하면 영국이 확실한 승리를 거두리라 믿었고, 그러면 에스파냐로부터 더 많은 경제적 양보를 얻을 수 있을 것이라는 예상도 했다. 즉 이들은 에스파냐와의 섣부른 타협이 국가의 명예 및 경제적 이득에 아무런 도움도 되지 않는다고 확신하고 있었다. 영국 정부와 남해회사의 태도에 분노한 에스파냐의 펠리페 5세 역시 배상금 지급을 거부함에 따라 양국은 1739년 10월부터 전쟁상태에 돌입했다.

그러나 당시 월폴(Robert Walpole) 내각은 최후의 순간까지 에스파냐와의 불필요한 전쟁을 피하려 했다.[53] 월폴은 폴란드 왕

---

52 남해회사는 1711년 남아메리카와 중앙아메리카에 대한 교역독점권을 영국 정부로부터 받았고 그것에 대한 반대급부로 1천만 파운드를 대여했다.

53 월폴은 지방 지주 출신으로 유능한 행정가이며 웅변가였다. 또한 이 인물은 재정관리에 뛰어났으며, 주어진 상황을 정확히 파악하고 효율적으로 대처할 수 있는 천부적 재능도 가지고 있었다. 월폴은 정치인들이 펼친 투기로 급등한 주가가 급락하는 과정에서 발생한 남해 거품 사건(South Sea Bubble)으로 수천 명의 투자가가 파산한 정치적·재정적 위기 상황에서 수상, 즉 제1 재무대신(First Lord of the Treasury)으로 기용되었다. 월폴은 최초의 수상이라고 볼 수 있지만, 국왕에 의해 임명되고 국왕에게만 책임지는 대신이었다. 월폴은 결코 의회로부터 내각 구성을 요청받은 적이 없었고 하원에서 다수당을 이끌지도 않았으며, 그의 사퇴가 동료들의 사임까지 연계되지 않았다. 이 인물은 후견제를 적극적으로 활용하여 자기 측근들을 요처에 기용함으로써 정부의 모든 부서를 장악했다. 따라서 월폴의 통치는 독직과 남용, 부패와 횡령과 결부될 수밖에 없다는 평도 듣게 되었다. 그러나 월폴은 국왕과 왕비를 상대하면서 능란한 솜씨를 발휘했고 의회 의원들 역시 효율적

위계승 전쟁에서 승리를 거둔 프랑스의 위상 및 영향력이 날로 증대되는 데 반해 영국은 동맹국도 없이 외교적으로 고립된 상황에서 프랑스의 동맹국인 에스파냐와 서인도제도에서의 경제적 이권을 두고 명분 없는 전쟁을 펼치는 것을 피해야 한다는 견해를 가지고 있었다. 하지만 그의 장기집권에 염증을 느낀 정적들은 모든 수단을 동원하여 그를 공격함에 따라 권력 기반이 취약해진 월폴과 그의 내각은 전쟁을 외치는 여론에 굴복하여 전쟁을 시작할 수밖에 없었다.

당시 영국인은 에스파냐와의 전쟁에서 쉽게 승리할 것이라고 믿었지만, 영국군은 예상보다 어려운 싸움을 해야 했다. 1739년 11월 버논(Edward Vernon) 제독이 이끄는 영국 해군이 에스파냐령 아메리카에서 가장 중요한 무역항 중 하나인 포르토 벨로(Porto Bello)를 점령하는 데 성공했지만, 1741년 3월의 카르타헤나(Cartagena)에 대한 공격은 에스파냐군의 거센 저항과 열대병 확산에 가로막혀 실패했다. 영국 해군은 같은 해 11월 쿠바(Cuba)와 플로리다(Florida)도 공격했지만, 이 역시 많은 사상자만 남긴 채 실패로 끝났다. 이후 영국 해군은 간헐적으로 에스파냐 선박을 공격하거나 무역로를 차단하려 시도했을 뿐 더는 에스파냐령 아메리카의 주요 항구나 전략요충지에 대한 공세를

으로 활용했다. 월폴의 이러한 재능은 그에게 정치 마술사, 사기꾼이라는 별칭도 부여했다. 그리고 이전의 대신들이 전통적으로 상원으로 옮겨갔던 것과 달리 월폴은 하원의원직을 그대로 유지했는데 이것은 그가 정부의 돈줄을 쥐고 있던 하원의 중요성을 인지했기 때문이다.

감행하지 않았다.

영국이 오스트리아 왕위계승 전쟁에 개입함으로써 1739년에 시작된 영국과 에스파냐 간의 전쟁은 자연히 오스트리아 왕위계승 전쟁의 일부가 되었다. 왜냐하면 영국은 오스트리아의 동맹국이었고, 에스파냐는 프랑스-바이에른 동맹국이었기 때문이다. 마리아 테레지아가 집권하기 이전부터 영국은 마리아 테레지아가 카를 6세의 후계자로 등극할 경우, 프랑스의 세력이 유럽 대륙에서 크게 확산하리라는 우려를 하고 있었다.

오스트리아 왕위계승 전쟁에 참여하기로 한 조지 2세는 원래 계획보다 훨씬 많은 병력을 전선에 투입했다. 조지 2세가 영국군을 라인강 유역으로 파견하면서 대외적으로 부각한 명분은 카를 6세가 선포한 국사조칙을 지지하고, 마리아 테레지아를 지원한다는 것이었지만, 더 큰 이유는 군합국인 하노버 공국이 프랑스와 바이에른 동맹군에 의해 점령될 가능성을 사전에 차단하는 데 있었다. 이에 앞서 런던 정부는 프리드리히 2세와 마리아 테레지아 사이의 타협을 유도했다. 이 과정에서 프리드리히 2세는 니더슐레지엔 지방 확보로 만족을 표시했지만 마리아 테레지아는 그러한 양보에 대해 부정적 자세를 보였다. 여기서 프리드리히 2세의 양보는 분명히 오스트리아 왕국의 안위를 보장할 수 있지만, 오스트리아의 위정자가 그러한 것을 무시하고 있음을 런던 정부는 지적했다.

영국 국왕 겸 하노버 공국 선제후인 조지 2세는 니더라인(Niederrhein)에서 편성된 자국 군대에 '국사조칙군'이라는 별명도 부여했다. 이것은 카를 6세가 제정한 국사조칙을 전면에 내세워 대륙전쟁에 참전하는 영국 원정군에게 대외적 명분을 부여하기 위해서였다. 하노버 공국에 대한 보호 조치를 취한 후, 영국군은 프랑스군을 공격하기 위해 남부 독일로 진군했다.[54]

이렇게 영국의 군사적 지원이 본격화됨에 따라 오스트리아군은 1742년 12월 29일 프라하를 탈환할 수 있었다. 당시 마리아 테레지아는 프란츠 슈테판을 비롯한 빈 정부의 고위 관료들의 계속된 충고에도 불구하고 보헤미아 지방에서 프랑스와 바이에른에 협력한 인물들에 대한 처벌 강도를 완화하려 하지 않았다. 그녀는 수백 년 동안 합스부르크 가문과 연계된 프라하의 고위 관리들이 그렇게 쉽게 카를 알브레히트에게 충성 맹세를 한 것에 대해 분노했고 자신의 보헤미아 왕위 대관식에 앞서 협력자들의 처벌 문제를 해결하려고 했다. 따라서 그녀는 조사위원회를 구성하여 카를 알브레히트에게 협력한 관리들의 색출을 본격화했을 뿐만 아니라 프라하 대주교 및 프라하의 고위 관리들에 대한 밀고도 접수하게 했다. 이후 마리아 테레지아는 밀고에서 거론된 인물들에게 은밀히 죄의 경감도 제안했는데 그 전제조건은 이들이 카를 알브레히트에게 충성하고 그를 지원한

---

54 당시 런던 정부를 주도한 인물은 카터렛(John Carteret) 국무장관(Secretary of State)이었다. 이 인물은 1742년 2월 실각한 월폴이 오스트리아에 대한 지원을 적절히 이행하지 않았기 때문에 프랑스가 신성로마제국을 장악하고 그것에 따라 유럽에서 세력균형마저 무너져 영국의 안전 또한 위험에 놓이게 되었다는 관점을 피력했다. 국무장관에 취임한 이후 카터렛은 프랑스를 적극적으로 견제하고 유럽에서의 세력균형을 회복할 방안을 강구하기 시작했다.

인물들을 가능한 한 많이 언급해야 한다는 것이었다.

이 과정에서 조사위원회는 체포된 귀족들을 강도 높게 심문하여 합스부르크 가문의 명예를 크게 실추시킨 귀족들을 선별했다. 여기서 선별된 귀족들은 그들의 방대한 영지를 포기해야만 보헤미아 지방 체류 허가를 받을 수 있었다. 오스트리아에 대해 반역행위를 한 여섯 명에게 사형선고가 내려졌지만 실제로 그들에 대한 사형은 집행되지 않았다. 당시 반역행위를 한 인물들이 의외로 많았음에도 불구하고 이들 중에서 극히 일부에게만 죄를 부과한 것은 마리아 테레지아의 고려에서 비롯된 것 같다. 당시 그녀는 다시 오스트리아 품 안으로 돌아온 체코 민족에게 민족적 원한을 유발하는 과도한 정책을 펼칠 때 예상하지 못한 부작용도 초래될 수 있다는 우려를 했다. 따라서 그녀는 대량 처형(Massenexekutionen)과 같은 극단적 방법을 사용하지 않았다.

1743년 4월 25일 마리아 테레지아는 보헤미아 국왕 대관식을 치르기 위해 빈을 떠나 프라하로 향했지만, 체코인들에 대한 그녀의 적개심은 그대로 유지된 상태였다.[55] 이것은 공식 석상

---

55 보헤미아 국왕으로 등극하기 전에 마리아 테레지아는 1741년 6월 25일 헝가리 국왕(Rex Hungarie)으로 등극했는데 이것은 그녀가 선왕 카를 6세에 이어 헝가리 위정자가 되었음에도 대관식을 치르지 않으면 실제 여왕으로서의 임무를 수행할 수 없었기 때문이다. 프레스부르크의 성 마르틴스 성당(Martinskirche)에서 열린 대관식에서 그란(Gran) 대주교 임례 에스테르하지(Imre Esterhazy) 앞에서 무릎을 꿇고 즉위 선서를 하는 마리아 테레지아의 모습은 주변 사람들에게 커다란 감동을 주었다. 과거부터 오스트리아의 국왕들이 착용한 슈테판 성인의 외투를 걸친 채 칼을 차고 무거운 왕관을 머리에 쓴 젊은 여왕은 언덕 위 성당 앞 광장에서 고대 풍습을 따라 칼을 높이 빼들고 헝가리를 공격해오는 모든 적을 격퇴한

에서 그녀가 체코인들에게 불쾌한 감정을 표출하지 않았음에도 불구하고 개인적으로는 자신의 언짢음을 여과 없이 드러낸 것에서 확인할 수 있었다. 5월 12일, 마리아 테레지아는 프라하의 바이츠돔(Veitsdom)의 대관식에서 쓸 보헤미아의 벤젤(Wenzel) 왕관을 보고 보헤미아 재상이었던 킨스키에게 "이곳의 왕관은 프레스부르크 슈테판 왕관보다 무겁고 광대 모자 같다(Der Kron ist hier, habe selbe aufgehabt, ist schwer als die von Preßburg, sieht einem Narrenhäubel gleich)"라고 말했다. 이것은 보헤미아 왕국에 대한 자신의 불편한 심정을 우회적으로 토로한 것 같다.

그런데 같은 날 마리아 테레지아는 카를 알렉산더 대공이 짐바흐(Simbach)에서 바이에른군을 격파했다는 소식을 들었고 이것은 보헤미아 왕국 및 체코인에 대한 그녀의 불편한 심기가 크게 완화되는 요인도 되었다. 전승 소식을 접한 프라하 시민들은 그녀가 머물고 있던 궁으로 몰려가 그녀의 손에 키스하려고 했다. 그리고 마리아 테레지아를 위한 대규모 환영 집회도 개최되었다. 이 장면을 직접 목격한 마리아 테레지아의 눈에서는 감격의 눈물이 고이기 시작했다. 이후 마리아 테레지아는 자신의

다는 의미에서 네 군데 방향을 향해 칼을 휘둘렀다. 대관식을 마친 여왕은 헝가리 의회에서 유창한 라틴어로 "나는 군주가 아닌 어머니가 되겠노라"고 언급했고 이것은 헝가리인들의 권리 및 자유를 지키겠다는 약속이었다. 당시 귀족들은 곤경에 빠진 여왕을 이용하여 더 많은 권리와 특권(Prärogative)을 부여받고자 했다. 비록 이들이 대관식에서 "우리의 여왕 마리아 테레지아를 위해 우리는 죽을 수 있다(*Moriamur pro rege nostro Maria Theresia*)"를 외쳤지만 그들의 이해와 연계된 안건들에 대해서는 전혀 양보하지 않았다.

보헤미아 국왕 대관식을 서너 시간 연기시켰는데 그것은 대관식 과정에서 생략된 감사예배인 테데움을 프라하 대성당에서 전격적으로 진행한 데서 비롯되었다. 몇 시간 후에 시작된 대관식은 이전과는 달리 비교적 화기애애한 분위기하에서 진행되었고 이어진 만찬 및 무도회에서 마리아 테레지아는 환한 얼굴로 참석자들을 대했다. 마리아 테레지아는 예상보다 긴 6주 동안 프라하에 머물렀는데 이것은 보헤미아 신민에 대한 그녀의 달라진 인식에서 비롯된 것 같다.

이렇게 체코인들에 대한 인식이 우호적으로 바뀌었음에도 마리아 테레지아는 자신이 생존하는 동안 체코인들보다 헝가리인들을 우선시했다. 그리고 마리아 테레지아는 1744년 프라하에 거주하던 20,000명의 유대인을 강제로 추방했는데 이것은 이들이 카를 알브레히트에게 적지 않은 자금지원을 했기 때문이다. 강제추방과 더불어 이들에게 부과된 30,000굴덴은 체코 귀족들의 강한 반발로 철회되었지만, 유대인에 대한 그녀의 반감은 그녀가 죽을 때까지 지속되었다. 당시 마리아 테레지아는 유대인들이 예수 그리스도(Jusus Chritus)를 구세주로 인정하지 않고 이 인물을 십자가에 못 박혀 죽게 했다는 확신도 가지고 있었다. 그녀에 따르면, 유대인들은 배반자 또는 사기꾼에 불과한데 이것은 그녀가 선대왕들의 관점을 그대로 수용한 것으로 볼 수 있을 것이다.

당시 계몽된 관리들은 마리아 테레지아의 반유대정책이 경제적으로 국가에 도움이 되지 않고 시대에도 부합되지 않는다는 견해를 밝혔지만, 그녀는 그에 대해 동의하지 않았다. 그런데 마리아 테레지아의 반유대 감정은 그녀의 선대 국왕들에게서도 확인되었다. 레오폴트 1세는 1670년 자신의 부인이 유산한 직후 그것에 대한 책임을 유대인들에게 전가했는데 이것은 빈 상인들의 일방적인 주장에서 비롯되었다. 이후 그는 빈에 거주하던 유대인들을 강제로 추방했다. 마리아 테레지아의 부친이었던 카를 6세는 1726년 유대인 가족 구성원 수를 명시한 법을 제정했다. 이 법에 따를 때 보헤미아 지방에서 유대인들의 수는 8,541명을 초과해서는 안 된다는 것이다. 그리고 모라비아 지방과 슐레지엔 지방에서도 각기 5,106명과 119명을 넘어서는 안 된다는 것이다.[56]

1743년 6월 27일 영국, 네덜란드, 그리고 독일 용병으로 구성된 연합군 35,000명은 아샤펜부르크(Aschaffenburg) 근처 마인(Main) 강변마을인 데팅엔(Dettingen)에서 노아일레(Louis de Noailles) 원수가 이끌던 70,000명의 프랑스군과 전투를 펼쳤다.[57] 조지 2세가 이끈 연합군이 데텡엔에 접근했을 때, 이미 그 지역

---

56 1726년 법은 유대인 각 가정에서 장남만 결혼할 수 있다는 것을 명시했는데 이것은 종교적 관용정책을 펼쳤던 프리드리히 2세의 대유대인 정책에서도 확인되었다. 실제로 프리드리히 2세 역시 프로이센에서 유대인들의 수가 급속히 증가하는 것을 원하지 않았다. 마리아 테레지아의 반유대인 감정은 그녀가 죽을 때까지 그대로 유지되었는데 이것은 "모든 방법을 동원하여 왕국 내에서 유대인들이 늘어나는 것을 저지할 것이다"라는 그녀의 언급에서 확인할 수 있다.

57 마리아 테레지아는 프라하를 떠나기 전에 데팅엔에서의 승전 소식을 전해 들었다.

은 프랑스군이 장악하고 있었다. 이것은 하나우(Hanau)로 가는 도로가 프랑스군에 의해 봉쇄되었다는 것을 의미한다. 그리고 프랑스군 포대가 마인강 건너편 언덕에 배치되어 있어서, 영국군이 공격을 감행할 경우, 영국군의 측면이 프랑스 포대의 사거리 내에 포함될 수 있었다.

같은 시점 아샤펜부르크 방향으로 진군하여 마인강 도하작전을 완료한 프랑스군이 동맹군의 후미를 공격했다. 그런데 당시 프랑스군 지휘관 그라몽(Louis de Gramont) 공작이 접근한 영국군을 자국의 후위 부대로 착각하고 공격으로 전환했다. 전투는 영국 기병대를 겨냥한 프랑스군의 포격과 함께 개시되었다. 결과적으로 그라몽 공작의 프랑스군은 프랑스군 포대와 영국군 사이에 끼게 되었다. 치열한 전투 끝에 영국군은 프랑스군을 그들의 사선 후방으로 몰아냈다. 이후 프랑스군은 부교를 이용하여 마인강을 건넜는데 그들의 후퇴는 매우 무질서했다. 후퇴 과정에서 부교 일부가 붕괴하여, 상당수의 프랑스군은 마인강에서 익사했다. 영국이 주도한 동맹군은 3,000명, 프랑스군은 4,000명의 전사자를 기록했다. 전투에서 패한 프랑스군은 엘자스(Elsaß) 지방으로 철수했고, 조지 2세의 연합군은 하나우로의 행군을 속개했다.

오스트리아 왕위계승 전쟁에서 데팅엔 전투가 유독 유명세를 치른 이유는 군사적 측면보다 영국 역사상 국왕이 직접 참전한 마지막 전투였기 때문이다. 1712년부터 런던에서 활동하던 헨델(George Friedrich Händel)이 작곡한 '테팅거 테데움(Dettinger Te

Deum)'은 데팅엔 전투의 승리에서 동기를 취한 시편 형식의 찬미곡이었다. 헨델이 이러한 찬미곡을 작곡한 것은 영국 왕실이 테팅엔 승전을 기념하기 위해 그에게 작곡을 위촉한 데서 비롯되었다. 이에 따라 헨델은 7월 17일부터 7월 29일까지 '데팅거 테데움'을 작곡했고 이 곡은 1743년 11월 27일 조지 2세를 비롯한 궁정 인물들이 대거 참석한 가운데 세인트 제임스 궁전(St. James)의 왕실 예배당에서 초연되었다.[58]

데팅엔 전투에서 승리한 지 얼마 안 된 1743년 여름부터 영국 외상 카터릿(John Carteret)은 오스트리아와 카를 7세 사이의 협상과 오스트리아와 사르데냐 사이의 협상을 중재했다. 바이에른과 사르데냐를 반프랑스–반에스파냐 전선에 참여시키려는 목적으로 추진된 두 협상 중 첫 번째 협상은 하나우에서, 두 번째 협상은 보름스(Worms)에서 개최되었다. 하나우에서의 협상은 실패로 끝났다. 카를 7세는 프랑스와의 동맹을 포기하는 대

---

58 테데움은 '하느님 당신을 찬양하나이다'라는 라틴어 'Te Deum laudamus'에서 비롯되었다. 성무 일과에서 주일이나 축일의 아침기도 후반부에 불리거나 열성식이나 전승 등 공적인 감사의 노래로도 사용되었다. 그리고 테데움의 가사는 주로 시편[유대교에서 쓰는 타나크(기독교의 구약성경)의 일부이다. 각 장을 지칭할 때 특별히 '장'이 아닌 '편'이라는 단어를 사용한다]에서 인용되는 경우가 많은데 헨델의 테데움 역시 이러한 범주에서 벗어나지 않았다. 그리고 테데움은 '지성하신 삼위일체의 찬가'라 지칭되었다. 일반적으로 테데움은 중단되지 않고 계속 이어지는데 가사의 단락에 따라 다섯 개의 부분(section), 즉 첫째, *Te Deum laudamus* (하느님, 저희는 찬양하나이다), 둘째, *Te ergo quaesumus* (저희는 당신께 갈구하나이다), 셋째, *Aeterna fac cum sanctis* (저희도 성인들과 함께), 넷째, *Salvum dac populum* (당신의 백성을 구원하소서), 다섯째, *Inte, Domine, speravi* (하느님, 당신께 바라오니)로 구성되는 경우가 많다.

가로 오스트리아군에 점령당한 바이에른을 되찾기를 원했지만, 마리아 테레지아는 바이에른을 오스트리아가 차지하고 그 대신 카를 7세에게는 나폴리나 남부 네덜란드로 보상하는 방안을 고집했기 때문이다. 이에 반해 보름스에서의 협상은 1743년 9월 13일 조약체결로 이어지는 성과를 거두었다. 보름스협약은 앞서 1742년 2월 오스트리아와 사르데냐 사이에 체결된 조약을 대체했다. 양국은 이탈리아에서 프랑스 및 에스파냐와 전쟁을 벌이기 위해 본격적으로 협력하기로 했다. 이를 위해 카를로 에마누엘레 3세는 밀라노에 대한 소유권 주장을 포기하고 오스트리아군의 이탈리아 전투에 4,000명의 병력지원도 약속했다. 이에 대한 보답으로 마리아 테레지아는 파비아(Pavia)와 피아첸차(Piacenza)의 일부를 비롯하여 사르데냐에 전략적으로 중요한 몇몇 영토, 즉 북이탈리아의 티치노(Ticino)강 서쪽과 포(Po)강 남쪽의 모든 영지와 피날레 리구레(Finale Ligure)에 대한 오스트리아의 영유권을 할애하기로 했다.[59] 영국은 지중해에 함대를 배치하여 양국의 주도로 진행되는 전쟁을 지원하는 한편, 카를로 에마누엘레 3세에게는 보조금 지급도 약속했다. 오스트리아와

---

59 이 인물은 부친인 비토리오 아마데오 2세(Vittorio Amadeo II: 1720-1730)의 일방적 퇴위로 1730년 국왕으로 등극했다. 그러나 비토리오 아마데오 2세가 1731년 다시 국왕으로 복귀를 시도함에 따라 카를로 에마누엘레 3세는 왕위를 잃게 되었을 뿐만 아니라 구속까지 되는 상황에 놓이게 되었다. 다음 해인 1732년 비토리오 아마데오 2세가 사망함에 따라 카를로 에마누엘레 3세는 다시 사르데냐 국왕으로 등극했다. 등극한 이후부터 카를로 에마누엘레 3세는 북이탈리아에서 오스트리아의 위상이 지나치게 증대되는 것을 막으려 했고 그 과정에서 프랑스와 동맹체제를 구축했다.

사르데냐는 조약의 비밀조항에서 나폴리와 시칠리아에서 돈 카를로스를 몰아낸 후 나폴리는 오스트리아가, 시칠리아는 사르데냐가 차지하기로 합의했다.[60]

시칠리아를 최종적으로 차지하는 것과는 별도로 보름스조약에서 가장 큰 이득을 본 인물은 카를로 에마누엘레 3세였다. 왜냐하면 사르데냐 군주가 오스트리아로부터 할양받기로 한 영토의 전략적 가치가 상당했기 때문이다. 오스트리아가 약속을 지킨다면, 사르데냐는 밀라노와의 사이에 마조레(Maggiore) 호수와 티치노강, 포강이라는 자연국경도 가지게 되었다. 당시 카터릿은 전략적 요충지역을 차지한 사르데냐 국왕이 향후 통합 이탈리아의 지배자로 부상할 것이라 예상했고 실제로 그의 예상은 약 120년 후인 1870년 10월 2일 현실화되었다. 카를로 에마누엘레 3세가 이처럼 높은 가치를 지닌 영토 할애를 약속받을 수 있었던 것은 사르데냐와의 동맹을 원하는 프랑스-에스파냐와 오스트리아-영국 사이에서 모호한 태도를 보임으로써 몸값을 올리는 데 성공했기 때문이다.

---

60 카를 6세 시기 오스트리아는 북이탈리아뿐만 아니라 지중해의 섬나라 사르데냐 왕국을 비롯해 중남부 이탈리아의 나폴리 왕국과 시칠리아 왕국의 통치권까지 장악했다. 위트레흐트 평화조약 이후 카를 6세가 국왕을 겸했던 사르데냐는 1720년 시칠리아 왕국과의 교환조건으로 사부아 공작 비토리오 아마데오 2세에게 양도되었다.

2 제2차 오스트리아 왕위계승 전쟁

바르샤바 4국 동맹

마리아 테레지아는 프랑스군이 라인 지방에서 철수함에 따라 프랑스 국경을 넘어 엘자스 지방의 슈트라스부르크까지 진격하겠다는 생각도 가지게 되었다. 그뿐만 아니라 그녀는 남편의 모국인 로트링엔 대공국을 회복할 수도 있다는 희망마저 품었다. 보름스조약이 체결된 이후 오스트리아와의 전쟁 재개 필요성을 인지한 프리드리히 2세는 1744년 5월 초 오스트리아와의 전쟁을 다시 시작했다. 이에 앞서 그는 오스트리아에 대해 공식적으로 전쟁 선포도 했는데 이것은 제1차 오스트리아 왕위계승 전쟁과는 다른 상황이라 하겠다. 같은 해 6월 5일 프로이센과 프랑스 사이에 동맹체제가 재결성되었는데 이것을 지칭하여 프랑크푸르트 동맹(Frankfurter Union)이라 한다. 프랑크푸르트 동맹이 체결되면서 세 개의 독립조약도 공포되었다. 첫 번째 조약은 카를 7세, 프로이센, 헤센-카셀(Hessen-Kassel) 및 팔츠 간에 체결된 동맹조약이었고, 두 번째 조약은 바이에른과 프로이센 간의 동맹조약으로서 보헤미아에 대한 프로이센의 영유권을 바이에른이 인정한다는 내용을 담았고, 세 번째 조약은 프랑스와 프로이센 간에 체결된 일종의 공격동맹이었다.

오스트리아 역시 프로이센에 대해 전쟁 선포를 한 후 자국군을 프랑스로 진격하게 했는데 이것은 프리드리히 2세가 7월 29일 6만 명의 병력으로 작센을 공격하게 하는 요인으로도 작용했다.[61] 작센 공격에 이어 프리드리히 2세는 보헤미아 지방 공략에도 나섰는데 그것은 이 지방이 프로이센이 점령한 슐레지엔과 경계를 공유한 데서 비롯된 것 같다. 당시 프리드리히 2세는 슐레지엔 지방을 영구히 차지하기 위해서는 보헤미아 지방을 점령해야 한다는 전략적 판단도 하고 있었다. 프리드리히 2세는 2주간의 공성 끝에 9월 16일 프라하를 점령한 후 체스케부데요

---

61 당시 프리드리히 2세는 프로이센과 프랑스의 관계에 대해 깊은 관심을 표명했는데 이것은 1752년에 작성된 『정치적 유산』에서 다시금 확인할 수 있다. 『정치적 유산』에서 프리드리히 2세는 프로이센이 오스트리아로부터 슐레지엔 지방을 빼앗은 이후부터 프랑스와 동맹체제를 유지하고 오스트리아와 이 국가의 동맹국들과 대립해야 하는 상황에 놓여있다는 것을 언급했다. 이어 그는 슐레지엔과 로트링엔을 자매로 간주했다. 그는 자신의 저서에서 슐레지엔은 프로이센과 결혼했고, 로트링엔은 프랑스와 결혼했다고 했다. 그리고 이러한 것은 양국이 같은 외교정책을 지향하게 하는 요인으로도 작용한다고 했다. 프리드리히 2세의 관점에 따르면 프로이센은 프랑스가 엘자스와 로트링엔 상실을 수수방관하지 않을 것이고 그러한 과정에서 전쟁이 발생하면 양국은 오스트리아의 핵심지역을 공격할 수 있는 장점도 가지게 된다는 것이다. 그리고 같은 이유로 오스트리아가 슐레지엔 지방을 공격하면 프랑스는 즉각 프로이센을 지원할 것인데 이것은 프랑스 동맹국의 위상이 신성로마제국 및 북독일에서 크게 실추되는 것을 막기 위해서라는 것이 프리드리히 2세의 분석이었다.

비체(Česke Budějovice)와 타보르(Tabor)를 점령할 준비에 들어갔다.[62] 이러한 소식을 접한 카를 알렉산더 대공과 아벤스페르크 운트 트라운 백작은 프랑스군과의 전투를 중단하고 프라하를 구원하기 위해 알자스를 떠나 바이에른과 오버팔츠를 거쳐 보헤미아로 회군했다. 때마침 루이 15세의 갑작스러운 와병으로 인해 프랑스군의 지휘체계가 일시적으로 와해되었고 그것 때문에 오스트리아군은 별다른 저항도 받지 않은 채 작센군과 합류할 수 있었다.

　제1차 오스트리아 왕위계승 전쟁을 유발한 종범국가였던 작센 공국은 바이에른의 거의 전역이 오스트리아에 의해 점령됨에 따라, 프로이센과의 동맹을 파기하고 전통적 우방국이었던 오스트리아와 다시 손을 잡았다.[63] 이렇게 작센 공국이 파트너를 바꾼 이유는 이 공국이 1742년 초 프로이센과 더불어 모라비아 지방 공략에 나섰지만, 프리드리히 2세가 이 선제후국을 완전히 배제한 후 오스트리아와 단독으로 분리 평화조약을 체결한 데서 비롯되었다. 또한 작센의 위정자인 프리드리히 아우구스트 2세는 자신의 외교적·군사적 능력이 국제적으로 조롱거리가 되고 자신이 겁쟁이, 바보, 배신자로 드러난 것에 대해서도 심한 모멸감을 느끼게 되었고 그것에 따라 브륄(Brühl) 백작

62　보헤미아 남부지방의 교통요지로 발달한 체스케부데요비체는 13세기 프르제미슬 오타카르 2세(Přemysle Otakar II: 1248/1253-1278)가 건설한 도시이다.

63　신성로마제국 황제 카를 7세의 동생 아우구스트 쾰른 대주교도 대세가 오스트리아로 기울자, 오스트리아와 동맹체제를 구축했다.

과 더불어 오스트리아와의 관계 개선을 적극적으로 모색했다. 그 결과 1743년 12월 20일 오스트리아와 작센은 상호 군사지원 조약을 체결했는데 거기서 강조된 것은 방어적 성격이었다. 그러나 이 조약은 분명히 프로이센을 겨냥한 것으로 볼 수 있을 것이다.

1744년 9월 16일부터 프라하를 점령한 프로이센군은 병참 지원을 제대로 받지 못했는데 그것은 길어진 보급로 때문에 베를린으로부터의 수송이 쉽지 않은 데서 비롯되었다. 이에 오스트리아군은 프로이센의 이러한 상황을 역이용하여 전투에 나서지 않고, 지연전술을 택했다. 이질과 장티푸스의 만연, 오스트리아군에 의한 프로이센군의 보급망 차단과 그것에 따른 식량부족 및 탈주병의 증가 등으로 프로이센군은 1744년 11월 9일 점령 2개월 만에 프라하를 포기하고 엘베강을 넘어 그들이 1742년 이후부터 점령하고 있던 슐레지엔 지방으로 철수했다.

이렇게 프라하 전투에서 승리한 오스트리아는 슐레지엔 지방 탈환의 기회가 왔음을 인지했다. 제2차 오스트리아 왕위계승전쟁을 조기에 종료시키기 위해 오스트리아는 1745년 1월 8일 바르샤바(Warszawa)에서 작센, 영국 및 네덜란드와 새로운 동맹 체제를 구축했다.

1년 전 마리아 테레지아와 비밀협약을 체결한 바 있던 폴란드 국왕 아우구스트 3세, 즉 작센 선제후 프리드리히 아우구스트 2세는 영국 주선으로 체결된 4국 동맹조약(Quadrupelallianz)에 공식적으로 서명함으로써 그 이전 동맹국이었던 프로이센과도 전쟁을 펼쳐야 했다. 소위 바르샤바 4국 동맹조약에서 영국과 네덜란드는 전투병력을 파견하는 대신 전비지원을 약속했다. 그리고 프리드리히 아우구스트 2세는 국사조칙을 승인하고, 30,000명의 병력을 동원하여 보헤미아 방어를 전담하기로 했다. 여기서 오스트리아는 4국 동맹이 승리하면 프로이센에 빼앗긴 슐레지엔 지방도 회복하기로 했다.

그런데 오스트리아 왕위계승 전쟁에서 프로이센과의 동맹체제를 파기한 이후 반대급부도 기대한 프리드리히 아우구스트 2세는 바르샤바 4국 동맹조약의 비준을 지연시키려 했는데 그 것은 마리아 테레지아가 비밀협약에서 제시한 보상수준이 너무 미약한 데서 비롯된 것 같다.[64] 이에 따라 마리아 테레지아는 1745년 5월 18일 라이프치히에서 작센과 체결한 별도의 비밀조약에서 전쟁에서 승리한다면 슐레지엔 지방의 일부를 할애하거나 다른 방법으로 충분히 보상하겠다는 약속도 했다.

오스트리아가 보헤미아 및 슐레지엔 지방에 관심을 집중하는 동안 바이에른군 사령관 제켄도르프(Christoph Ludwig v. Seckendorff)는 뮌헨에서 오스트리아군을 축출했고 그것에 따라 카를 알브레히트는 1744년 10월 23일 프랑크푸르트에서 뮌헨으로 귀환하게 되었다. 원래 오스트리아군에서 활동한 제켄도르프 장군은 1739년 베오그라드(Beograd) 평화조약이 체결된 후,

---

64 당시 프리드리히 아우구스트 2세는 니더외스터라이히와 모라비아 지방 양도를 요구했다.

정적들의 모함을 받아 그라츠(Graz) 요새에 수감되었다. 그러다 가 이 인물은 1740년 마리아 테레지아에 의해 사면된 후 카를 알브레히트의 제안, 즉 바이에른군 총사령관으로 취임하는 것 에 동의했다. 황제대관식을 거행한 후 프랑크푸르트에서 망명 생활을 하던 카를 7세는 당시 오스트리아가 강력히 요구한 오 스트리아 왕위계승 전쟁에서의 중립을 수용할 수밖에 없었다. 이에 앞서 카를 7세는 프랑스의 지원을 받아 당시 상황에서 벗 어나려고 했지만 루이 15세는 그러한 요청을 수용하지 않았다. 이후 바이에른의 제켄도르프 장군과 오스트리아의 케벤휠러 장 군은 니더쇠넨펠트(Niederschönenfeld)에서 협상을 펼쳤고 1743년 6월 27일 같은 장소에서 중립협정도 체결했다. 이 중립협정에 서 바이에른은 전투능력을 갖춘 자국군의 중립화 요구를 수용 했고, 브라우나우(Braunau)와 슈트라우빙(Straubing)과 라이헨할 (Reichenhall) 등의 영토를 오스트리아에 양도한다는 것도 받아들 였다. 아울러 바이에른은 군대의 중립화 및 영토할양 외에도 잉 골슈타트(Ingolstadt)와 도나우뵈르트(Donauwörth)에 주둔 중인 프 랑스군 수비대를 자국 병력으로 교체하고, 오스트리아군의 바 이에른 영토 통과를 보장하며, 프랑스와 체결한 동맹조약마저 파기해야만 했다. 그리고 바이에른 내 오스트리아군 작전지역 내에서 바이에른 군의 주둔도 불허한다는 것이 중립협정에서 명시되었다. 니더쇠넨펠트 중립협정은 바이에른군의 무장해제 내지는 바이에른의 무조건 항복을 강요한 조약이나 마찬가지였 다. 당시 오스트리아군 최고 지휘관이었던 카를 알렉산더 대공에 의해 독단적으로 체결된 이 협정은 마리아 테레지아에 의해서도, 카를 7세에 의해서도 사후 승인을 받지 못했다.

카를 7세는 뮌헨으로 돌아온 지 3개월 만인, 즉 1745년 1월 20일 갑작스럽게 걸린 통풍으로 생을 마감했다. 당시 카를 7세가 소유한 선제후 지위를 승계한 그의 장자 막시밀리안 3세 요제프(Maximilian III Joseph)는 신성로마제국의 황제직을 승계하는 것보다 오스트리아와 평화조약을 체결하는 것이 국익에 도움이 된다는 사실을 잘 알고 있었다. 이에 따라 막시밀리안 3세 요제프는 국사조칙을 인정한다는 견해를 밝혔을 뿐만 아니라 향후 바이에른은 오스트리아에 대한 어떠한 상속권도 주장하지 않겠다고 언급했다. 그런데도 막시밀리안 3세 요제프는 어머니인 마리아 아말리아와 제켄도르프 장군이 이끄는 평화파와 외무장관 퇴링(Ignaz v. Törring)과 프랑스 전권대사 샤비니(Chavigny)가 주도하던 주전파 사이에서 최종결정을 내리지 못했다. 그러다가 같은 해 4월 22일 퓌센(Füssen)에서 막시밀리안 3세 요제프는 마리아 테레지아와 평화조약을 체결했는데 거기서는 마리아 테레지아의 남편 프란츠 슈테판이 신성로마제국 황제로 선출될 수 있게끔 바이에른이 협조하고 마리아 테레지아가 슐레지엔 대신 보상받기로 한 바이에른을 포기하기로 했다.[65] 거의 같은 시기

---

65 오스트리아와 바이에른이 퓌센에서 평화조약을 체결하기 전인 1745년 4월 15일 오버바이에른(Oberbayern)에 있는 파펜호펜(Pfaffenhofen)에서 양국은 다시 한 번 전투를 펼쳤다. 이 전투에는 바이에른, 프랑스, 프랑스를 도와 제2차 오스트리아 왕위계승 전쟁에 참여한 팔츠 3국, 그리고 오스트리아가 참여했다. 파펜

에 프리드리히 2세도 마리아 테레지아에게 평화협상을 제안했다. 그러나 마리아 테레지아는 그러한 협상 제의에 대해 동의하지 않았는데 그것은 그녀가 슐레지엔 지방을 되찾을 수 있다는 가능성에 집착했기 때문이다.[66]

1745년 6월 4일 카를 알렉산더 대공이 지휘하던 오스트리아군은 슐레지엔의 슈트리가우에서 프로이센군에게 대패했는데 이것을 지칭하여 호엔프리데베르크(Hohenfriedeberg) 전투라 한다.[67] 이 전투에 앞서 프리드리히 2세는 5월 말부터 약 65,000명의 프로이센군과 같이 글라츠와 나이세 사이에 있는 프랑켄슈타인(Frankenstein)에 머무르고 있었다. 거의 같은 시기 란데스후트(Landeshut) 근처의 크르코노세(Krknoše)산맥 후방에는 카를 알렉산더 대공이 이끄는 85,000명의 오스트리아-작센 연합군이 주둔하고 있었다. 슈트리가우 전투에서 프리드리히 2세는 기마병을 산 위에서 오스트리아군 측면을 기습적으로 공격하는 방법을 사용했고 이 전투에서 오스트리아군의 전사자는 14,000

호펜 전투에서 대패한 프랑스는 라인강 좌안으로 밀려났다. 이 전투 이후 제2차 오스트리아 왕위계승 전쟁의 무대는 라인강 왼쪽의 오스트리아령 네덜란드로 옮겨졌다.

66 당시 프리드리히 2세는 전쟁자금이 바닥나기 시작한 것을 인지했다. 따라서 그는 베를린성에 있던 모든 은을 녹여 은화를 주조했다. 나아가 그는 전쟁자금을 확보하기 위해 국외, 즉 암스테르담에서 차관을 얻고자 했을 뿐만 아니라 오스트프리슬란트에 있는 엠덴(Emden) 항구를 영국에게 매각하려고도 했다. 그러나 이러한 시도는 실패로 끝났다.

67 1744년 말부터 프리드리히 2세는 프로이센군을 충원시킨 후 군대조직을 개편했을 뿐만 아니라 전쟁동기 부여에도 총력을 기울였다.

명에 달했지만, 프로이센의 전사자는 이보다 훨씬 적은 5,000명에 불과했다.[68] 같은 해 9월 30일 프리드리히 2세는 보헤미아 북동쪽에 있는 조르(Soor)에서의 대접전에서 카를 알렉산더 대공의 오스트리아군을 다시 격파했다.[69]

프리드리히 2세가 양 전투의 승자로서 1748년 12월 28일 베를린으로 귀환했을 때 프로이센의 신민들은 그를 향해 "대제(der Große)"라고 외쳤다. 실제로 베를린의 주요 거리에 모인 사람들의 입에서 또는 현수막에서 확인되는 문구는 "오래 사십시오, 프리드리히 대왕(Vivat Fridericus Magnus)"이었다. 그리고 한 초등학교 합창단은 "만세, 만세, 프리드리히 국왕, 승리자, 숭고한 인물, 위대하고, 행복하고, 조국의 아버지!(Vivat, vivat, Fredericus Rex, Victor, Augustus, Magnus, Felix, pater Patrie!)"라는 합창곡을 힘차게 불렀다.

그런데 베를린 시민들이 프리드리히 2세에게 대왕이라는 별명을 부여한 것은 그들의 자발적인 충정 의지보다 장기간에 걸쳐 정밀히 꾸민 프리드리히 2세의 계획에서 비롯되었다는 관

---

68 당시 프리드리히 2세는 전쟁에서 변하지 않을 진리로 아군 진영의 전방 및 후방 안전을 반드시 확보해야 한다는 것을 제시했다. 그리고 그는 적을 공격할 때도 되도록 적군의 전방과 후방을 동시에 공격하는, 즉 양면공격을 해야 한다고 했는데 이것 역시 오늘날에도 하나의 군사전략의 표본으로 간주되고 있다.

69 이 전투에서 모두 856명의 프로이센군이 전사했고 왕비 엘리자베트 크리스티네의 오빠인 알브레히트(Albrecht v. Braunschweig) 대공도 희생자 명단에 올랐다. 그런데도 프리드리히 2세는 자신의 부인에게 한 통의 조문 편지도 보내지 않았다. 이러한 고의적 태만에 대해 엘리자베트 크리스티네는 공개적으로 남편을 비판했고 이것은 양인 간의 사이를 더욱 악화시키는 계기가 되었다.

점이 제시되었는데 그러한 주장을 펼친 대표적인 역사학자는 루(Jürgen Luh)였다. 그런데 대왕이란 명칭을 프리드리히 2세와 연계시킨 최초의 인물은 볼테르였다. 이 인물은 1742년 여름 자신과 교류하던 프리드리히 2세를 '르 그란데(le Grande)'라 지칭했고 이것에 대해 프리드리히 2세 역시 동의하는 자세를 보였다. 프리드리히 2세는 1749년부터 대제 또는 대왕이라는 칭호를 사용하는 데 주저하지 않았다.

호엔프리데베르크 전투와 조르 전투에 앞서 오스트리아, 영국, 네덜란드, 그리고 하노버 연합군은 1745년 5월 11일 오스트리아령 네덜란드의 퐁트누아(Fontenoy)에서 루이 15세가 지휘하던 프랑스군에게 대패했다. 오스트리아 왕위계승 전쟁 기간 중 가장 많은 병력이 참여하고 가장 많은 사상자가 발생한 퐁트누아 전투에서의 승리로 오스트리아령 네덜란드의 여러 도시 및 요새들, 즉 헨트(Ghent), 브뤼헤(Bruges), 투르네(Tournai), 니외포르(Nieuport), 덴더몬데(Dendermonde), 아트(Ath), 그리고 오스탕드(Ostend)가 차례로 프랑스군의 점령하에 놓이게 되었다. 또한 이탈리아에서의 패전 소식도 빈에 도착했는데 그러한 패배로 오스트리아는 파르마와 밀라노를 잃게 되었다. 거의 같은 시점 오스트리아군은 알바너베르겐(Albanerbergen)에서 펼쳐진 전투에서 나폴리군으로부터 일격도 당했다.

이러한 위기 상황에서 오스트리아를 지원하던 조지 2세의 영국군마저 1745년 8월 스코틀랜드에서 가톨릭 왕위계승자로 자처하던 에드워드 찰스 스튜어트(Edward Charles Stuart)가 일으킨 반란, 즉 제2차 자코바이트 난을 진압하기 위해 영국으로 철수했다. 제임스 2세의 손자인 에드워드 찰스 스튜어트의 반군은 1745년 9월 21일과 다음 해 1월 17일에 펼쳐진 프레스톤팬즈(Prestonpans)와 폴커크(Falkirk) 전투에서 영국 정부군을 격파했다. 이후 에드워드 찰스 스튜어트의 반군이 영국의 북부지역을 공략함에 따라 조지 2세의 아들인 컴벌랜드(Cumberland) 공작 윌리엄 아우구스투스(William Augustus)의 영국 정부군은 찰스 스튜어트의 반군과 전투를 펼쳤다. 1746년 4월 16일 에드워드 찰스 스튜어트의 반군은 컬로든(Culloden)에서 전개된 전투에서 완패했는데 이것은 식량 및 무기를 제대로 공급받지 못한 반군세력이 크게 약화한 데서 비롯되었다. 그런데 에드워드 찰스 스튜어트의 반란 시도는 프랑스의 지원이 있었기 때문에 가능했다. 당시 프랑스는 영국이 유럽 대륙 문제보다 내정에 관심을 가져야만 오스트리아 왕위계승 전쟁에서 자국의 이익을 실현할 수 있다고 판단했다.[70]

국내에서 발생한 반란을 진압한 이후부터 영국은 마리아 테레지아에게 프리드리히 2세와 평화협상 체결을 촉구했는데 그것은 프리드리히 2세가 어느 정도의 양보를 제시한 데서 비롯

---

70 이에 앞서 조지 2세는 1745년 8월 26일 하노버에서 프리드리히 2세와 비밀회동을 가졌고 거기서 양국은 현재의 영토 점유상태를 인정한다는 데 합의했다. 또한 조지 2세는 오스트리아와 작센이 프로이센과 평화협상을 하게끔 적극적으로 권유하고 프리드리히 2세 역시 마리아 테레지아의 남편이 신성로마제국의 황제로 등극하는 데 동의한다고 했다.

된 것 같다.[71] 실제로 프리드리히 2세는 오스트리아가 슐레지엔 지방을 포기하면 프란츠 슈테판이 신성로마제국 황제로 등극하는 것에 대해 전혀 이의를 제기하지 않겠다는 견해를 밝혔다. 이후부터 오스트리아와 프로이센 사이에 평화협상이 시작되었다. 그리고 거의 같은 시점에 신성로마제국 황제 선출이 거론되었고 그것의 준비 및 실행을 위해 마인츠 대주교 오슈타인(Friedrich Karl v. Ostein)이 황제선출권을 가진 선제후들을 프랑크푸르트로 초청했다. 그런데 그는 합스부르크 가문과 긴밀한 관계를 유지하고 있었다.

1745년 9월 13일 프랑크푸르트에서 실시된 신성로마제국 황제선거에서 마리아 테레지아의 남편 프란츠 슈테판은 아홉 명의 선제후 중에서 선거에 참석한 일곱 명의 선제후, 즉 마인츠 대주교 오슈타인, 쾰른 대주교 클레멘스 아우구스트 1세(Clemens August I), 트리어 대주교 쉰보른-부흐하임(Schönborn-Buchheim), 보헤미아 국왕 마리아 테레지아, 작센 선제후 프리드리히 아우구스트 2세, 바이에른 선제후 막시밀리안 3세, 하노버 선제후 게오르크 2세(Georg II)의 지지를 받아 합스부르크-로트링엔 가문의 첫 황제로 등장했다.

그런데 팔츠 선제후 카를 테오도르(Karl Theodor)와 브란덴부르크 선제후 프리드리히 2세는 프란츠 슈테판이 신성로마제국

---

71 아울러 영국은 슐레지엔을 차지한 프로이센이 유럽 대륙에서의 '힘의 균형 정책' 유지에 이바지할 수 있다는 판단도 했다.

의 황제로 선출되는 것에 대해 동의하지 않았다.[72] 따라서 이들은 선거가 실시되기 전에 프랑크푸르트를 떠났는데 이것은 당시 운용되던 "반수 이상의 지지로 황제를 선출한다"라는 것에 동의할 수 없다는 반발에서 나온 것 같다.

당시 프랑스는 토스카나 대공국의 위정자인 프란츠 슈테판이 외국인이기 때문에 신성로마제국 황제가 될 자격이 없다는 주장을 펼치면서 작센 선제후인 프리드리히 아우구스트 2세를 프란츠 슈테판의 반대 후보로 제시했다. 또한 프랑스는 프란츠 슈테판이 선출되면 향후 합스부르크-로트링엔 가문의 여자들도 황제직을 승계받을 것이라는 주장도 펼쳤다. 그러나 대다수 선제후는 프랑스의 입장과 반대 후보에 대해 관심을 보이지 않았다. 이러한 그들의 무관심한 태도는 프란츠 슈테판을 대체할 적합한 인물이 없다는 것과 비텔스바흐 가문의 인물이 황제가 된 후 전개된 혼란한 상황을 직시한 데서 비롯된 것 같다. 이제 이들은 신성로마제국 황제를 배출하는 가문의 위상 및 능력도

---

72 하노버 대공 게오르크 2세는 영국 국왕 조지 2세를 지칭한다. 그리고 브란덴부르크 선제후 자격으로 신성로마제국 황제 선출에 참여한 프리드리히 2세는 원칙적으로 프란츠 슈테판이 황제로 선출되는 것에 대해 반대하지 않았다. 그런데도 그는 이러한 황제선출에 대해 불편한 심기를 감추지 않았다. 그가 서술한 『내 시대의 역사(*Histoire de mon temps: Geschichte meiner Zeit*)』에서 "마리아 테레지아의 완강함은 때때로 완고함에서 변질하곤 한다. 그녀는 마치 타인으로부터 어떤 것을 강제로 빼앗아가는 것처럼 황제의 위엄을 다시 그녀의 가문, 즉 합스부르크 가문으로 가져갔다. 그리고 그녀는 자신에게 반기를 든 대공들이 자신의 존엄을 강하게 훼손한 것과 마찬가지로 카를 7세를 선출한 선제후들에 대해서도 강한 반감을 품은 것 같다"라고 했다.

반드시 고려해야 한다는 것도 알게 되었다.[73]

1745년은 순혈 합스부르크 가문의 마지막 황제인 카를 6세가 사망한 후, 거의 5년의 공백기를 거친 후, 로트링엔 가문과 결합한 합스부르크 가문이 다시 신성로마제국의 정상 위치를 회복한 해였다. 이제 프란츠 슈테판은 신성로마제국의 프란츠 1세(Franz I: 1745-1765)로 선출되었고 남편을 황제로 등극시키겠다는 마리아 테레지아의 꿈도 실현되었다. 1745년 10월 4일 프랑크푸르트에 있는 성 바르톨로메우(St. Bartholomäu) 대성당에서 거행되는 프란츠 슈테판의 황제대관식에 참석하기 위해 오스트리아 국경을 넘는 마리아 테레지아의 장거리 여행은 개선행렬과 같았다.[74] 그녀는 전쟁 수행에서 비롯된 국가재정의 어려움에도 불구하고 440명의 수행원을 위해 막대한 비용을 기꺼이 냈고 바로크풍의 호화로움을 통해 합스부르크 가문의 위상도 대외적으로 과시하려고 했다. 파사우, 레겐스부르크(Regensburg), 뉘른베르크(Nürnberg), 뷔르츠부르크(Würzburg), 그리고 아샤펜부르크를 거쳐 프랑크푸르트에 도착한 마리아 테레지아는 일곱 명의 자녀와 약 3주 동안 이 도시에 머물렀다.

이 시기 독일권의 많은 정치가는 그녀가 신성로마제국의 실

---

73 프리드리히 2세는 드레스덴조약에서 프란츠 슈테판을 신성로마제국 황제로 인정했다.

74 바르톨로메우 대성당은 막시밀리안 2세(Maximilian II: 1564-1576)의 대관식 이후 역대 신성로마제국 황제대관식이 거행된 대성당이라 하여 '카이저 돔(Kaiserdom)'이라는 명칭이 부여되었다.

제 황제라는 것도 파악했다. 이러한 인식이 프랑크푸르트에서 크게 확산했음에도 불구하고 당시 대관식을 주관하던 의전 책임자는 황제대관식에 이어 펼쳐진 황제즉위 축연에 참석하려던 마리아 테레지아를 관례에 따라 저지했다. 이에 따라 그녀는 관람석에서 남편의 축연을 지켜봐야 하는 불편한 상황도 감내해야만 했다.[75]

아헨 평화조약

영국의 주선으로 1745년 12월 25일, 즉 성탄절에 체결된 드레스덴(Dresden)조약을 통해 마리아 테레지아는 자신의 남편이 신성로마제국 황제로 선출된 것에 대한 추인을 프리드리히 2세로부터 받아냈을 뿐만 아니라 향후 신성로마제국 황제 선출 시 오스트리아의 위정자가 보헤미아 왕국의 투표권을 행사하는 것도 인정받았다. 또한 조약에서는 프로이센의 슐레지엔 및 글라츠 점유를 오스트리아가 인정한다는 것도 명시되었다. 이것은 제1차 오스트리아 왕위계승 전쟁을 종식시킨 양대 평화조약이었던 브레슬라우 예비평화조약과 베를린 평화조약에서 합의한 내용

---

75 마리아 테레지아 역시 자신이 신성로마제국 황녀로 지칭되는 것에 이의를 제기하지 않았다. 그렇지만 마리아 테레지아는 남편의 신성로마제국 황제 등극으로 남편의 간섭 없이 합스부르크 가문의 상속지역을 통치할 수 있게 되었다. 이에 반해 프란츠 슈테판은 환상의 제국과 이탈리아의 한 지방을 다스리는 것으로 만족해야만 했다.

을 재확인한 것이라 하겠다. 프리드리히 2세는 브레슬라우 예비평화조약 체결을 통해 16세기 이후부터 유럽 대륙에서 견지된 영국, 프랑스, 그리고 민족적 색채가 없는 오스트리아의 이익보장이라는 구도가 붕괴했다는 확신도 하게 되었다. 실제로 당시 유럽 대륙의 질서체제를 주도하던 영국, 프랑스, 그리고 오스트리아는 독일권의 무력화에 동의하는 자세를 보였고 그것의 실천에 대해서도 적극성을 보였다. 프리드리히 2세는 브레슬라우 예비평화회담이 체결된 이후 "이제 독일권은 참된 미래를 향한 획기적인 첫걸음을 내딛게 되었다. 프로이센 주도로 시작된 이러한 시도에서 외부적 영향을 받던 많은 독일인은 이제 독자성을 찾게 되었을 뿐만 아니라 중부 독일에서 힘의 장(Kraftfeld)도 구축하게 되었다"라는 의미심장한 언급도 했다.

드레스덴 평화조약에서는 작센과 프로이센 사이의 이해관계도 정리되었다. 즉 평화조약에서 작센은 1746년 부활절까지 프로이센에 100만 탈러를 전쟁보상금으로 지급한다는 약속을 했다. 이에 대한 반대급부로 프로이센은 드레스덴과 작센 지방에서 자국군을 철수하겠다는 견해를 밝혔다. 또한 작센은 슐레지엔에 대한 영유권 일체를 포기하며, 프로이센에 오데르강 세관이 포함된 퓌르스텐베르크(Fürstenberg)와 쉴도(Schildow)를 양도하고, 자국 내 신교도들에게 베스트팔렌 평화조약(1648)에서 합의한 종교적 관용도 약속했다. 드레스덴 평화조약이 체결된 이후 프리드리히 2세는 향후 유럽에서 어떠한 일이 발생한다고 하더라도 중립을 지키겠다는 견해를 밝히면서 "향후 나 자신을 위한 방어가 아니라면 고양이도 공격하지 않을 것이며, 오스트리아의 카를 알렉산더 대공이 파리 근교까지 진출하더라도 그것에 대해 전혀 관여하지 않을 것이다"라는 언급도 했다. 프리드리히는 지난 16개월 동안 8,000,000탈러를 전비로 사용했기 때문에 그가 앞으로 사용할 수 있는 금액은 15,000탈러에 불과했다. 따라서 그는 작센으로부터 적지 않은 금액의 전쟁보상금도 받아내려고 했다.

1746년 2월 초부터 모리츠가 지휘하는 프랑스군은 오스트리아령 네덜란드 수도인 브뤼셀을 3주에 걸쳐 포위했다. 이에 카를 알렉산더 대공이 이끄는 국사조칙군, 즉 오스트리아-영국-하노버-네덜란드 동맹군은 마스(Maas)강 서안에서 전열을 정비했다. 동맹군의 왼쪽 날개를 담당한 네덜란드군은 리에주에 포진했고, 영국-하노버 연합군은 중앙군을, 오른쪽 날개는 오스트리아군이 맡았다. 모리스는 압도적으로 우세한 전력을 동원하여 왼쪽 날개의 네덜란드군을 공격했다. 네덜란드군은 격렬히 저항했지만, 중앙군을 형성한 영국-하노버 연합군의 후미로 후퇴하지 않을 수 없었다. 영국 기병대 및 2개 보병대대는 마스강을 건너 후퇴하는 동맹군을 엄호하는 과정에서 큰 손실을 보았다. 동맹군은 5,000명의 사상자를 기록했고, 전투에 승리한 프랑스군의 사상자 수는 10,000명에 달했다고 한다. 1746년 10월 11일에 펼쳐진 루쿠 전투는 프랑스군과 국사조칙군 사이에 펼쳐진 전투 중 가장 치열한 전투였으며, 이 전투 후 프랑스군은 리에주를 점령했다. 겨울철이 다가왔기 때문에, 1746년의 전투는 루쿠 전투와 더불어 모두 끝이 났고, 프랑스는 오스트리아령 네덜란드와 룩셈부르크를 차지하게 되었다.[76] 마리아 테레지아는 이러한 상황에 효율적으로 대응하지 못했는데 그것은 여덟 번째의 출산을 앞두었기 때문이다. 오스트리아령 네덜란드에서와는 달리 북이탈리아 전투에서 오스트리아-사르데냐 동맹군은 프랑스-에스파냐 동맹군에 연승을 거두었다. 구아스탈라, 피아첸차 및 로토프레노(Rottofreno)에서 벌어진 전투에서 오스트리아-사르데냐 동맹군은 프랑스-에스파냐 동맹군에 승리하여 롬바르디아와 피에몬테와 사부아를 탈환했다.

당시 독일 내에서 프리드리히의 침략정책에 대해 부정적 시각을 표출하던 신문들이 적지 않았는데, 그 대표적 신문으로는 에를랑겐(Erlangen)에서 간행되던 『가제트 에를랑겐(*Gazette d'Erlangen*)』을 들 수 있다. 프리드리히 2세는 1746년 4월 16일 자신의 누이인 빌헬미네에게 서신을 보냈는데 "에를랑겐의 뻔뻔스럽고 무례한 젊은 놈이 일주일에 두 번씩 나를 아주 무자비하게 비방한다"라며 지적하고 그녀에게 『가제트 에를랑겐』의 편집인이었던 그로스(Johann Gottfried Gross)를 즉각 에를랑겐에서

---

76 프랑스 이름은 모리스 드 삭스(Maurice, comte de Saxe)였던 그는 에스파냐 왕위계승 전쟁과 제6차 오스만튀르크 전쟁에서 오스트리아를 위해 프랑스 및 오스만튀르크를 상대로 전투를 펼쳤다. 1720년 그는 프랑스군으로 이적하여 폴란드 왕위계승 전쟁과 오스트리아 왕위계승 전쟁 때는 오스트리아군과 전투를 펼쳤고 당시 그의 신분은 프랑스군 대원수였다. 모리츠 폰 작센은 브뤼셀, 메헬렌(Mechelen: Malines), 안트베르펜(Antwerpen: Anvers), 샤를루아(Charleroi) 및 몽스(Mons)를 연달아 점령한 후, 로쿠스(Roucoux)마저 위협했다. 1746년 말 프랑스는 오스트리아령 네덜란드와 룩셈부르크(Luxemburg)의 거의 전 지역을 점령했다.

추방할 것도 요구했다. 이러한 동생의 요청을 받은 빌헬미네는 그로스에게 자유 제국도시인 뉘른베르크로 떠날 것을 명령했지만 이것은 한시적인 추방에 불과했다. 왜냐하면 이 인물은 얼마 안 되어 다시 에를랑겐으로 돌아올 수 있었기 때문이다.

1747년에 접어들면서 오스트리아령 네덜란드를 점령한 프랑스가 네덜란드에 대한 공격도 개시했다. 1747년 7월 2일 모리츠가 이끄는 프랑스군은 라우펠트(Laufeldt)에서 오스트리아-영국-네덜란드의 연합군을 격파했다. 이어 프랑스군은 베르헌 옵좀(Bergen op Zoom)과 네덜란드-플랑드르를 3주에 걸쳐 포위했고 결국 이 지역들은 프랑스에 점령당했다. 이에 앞서 오스트리아-사르데냐 동맹군은 1747년 1월 군량 부족으로 프로방스에서 철수해야만 했다. 이후 이들은 제노바 공략에 집중했지만, 벨릴 원수가 이끄는 프랑스군의 공격으로 롬바르디아 지방으로 후퇴했다. 이에 벨릴 원수는 물러나는 오스트리아-사르데냐 동맹군을 추격하다가 니스(Nice)에서 겨울 숙영을 했다. 같은 해 11월 30일 오스트리아는 러시아와도 동맹체제를 결성했는데 거기서는 러시아가 오스트리아를 위해 다음 해인 1748년 37,000명의 병력을 라인 지방으로 파견하겠다는 것이 명시되었다.

1748년 프랑스군은 라인강 하류의 왼편 지류인 마스 강변에 있는 마스트리히트(Maastricht)를 포위했지만, 영국군, 하노버군, 네덜란드군, 그리고 오스트리아군은 아무런 대응도 하지 않았다. 이는 러시아군이 마스트리히트에 도착한 후 공동으로 모리츠의 프랑스군에게 대응하겠다는 전략에서 비롯되었다. 그러나 5월 7일 프랑스는 마스트리흐트를 함락했고 이후 휴전조약이 프랑스와 오스트리아 및 그 동맹국들 사이에서 체결되었다.

아헨(Aachen) 평화조약이 조인되기 전인 1748년 4월 30일 아헨 예비평화조약도 체결되었는데 이것은 영국 및 네덜란드가 오스트리아를 배제시킨 채 일방적으로 프랑스와 체결한 잠정조약이었다. 당시 오스트리아 대표로 아헨 예비평화협상에 참석한 카우니츠-리트베르크(Kaunitz-Rietberg)의 강한 반발에도 불구하고 아헨 예비평화조약은 오스트리아 왕위계승 전쟁의 당사국이며 피해국이었던 오스트리아의 의견을 무시한 채 체결되었고 오스트리아 역시 동년 5월 25일 이 잠정평화조약에 서명해야만 했다.

모두 22개 항목으로 구성된 아헨 예비평화조약에서는 "① 오스트리아는 프랑스가 점령한 오스트리아령 네덜란드, 즉 남부 네덜란드를 회복한다.[77] 그러나 오스트리아는 에스파냐 계통의 부르봉 왕조에 파르마 대공국, 피아첸차 대공국, 그리고 구아스탈라(Guastalla) 대공국을 이양한다. 아울러 밀라노 공국의 일부도 동맹국인 사르데냐 왕국에 할애한다. ② 오스트리아는 밀라노와 만토바(Mantova)를 계속 소유한다.[78] ③ 영국 국왕 조지 2세

---

[77] 조약에서 명시된 이 항목, 즉 프랑스군이 거의 점령한 오스트리아령 네덜란드를 오스트리아에 즉시 반환한 것은 전적으로 평화회담에 참여한 프랑스 외교가들의 무능함과 실수에서 비롯되었다는 평가가 프랑스에서 지속적으로 제기되었다. 그러니 당시 루이 15세는 남부 네덜란드의 몇몇 요새화된 도시를 차지하는 것보다 루이스부르를 되찾는 것이 프랑스 국익에 훨씬 유리하다고 판단했다.

[78] 아헨 평화조약의 참여국들은 에스파냐의 펠리페 5세와 이사벨 디 파르네

는 하노버 공국의 계승권을 보장받는다.[79] ④ 드레스덴조약에서 언급한 프로이센의 슐레지엔 지방점유를 재확인한다. 그리고 프로이센은 보헤미아 지방의 글라츠 백작령에 대한 영유권도 인정받는다. ⑤ 영국과 프랑스는 점령지역을 상호 반환한다. 프랑스는 인도의 마드라스(Madras)를 영국에 반환하고, 영국은 캐나다 케이프브레턴(Cape Breton)섬에 소재한 프랑스의 요새 도시 루이스부르(Louisbourg)를 프랑스에 넘겨준다.[80] 또한 영국은 1738년 영국-에스파냐 전쟁 발발 이전에 누렸던 에스파냐령 서인도제도에서의 무역 특권을 다시 인정받는다. ⑥ 프로이센은 국사조칙을 인정한다" 등이 언급되었다. 이러한 내용을 담은 임시평화조약은 같은 해 10월 18일 아헨에서 정식 평화조약으로 체결되었고 이후 빈에서 개최된 정상회담에서 최종적으로 재가되었다.[81]

시오의 차남인 돈 펠리페를 위해 파르마 대공국, 피아첸차 대공국, 그리고 구아스탈라 대공국의 일부를 합쳐 새로운 대공국 출범에 동의했다.

79 이것은 그동안 부정되었던 영국과 하노버 공국과의 관계를 프랑스가 인정한 것으로 볼 수 있다.

80 오늘날의 캐나다 노바스코샤(Nova Scotia)주 케이프브레턴섬에 위치한 루이스부르 요새는 프랑스령 아메리카에서 전략적으로 가장 중요한 요충지였다. 대서양과 세인트 로렌스(Saint Lawrence)강이 만나는 지점에 있는 이 요새를 빼앗긴다면 프랑스에서 출발한 선박이 대서양을 횡단한 후 강을 따라 퀘벡(Quebec)에 이르는 경로 역시 잠재적 위험에 놓이게 되리라는 것을 파리 정부는 인지하고 있었다. 타밀 나두주(Tamil Nadu)에 있는 마드라스는 첸나이(Chennai)로 개명되었다.

81 오스트리아와 프로이센 양국이 국가부도(Staatsbankrotte) 위기를 맞이할 정도로 경제적 상황이 급격히 나빠진 것 역시 평화협상 체결의 요인으로 작용했다.

아헨에서 체결된 평화조약으로 독일 내부는 물론 중부 유럽에서도 큰 변화가 있었다. 그동안 유럽 중부에서 주도적 역할을 담당했던 오스트리아와 더불어 프로테스탄트에 기반을 둔 프로이센이 등장하게 되었다. 이후부터 독일의 신교지역은 강력한 프로테스탄트 국가를 가졌기 때문에 30년 종교전쟁과는 달리 자체적으로 문제해결도 가능하게 되었다.

3 제3차 오스트리아 왕위계승 전쟁: '7년 전쟁'

오스트리아-프랑스 동맹체제

아헨 평화회담에서 오스트리아의 수석대표로 활동한 카우니츠-리트베르크는 제2차 오스트리아 왕위계승 전쟁이 끝난 직후부터 프랑스와의 관계 개선을 적극적으로 언급하기 시작했다.[82] 이 인물은 1711년 2월 빈에서 태어났는데 그의 부친은 막시밀리안 울리히 폰 카우니츠-리트베르크(Maximillian Ulrich v. Kaunitz-Rietberg)였다. 1731년 2월부터 다음 해 7월까지 카우니츠-리트베르크는 당시 독일권에서 명성을 날리던 라이프치히

---

[82] 당시 그는 건강상의 문제점을 가지고 있었다. 그는 온갖 세균이 득실득실한 승강기를 기피했고 야외활동을 할 때도 항상 손수건으로 얼굴을 가렸는데 이것은 감기에 걸릴 수 있다는 우려에서 비롯된 것 같다. 그리고 그는 답답한 실내 공기를 싫어했기 때문에 창문을 활짝 열어놓고 공기 순환을 좋아했던 마리아 테레지아와는 달리 그녀가 열어둔 창문을 굳게 닫는 경우가 많았다.

(Leipzig) 대학에서 수학했다. 이때 그는 법학, 역사, 독일어 문법, 논리학, 고전학, 라틴어, 그리고 음악을 배웠다. 대학을 졸업한 후 카우니츠-리트베르크는 1734년부터 빈 정부에서 관리로 활동하기 시작했고 1736년 4월 22일에는 마리아 에르네스티네 슈타르헴베르크(Maria Ernestine Starhemberg)와 결혼했다.

마리아 테레지아가 등극한 이후부터 그에 대한 그녀의 깊은 신뢰 때문에 카우니츠-리트베르크는 1741년부터 고속 승진을 하게 되었다. 다음 해인 1742년 카우니츠-리트베르크는 토리노(Torino) 영사로 임명되었고 2년 후에는 오스트리아령 네덜란드의 전권위임자로 승진했다. 이후 카우니츠-리트베르크는 오스트리아령 네덜란드 일반 총독직을 1746년 2월까지 수행하기도 했다.

빈으로 돌아온 카우니츠-리트베르크는 마리아 테레지아와의 관계에 대해 신경을 썼다. 이후 그는 지적이고 미래 예견적이고 조심스러운 성품으로 인해 마리아 테레지아의 절대적 신임을 받게 되었고 1748년 이후부터 오스트리아 외교정책의 근간을 제시하는 핵심적 임무를 수행했고 그것의 이행에도 주도적인 역할을 담당했다.

1749년 3월 24일에 개최된 비밀궁정 회의(Geheime Konferenz)에서 카우니츠-리트베르크는 우선 슐레지엔 지방 상실에 분노를 느낀다는 견해를 밝히면서 프리드리히 2세가 앞으로도 오스트리아에 위협을 가하는 가장 위험한 인물이라고 말했다. 이어 그는 프리드리히 2세의 향후 행보에 대해서도 언급했는데 그에 따르면 프로이센은 슐레지엔 지방을 계속 차지하기 위해 오스트리아의 약화에 필요한 제 정책을 강력히 지향할 것이고 거기서 다시 전쟁이 발발할 수밖에 없다는 것이었다. 따라서 그는 빈 정부가 앞으로 어떠한 방법을 통해 프로이센과의 대립에서 우위를 확보할 수 있는지와 슐레지엔을 회복할 방법에 대해서도 구체적으로 거론했다. 여기서 그는 프랑스와의 협상 및 타협을 통해 그러한 것들이 가능하다는 관점도 피력했다. 카우니츠-리트베르크의 이러한 언급은 이전의 비밀궁정 회의에서 마리아 테레지아가 회의 참석자들에게 향후 오스트리아의 현실 외교정책에 대해 나름의 관점을 요약한 후 문서로 제출할 것을 요구한 데서 비롯되었다.[83]

---

83 전쟁 중 마리아 테레지아는 계몽주의적 통치체제 도입에 관심을 표명했다. 특히 그녀는 조세개혁에 대해 매우 깊은 관심을 표명했는데 이것은 프로이센에 대항할 수 있는 강력한 군대양성의 필요성에서 비롯된 것 같다. 비록 여성 처지에서 군사 문제는 매우 낯선 분야였지만 그녀는 기본적이고 건전한 상식에 따라 패전 원인을 찾고자 했다. 기독교 세계의 가장 동쪽에 있는 오스트리아는 헝가리와 오스만튀르크 등 이민족과 이교도들의 침략을 받을 경우, 귀족들과 영방 군주들이 용병을 모집하거나 군대를 구성하여 적군에게 대항했다. 그런데 이들은 영주들의 군대였기 때문에 군복, 총포, 도검, 그리고 지휘 방법이 각기 달랐다. 헝가리에서 온 부대, 이탈리아에서 온 연대, 그리고 보헤미아 출신의 군인들은 말도 서로 달랐고 실제 전투지에서는 아군과 적군의 식별 역시 어려웠다. 이에 반해 군인 왕이라 지칭되던 프리드리히 빌헬름 1세 때부터 고강도 군사훈련을 받아오던 프로이센군은 오합지졸의 오스트리아군을 쉽게 격파할 수 있는 능력도 갖추고 있었다. 이러한 상황에서 마리아 테레지아는 군제개혁을 통해 오스트리아군이 강력해져야 한다고 판단했고, 그러한 과제를 다운 백작에게 위임했다. 1705년 빈에서 오스트리아 원수의 아들로 태어난 다운 백작은 성직자의 길을 포기하고 군인이 된 후 에스파냐 왕위계승 전쟁 때 프랑스에 대항하여 시칠리아, 이탈리아, 라인 지방에서 싸웠고 1739년에 펼쳐진 오스만튀르크와의 전투에서 용맹을 펼치기도 했다.

당시 카우니츠-리트베르크는 오랫동안 동맹국이었던 영국을 오스트리아의 절대적 우방국으로 간주하지 않았는데 그것은 영국이 오스트리아가 너무 강해지거나 약화하는 것을 원하지 않고 있다는 사실에서 비롯되었다. 실제로 영국 정부는 오스트리아와 프로이센의 지속적 대립이 오히려 유럽의 세력균형에 좋다고 판단하고 있었다. 또한 카우니츠-리트베르크는 영국의 재해권에서 나오는 지정학적 이익과 오스트리아의 대륙 지배권에서 비롯되는 이익이 상호 간 너무 성질이 다르므로 영국과의 동맹 유지 역시 별 실효가 없다고 했다.

그런데 비밀궁정 회의에 참석한 프란츠 1세는 카우니츠-리트베르크가 제시한 프랑스와의 접근정책에 대해 부정적 태도를 표방했는데 그것은 자신의 모국인 로트링엔 대공국을 프랑스가 강제로 빼앗았기 때문에 이 국가가 오스트리아의 주적이라는 관점에서 비롯되었다. 이 자리에서 프란츠 1세는 러시아와의 협력 강화를 통해 프로이센을 억제하고 가능하다면 프리드리히

이어 오스트리아 왕위계승 전쟁에 참여하여 큰 성과를 거두기도 했다. 다운 장군은 마리아 테레지아의 기대에 어긋남이 없이 군 전반에 대한 개혁 및 개편을 시행했다. 이전의 각 주 단위의 징집과 군량 공출, 영주 자의에 따르는 연대제를 폐지하는 대신 각 영주의 병력을 통합하여 전국적 규모의 오스트리아군을 발족시켰는데 그 수는 108,000명이었다. 여기서 마리아 테레지아는 강력한 군대를 유지하기 위해서는 추가적인 징세가 필요하다는 것을 인지했고 그것에 따라 일반조세 제도도 도입했다. 징세 과정에서 귀족계층과 가톨릭교회의 교회령 및 성직자들은 더는 예외 대상이 아니었다. 일반 조세제도의 도입에 따라 귀족과 성직자 계층은 그들 수입의 18.75%를 세금으로 내야만 했다. 이에 대한 반대급부로 국가는 징집, 군대 무장 및 유지비를 부담하기로 했다. 이러한 세금부과는 경제적으로 활성화된 오스트리아와 보헤미아 지방에서 집중적으로 이루어졌다.

2세와의 타협을 모색하는 것이 오스트리아 국익에 유리하다는 견해도 제시했다. 마리아 테레지아는 남편의 이러한 주장에 대해 어떠한 반론도 제기하지 않았다. 그러나 그녀는 카우니츠-리트베르크의 주장에 따라 프랑스와의 협력을 모색하려고 했고 그것을 가시화하기 위해 1749년 여름 그를 파리 주재 오스트리아 대사로 파견하여 프랑스와 동맹체제 구축을 본격적으로 논의하게 했다.

이후부터 카우니츠-리트베르크는 파리 주재 오스트리아 대사직을 수행하면서 프랑스와의 접근정책을 모색했지만, 구체적인 성과를 거두지는 못했다. 그런데도 마리아 테레지아는 그를 신임했기 때문에 이미 1751년에 국가 수상(Staatskanzler)으로 임명하려고 했다. 이에 카우니츠-리트베르크는 건강상의 이유로 바로 직무수행이 어렵지만 가까운 시일 내에 국가 수상으로 활동하겠다고 약속했다.[84] 자신의 과제를 실천하기 위해 카우니츠-리트베르크는 프랑스의 내부적 상황을 더 자세히 살펴보았고 거기서 그는 퐁파두르(Madame de Pompadour) 부인을 효율적으로 활용하기로 했다.

당시 루이 15세는 애첩인 퐁파두르 후작 부인에 의해 좌우되고 있었다.[85] 실제로 퐁파두르 후작 부인은 루이 15세의 애첩

---

84 그는 1753년부터 국가 수상으로 활동했다.

85 루이 14세(Louis XIV)의 증손자였던 루이 15세는 1715년 9월 1일 프랑스 국왕으로 등극했는데 당시 그의 나이는 5살에 불과했다. 생존 시 루이 14세는 자신의 후계자에 대한 섭정 필요성을 인지했기 때문에 자신의 조카인 오를레앙

중에서 가장 유명하고, 또 가장 영예로운 여인이었다. 잔느-앙투아네트 푸아송(Jeanne Antoinette Poisson), 즉 미래의 퐁파두르 후작 부인은 1721년 12월 29일 유복한 파리 금융가의 딸로 태어났다. 동시대인들은 꽃잎처럼 작은 입술과 발랄한 생기로 가득 찬 달걀형의 갸름한 그녀를 절세미인이라 칭송했다. 그녀는 19세 때 스승의 조카였던 데투왈(C. G. Le Normant d'Étiolles)과 결혼한 이후부터 파리 상류 사교계에 출입하기 시작했다.

루이 15세가 그녀를 처음 만난 것은 왕세자 결혼을 축하하는 왕실의 화려한 가면무도회였다. 군계일학처럼 단아한 용모의 그녀를 주목한 국왕은, 그녀를 베르사유 궁전에 머무르게끔 했다. 루이 15세는 1745년 9월 14일 그녀에게 후작 부인(Marquise)이란 칭호를 내렸고 또 그녀의 남편과도 법적으로 별거시켰다. 아름답고 지적이며 교양과 품위가 넘쳐흐르고, 또 국왕에게는 진실한 애정을 바쳤던 그녀였지만, 신민들의 눈에 비친 그녀는 치명적인 결함을 가지고 있었다. 그것은 그녀가 귀족 출신이 아닌 평민 출신이었다는 점이다. 아울러 신민들은 평민 출신의 여성이 정치에 관여하는 것 자체 역시 인정하지 않으려고 했다. 실제로 퐁파두르 후작 부인을 제외한 루이 15세의 애첩들 모두는

(Orleans) 공작 필리프(Philippe)에게 섭정직을 맡겼다. 그리고 필리프 공작의 전횡을 막기 위해 자신의 준적자인 툴루즈(Toulouse) 백작과 맨(Maine) 공작이 주도하는 섭정참사회(Conseil de régence)도 설치했다. 그러나 루이 15세의 등극 다음 날인 9월 2일 필리프 공작은 파리고등법원을 동원하여 선왕의 유언을 파기하고 전권을 부여받았다.

상류 귀족 출신들이었으며, 정부에 영향력을 끼친 적도 거의 없었다. 곧 신민들은 밉살스러운 퐁파두르 후작 부인에게 '생선 스튜(poissonades)'라는 고약한 별명을 붙여주었는데 이것은 퐁파두르 후작 부인의 성이 공교롭게도 프랑스어로 '생선'을 뜻하는 '푸아송(poisson)'인 데서 비롯된 것 같다.

프랑스 신민들은 극도의 거만으로 베르사유 궁전에서 잘난 척하며 겁이나 두려움도 전혀 없이 그들의 생활고 역시 전혀 안중에 없던 거머리의 딸, 아니 거머리 그 자체인 퐁파두르 부인을 푸아송이라고 비하했다. 이러한 혹평에도 불구하고 퐁파두르 후작 부인은 루이 15세 시기 예술을 활성화하는 데 크게 이바지했을 뿐만 아니라 계몽주의 사상을 확산시키는 데 적지 않은 역할도 담당했다.[86]

프리드리히 2세 역시 파리 사회에서 떠돌던 퐁파두르 후작 부인의 비하적 별명을 들었고 그 역시 이를 사용했다. 즉 그는 멍청이란 뜻도 함유된 "마담 푸아송"이란 명칭과 "형편없는 여인이 왕의 침실을 출입한다"라는 모욕적 언사를 통해 그녀를 자극했고 이것은 프리드리히 2세에 대한 퐁파두르 후작 부인의 강한 적대감을 유발하기도 했다.

---

86 당시 퐁파두르 후작 부인은 귀족 부인들과 마찬가지로 살롱(Salon)을 운영했다. 그런데 이렇게 운영된 살롱은 당대의 사상가나 문학가들이 모이는 지적 향연의 장소였고 나중에 혁명사상을 확산시키는 데 기여한 명망 높은 사상가들이 많이 드나드는 바람에 프랑스혁명의 숨은 후원가로도 불렸다. 심지어 당시 사상이 불순하다며 판매가 금지된 백과전서의 판매까지 가능하게 한 것만 보아도 퐁파두르 후작 부인은 프랑스 대혁명을 앞당기는 데 일조했다고 보아야 할 것이다.

이러한 사실을 파악한 카우니츠-리트베르크는 퐁파두르 부인에게 접근하여 루이 15세의 마음을 움직이려고 했다. 실제로 퐁파두르 부인은 프로이센을 비호하던 대신들 축출에 주도적인 역할을 담당했는데 이것은 그녀에 대한 프리드리히 2세의 모욕적 언사에 대한 반발에서 비롯된 것 같다.[87]

1754년부터 영국은 오스트리아에 네덜란드 보호를 요청했지만 빈 정부는 이에 관해 관심을 보이지 않았는데 그것은 위에서 언급한 카우니츠-리트베르크 친프랑스 정책과 연계된다고 하겠다.

오스트리아의 대프랑스 접근을 예의 주시하던 프리드리히 2세도 이 정책이 결국 프로이센의 고립화를 지향한다는 것을 인지했다. 이에 따라 그는 영국과의 동맹체제를 가능한 한 빨리 구축해야 한다는 필요성도 느끼게 되었다.[88] 얼마 후 프리드리히

---

87 당시 프리드리히 2세는 마리아 테레지아, 퐁파두르 후작 부인, 그리고 엘리자베타 페트로브나에 대해 악의적인 감정을 품었는데 그것은 그가 위의 세 여인을 '유럽의 창녀(Huren Europas)'라 지칭한 데서 확인할 수 있다.

88 이전의 프로이센 위정자처럼 프리드리히 2세 역시 후계자들을 위해 『정치적 유산』을 작성했다. 관례에 따라 프리드리히 2세 역시 선친인 프리드리히 빌헬름 1세의 『정치적 유산』을 읽었고 거기서 유럽 열강들의 야비한 외교정책에 대해 분노하기도 했다.

프리드리히 2세는 자신의 저서에서 프로이센이 슐레지엔 지방을 차지했음에도 불구하고 지금까지 강대국 반열에 오르지 못했음을 지적했다. 따라서 그는 지속적인 영토확장이 필요하다고 했다. 여기서 그는 영토확장 지역으로 폴란드의 일부, 스웨덴이 차지하고 있는 포메른, 그리고 작센 지방을 제시했다. 또한 그는 오스트리아가 계속하여 슐레지엔 지방회복을 모색하고 있다는 것을 언급하면서 그러한 것이 실현되지 않게끔 노력하는 것이 프로이센의 향후 과제라 했다. 이어 그는 러시아가 프로이센의 진정한 적대국이 아니지만, 이 국가가 오스트리아와 동맹체

2세는 빈터펠트(Hans Katl v. Winterfeldt) 장군을 협상전권대사로 임명한 후 런던으로 급파해 1756년 1월 16일 영국 정부와 웨스트민스터(Westminster)협약을 체결하게 했다. 체결된 협약에서는 "첫째, 프리드리히 2세는 하노버 공국을 보호한다. 둘째, 영국 정부는 독일의 현 국경선을 인정한다. 셋째, 영국 정부는 향후 외부세력이 독일 문제에 개입하면 프로이센 정부와 공동으로 대처한다. 넷째, 영국은 러시아에 지급하던 보조금을 철회한다" 등이 명시되었다. 이렇게 프로이센과 오스트리아가 그들의 동맹국을 바꾼 것을 지칭해 "동맹체제의 반전(renversement des alliances)"이라고 한다.[89]

독일의 저명한 역사가인 마이네케(Friedrich Meinecke)는 프리

제를 구축하면 상황은 더욱 심각해질 것이라고도 했다. 그리고 그는 오스트리아, 러시아, 그리고 프랑스가 동맹체제를 구축하면 이 체제는 프로이센을 포위하고 위협할 수 있을 것이라는 분석도 했다. 즉 그는 3국 동맹체제의 결성으로 슐레지엔 지방이 다시 오스트리아로, 포메른은 스웨덴으로, 그리고 동프로이센은 폴란드가 러시아에 강제로 빼앗긴 동쪽 지방에 대한 보상지역으로 폴란드 또는 러시아로 넘어갈 것이라는 판단을 했다. 그리고 프리드리히 2세는 프로이센이 유럽에서 지금의 위상을 지키기 위해서는 현재보다 44,000명이 많은 180,000명의 상비군체제를 유지해야 한다고 했다. 그리고 이렇게 확충된 병력을 유지하기 위해서는 세출을 최대한 줄여 500만 굴덴을 추가로 확보해야 할 것이라고 했다.

1756년 3월부터 프리드리히 2세는 유럽의 여러 국가에 파견한 첩자들을 통해 프랑스와 오스트리아 사이의 동맹체제 구축을 구체화하고 있음을 전달받았고 그것에 대한 대응조치를 본격적으로 강구하기 시작했다. 여기서 그는 오스만튀르크의 지원을 받으려 했을 뿐만 아니라 오스트리아 왕국 내 신교도들에게 팸플릿을 살포하여 그들의 지지도 얻어내고자 했다. 그러나 프로이센 위정자의 이러한 시도들은 아무런 성과도 거두지 못했다.

89 당시 영국 국왕 조지 2세는 웨스트민스터 조약을 통해 그의 모국 하노버 공국을 수호하고, 프랑스 주력군을 유럽 전쟁에 묶어두려 했다.

드리히 2세가 전혀 생각하지 않았던 프랑스와 오스트리아 사이의 동맹체제 구축을 다음과 같이 분석했다. 그의 분석에 따르면 프리드리히 2세는 프랑스와 오스트리아가 물과 기름이기 때문에 동맹체제를 구축할 수 없다는 강한 확신을 했지만 물과 기름을 강하게 흔들 때 일시적으로 섞일 수도 있다는 것을 도외시했다는 것이다. 이것은 프로이센의 강한 압박을 통해 오스트리아와 프랑스가 일시적으로 동맹체제도 구축할 수 있다는 것을 의미한다고 하겠다.

영국이 이렇게 프로이센의 접근에 대해 긍정적 반응을 보인 것은 그들 왕실의 고향인 하노버를 보호해줄 세력이 필요하다는 현실적 판단에서 비롯된 것 같다.[90] 또한 영국은 프로이센이 러시아의 서진정책을 저지할 수 있는 능력도 갖췄음을 확신하고 있었다.

프로이센 역시 영국과 동맹을 체결하면 오스트리아가 프로이센을 상대로 전쟁을 일으키지 못할 것이라고 예견했다. 조약이 체결된 이후 영국은 프리드리히 2세에게 164,000파운드에 달하는 원조를 했고 1758년부터 4년 동안 매년 670,000파운드, 즉 3,350,000탈러도 지원했는데 이 금액은 당시 프로이센 정부가 지출해야 할 전쟁경비의 25%나 되는 거액이었다.

마리아 테레지아는 1756년 5월 13일 이러한 조약체결에 대

---

90 당시 런던 정부는 독일권에서 전투를 펼치기보다 신대륙에서 더 많은 영토와 경제적 이득을 챙기려 했다.

퐁파두르 부인

해 다음과 같이 언급했다. "나는 유럽의 전통적인 외교관계를 도외시한 적이 없다. 그러나 영국은 오스트리아와의 전통적 관계를 포기하고 프로이센과 조약을 체결했다. 이러한 소식을 처음 접했을 때 나는 기절할 뻔했다. 나와 프로이센의 위정자는 서로 맞지 않는다. 이 세상의 어떠한 것도 나와 그를 한 팀으로 만들 수 없을 것이다. 영국이 프로이센과 동맹체제를 구축한 예를 따라 오스트리아가 프랑스와 조약을 체결한다 해도 전혀 놀랄일이 아닐 것이다."

실제로 카우니츠-리트베르크는 1755년 9월 3일부터 프랑스와 더불어 동맹체제 구축을 위한 비밀회담을 시작했다. 비밀회담은 파리에서 개최되었고 여기에 오스트리아 대표로 참석한 슈타르헴베르크(Guido Starhemberg) 공작은 오스트리아가 프랑스와의 동맹체제 구축을 위해 그동안 견지된 영국과의 동맹체제도 파기할 수 있다고 했다. 그런데도 파리 정부 내에서 파비에(Jean-Louis Favier)가 주도하던 반오스트리아 세력의 강한 반발로 비밀협상은 교착상태에 빠졌고 이것에 대해 마리아 테레지아역시 점차 의구심을 가지게 되었다.

그렇지만 영국과 프로이센 사이의 협약체결이 공개됨에 따라 파리 정부, 특히 루이 15세는 오스트리아와의 동맹체제 구축에 적극성을 보이기 시작했다. 이후 양국 사이의 비밀회담은 구체적인 성과를 도출했고 그것에 따라 1756년 5월 1일 오스트리아와 프랑스는 군사방어 동맹도 체결했다. 여기서는 프로이센을 공동의 적으로 규정하고 이 국가의 팽창 역시 공동으로 저지한다는 것이 거론되었다. 또한 양국은 향후 동맹에 참여한 국가 중의 한 국가가 외부로부터 공격을 받으면 나머지 국가는 즉시 24,000명의 병력을 동원한 후 그러한 공격에 적극적으로 대응한다는 것도 명시되었다.[91]

이렇게 프랑스와 군사방어 동맹체제를 구축했음에도 불구하고 오스트리아는 영국과의 동맹체제를 와해시키지 않으려고 했는데 그것은 카우니츠-리트베르크가 영국을 1746년 러시아와 체결한 동맹체제에 가입시키려는 의도에서 비롯되었다.[92] 이 협정에서는 프로이센이 폴란드, 작센, 그리고 오스트리아 중 어느 한 국가를 침입하면 오스트리아는 슐레지엔 지방을 점령하고 그 과정에서 러시아가 군사적 지원을 한다는 것이 명시되었다.

그러나 당시 런던 정부, 특히 외무장관이었던 뉴캐슬(Newcastle) 공작은 오스트리아의 그러한 시도에 대해 부정적이었다. 실제로 영국은 하노버 공국을 보호하기 위해 오스트리아 왕위계승 전쟁에 참여했지만, 오스트리아의 국익 증대를 위해

---

91 당시 파비에는 프랑스와 오스트리아 사이의 동맹체제를 지극히 '비자연적인 동맹체제'라 정의했다. 동맹체제가 체결된 이후에도 이 인물은 프랑스가 오스트리아 및 러시아와 동맹체제를 구축할 때 이것은 프로이센의 위상 약화를 현실화시킬 뿐만 아니라 그동안 프랑스의 최대 적대국이었던 오스트리아가 독일권에서의 주도권도 장악하게 될 것이며 러시아의 서진정책 역시 탄력을 받게 될 것이라는 주장을 펼쳤다. 이후부터 그는 프랑스와 오스트리아 사이의 동맹체제 파기를 강력히 요구했다. 그런데 양국 사이에 군사방어 동맹을 체결할 당시 프랑스와 프로이센 사이에 체결된 님펜부르크조약의 유효기간은 아직 종료되지 않은 상태였다.

92 당시 카우니츠-리트베르크는 영국을 '불성실한 영국(perfidious Albion)'으로 간주했다.

러시아가 관여한 동맹체제의 일원으로 참석할 생각은 전혀 없었다.[93]

　이제 유럽에는 2개의 군사동맹 체제가 구축되었는데 그것은 프랑스, 오스트리아, 러시아, 스웨덴, 그리고 작센이 주축이 된 동맹체제와 영국과 프로이센이 결성한 동맹체제를 지칭한다. 이렇게 결성된 동맹체제는 각기 막강한 병력을 소유하게 되었다. 우선 오스트리아가 주도하던 동맹체제는 모두 382,000명의 병력을 동원할 능력을 갖추었는데 이를 국가별로 언급한다면 오스트리아군이 177,000명, 프랑스군이 105,000명, 러시아군이 80,000명, 그리고 스웨덴군이 20,000명이었다. 그뿐만 아니라 에스파냐군, 파르마 대공국군, 나폴리-시칠리아 왕국군도 동맹군의 일원으로 참여했다. 이에 반해 프리드리히 2세의 프로이센군과 프로이센의 동맹국의 병력은 181,000명에 불과했다.[94] 물론 포르투갈 왕국, 브라운슈바이크-볼펜뷔텔 대공국, 헤센-카셀 방백국(Landgrafschaft: 방백은 백작과 대공 사이의 귀족 칭호), 작센-고타-알텐부르크(Sachsen-Gotha-Altenburg) 대공국, 그리고 사움부르크-리페(Schaumburg-Lippe) 백작령이 프로이센의 동맹국으로 참여했지만 이들 국가의 기여도는 매우 미미했다.[95]

---

93 조지 2세는 하노버 공국에 대한 프랑스의 침입 가능성에 대해 우려를 표명했을 뿐만 아니라 그것을 사전에 방비하려고도 했다.

94 당시 프로이센의 가용 병력은 141,000명이었다.

95 당시 오스트리아의 동맹국이었던 바이에른과 뷔르템베르크도 각기 4,000명과 5,000명의 병력을 출정시켰는데 이것에 대한 모든 비용은 프랑스가 지원하기로 했다. 그리고 오스트리아는 1760년 250,000명의 병력을 소유하는 군사

콜린 전투와 로스바흐 전투

1756년 8월 26일 프리드리히 2세는 66,000명의 병력을 3개 군단으로 편성한 후 전쟁 선포도 없이 오스트리아의 동맹국이었던 작센 공국을 공격했는데 이것은 "짧게(kurz), 결정적으로(entscheiden), 그리고 주저 없이(ohne zu zögern)" 전쟁을 수행해야 한다는 그의 판단에서 비롯되었다.[96] 이에 앞서 그는 8월 13일 마그데부르크에 머물던 육군 중장 브라운슈바이크(Ferdinand v. Braunschweig)에게 신병 징집명령을 하달했고 8월 19일에는 공격에 대비할 것도 명령했다. 8월 26일 당시 프로이센 좌익군은 프리드리히 2세의 동생이고 그의 후계자인 아우구스트 빌헬름(August Wilhelm)이, 우익군은 브라운슈바이크-베베른 공작이고 프리드리히 2세의 손아래 처남인 페르디난트(Ferdinand)가 맡았고, 주력군인 중앙군은 프리드리히 2세가 직접 지휘했다.[97] 이로부터 한 달도 안 된 9월 9일 프리드리히 2세의 프로이센군은 작

대국으로 등장했다. 러시아가 오스트리아가 주도하던 동맹체제에 가입하게 된 주된 동기는 그동안 영국이 자국에 지급하던 보조금을 일방적으로 철회했기 때문이다.

96 1756년 8월 27일 프리드리히 2세는 베를린 주재 영국대사와 면담을 했고 거기서 그는 별 저항이 없을 작센을 가능한 한 빨리 공략한 후 산맥을 넘어 보헤미아 지방으로 진격하여 프라하를 점령한 후 그곳에 겨울 숙영지도 설치하겠다고 했다. 이어 그는 프라하에 프로이센군을 주둔시키면 빈의 재정적 상황은 더욱 어려워질 것이고 이것은 빈 정부가 협상에 임하게 하는 요인도 될 것이라는 언급을 했다.

97 페르디난트는 프리드리히 2세의 왕비 엘리자베트 크리스티네의 남동생이었다.

센의 수도인 드레스덴을 점령했다.[98] 이어 프리드리히 2세는 피르나(Pirna) 근처에 주둔하던 루토프스키 백작의 작센 주력군의 항복도 받아내려고 했다. 그런데 루토프스키는 프리드리히 2세의 공격을 받았음에도 불구하고 바로 항복하지 않았는데 그것은 보헤미아 북부지방에 주둔하던 브라운(Maximilian Julius Braun) 원수의 오스트리아군이 바로 지원에 나설 것이라는 확신에서 비롯되었다. 실제로 9월 20일 브라운 원수가 이끄는 오스트리아군은 프라하와 테플리츠(Teplitz)의 중간지점인 부딘(Budin)에 도착했다. 이후 그는 피르나에서 프리드리히 2세에 의해 포위당하고 있던 루토프스키의 작센군을 포위망에서 벗어나게 하는 작전을 펼치려고 했다. 이에 앞서 그는 9월 30일 샨다우(Schandau)에서 오스트리아 주력군과 합류하려고 했지만 실패했다. 다음 달 10월 1일 엘베강 변의 로보지츠(Lobositz) 근교에서 프리드리히 2세가 직접 지휘한 프로이센 주력군은 브라운 원수 휘하의 오스트리아 원정군과 만났다. 크로아티아 병력으로 구성된 오스트리아군 기병연대가 2회에 걸친 프로이센 기병의 공격을 막아냈고, 역공을 가해 프리드리히 2세를 거의 항복의 지경으로

---

98 이에 앞서 오스트리아의 동맹국인 프랑스와 프로이센의 동맹국인 영국 사이의 충돌이 발생했다. 1756년 4월 뷔르템베르크(Würtemberg) 대공 오이겐(Ludwig Eugen)이 이끈 프랑스군이 영국령 메노르카(Menorca)섬을 점령한 후 그들의 주력군을 코르시카에 주둔시켰다. 이에 영국은 5월 17일 프랑스에 대해 전쟁 선포를 했고 프랑스 역시 6월 9일 영국에 대해 선전포고를 했다. 그런데 제3차 오스트리아 왕위계승 전쟁은 7년 동안 대륙과 식민지에서 동시에 펼쳐졌기 때문에 '7년 전쟁(Siebenjähriger Krieg)'이라는 명칭도 부여받았다.

몰고 갔으나, 프로이센 보병의 역습으로 로보지츠는 프로이센 군에 의해 점령되었다. 피르나로 가는 길목을 차단당한 오스트리아군은 피르나에서 포위된 작센군에 더는 접근할 수 없었다. 로보지츠는 프로이센군에 의해 크게 파괴되었고, 프로이센군과 오스트리아군은 각각 2,900여 명과 2,800여 명의 인명손실을 보았다. 이후 프로이센군은 피르나에 대한 본격적인 포위작전을 펼쳤고 그것에 따라 루토프스키의 작센군은 1756년 10월 16일 프로이센군에게 항복했다.[99]

그런데 프리드리히 2세는 오스트리아와 전쟁을 펼치기 직전인 7월 말과 8월 초 사이 세 차례에 걸쳐 빈 주재 프로이센 대사 클링그래프(Joachim Wilhelm v. Klinggräff)를 마리아 테레지아에게 보내 그녀의 향후 의도를 정확히 파악하게 했고 거기서 자신의 평화 의지도 전달하게 했다. 그런데 마리아 테레지아는 프리드리히 2세의 이러한 평화 의지에 대해 정확한 답변을 하지 않았다.[100]

---

99 루토프스키는 프리드리히 2세가 왕세자 시절 흠모했던 오르젤스카의 이복오빠였다. 이 인물 역시 오르젤스카와 마찬가지로 프리드리히 아우구스트 1세의 사생아였다. 프리드리히 아우구스트 1세로부터 아들이라는 것을 인정받은 후 루토프스키는 1727년 5월 26일 작센군 소장으로 임명되었고 다음 해인 1728년 부친의 권유로 프로이센군에 입대했다. 이 인물은 프로이센에서 1년간 보병대 교습을 받은 후 1729년 작센 공국으로 돌아왔고 1730년부터 작센군 보병대 지휘관으로 활동했다.

100 당시 프리드리히 2세는 프로이센이 슐레지엔 지방을 차지했음에도 불구하고 소국의 신분에서 완전히 벗어나지 못했음을 자인했다. 따라서 프로이센이 국정운영에서 근면하고 성실성을 견지해야만 상대적으로 규모가 큰 오스트리아

베를린에 보내는 비밀서신에서 클링그래프는 오스트리아 군부가 전쟁 준비에 박차를 가하고 있음을 보고했고 그것에 따라 프리드리히 2세는 오스트리아와의 전쟁이 피할 수 없는 사안이라는 것도 파악했다. 당시 프리드리히 2세는 빈과 드레스덴에 파견한 첩자들을 통해 오스트리아와 작센의 움직임을 정확히 파악하고 있었다. 동시에 그는 러시아 주재 네덜란드 대사가 본국으로 보내는 암호문을 빼앗아 판독하는 민첩성도 보였다.

프리드리히 2세가 이렇게 확보한 정보들에 따르면, 6월 17일 170,000명의 러시아 정규군과 70,000명의 러시아 비정규군이 그들의 서부 국경지역으로 집결했고 6월 말에는 오스트리아 군이 보헤미아와 모라비아 지방으로 이동했다는 것이다. 그리고 6월 27일에는 러시아 정부가 자국군의 전투 준비를 일시적으로 중단시켰다는 것도 언급되었다. 또한 7월 16일 헝가리 주둔 오스트리아군이 보헤미아와 모라비아로 진격하라는 명령을 받았다는 것과 러시아군의 동원령이 7월 21일 취소된 이유도 확보한 정보들에서 구체적으로 확인되었다. 러시아가 군 동원령을 취소한 것은 프로이센에 대한 러시아의 공격이 1757년으로 연기된 데서 비롯되었다는 것이다.

이후 프리드리히 2세는 측근들에게 "마리아 테레지아가 임

와의 향후 전쟁에서도 우위를 차지할 수 있다는 견해를 밝혔다. 그리고 프리드리히 2세는 1745년부터 1756년 전쟁이 발생하기 전까지 세금징수 강화정책을 펼쳤고 그 과정에서 1756년의 세입은 1745년의 그것보다 무려 3배 이상이 증대되었고 증대된 예산의 83%는 국방예산으로 책정되었다.

신 상태에서 전쟁을 펼친다면 가능한 한 빨리 그녀에게 조산원의 서비스도 제공해야 할 것이다"라고 했는데 이것은 자신의 선제공격을 우회적으로 암시한 것이라 하겠다. 또한 그는 "제3자가 나를 앞지르는 것보다 내가 먼저 그를 앞지르는 것이 훨씬 현명하다(*melius est praevenire quam praeveniri*)"라고 했는데 이것 역시 가능한 한 빨리 오스트리아와 전쟁을 시작하겠다는 의지의 표현으로 볼 수 있을 것이다.

작센 공국을 점령한 이후 프리드리히 2세는 이 국가의 재정적·군사적 자원을 프로이센의 향후 전쟁경비로 사용하려고 했다. 아울러 그는 자신의 기습공격에 정당성을 부여할 수 있는 문서를 드레스덴 국가 문서고에서 찾고자 했다. 얼마 후 그는 오스트리아와 작센이 프로이센 침공을 계획한 비밀문서를 제시하면서 자신이 이러한 침공을 사전에 차단하기 위해 기습공격을 감행할 수밖에 없었다는 것을 공식적으로 밝혔다. 즉 그는 비밀문서의 빈 부분에 "적대 감정은 공격자에게서 나오지 않았다"라는 문구를 썼는데 이것은 독일제국 의회가 자신의 작센 공격의 부당성을 지적한 것에 대한 반발에서 비롯된 것 같다. 그러나 독일제국 의회는 프리드리히 2세가 제출한 문서의 신빙성에 대해 강한 의구심을 제기했고 결국 1757년 1월 17일 프로이센에 대해 전쟁 선포를 했다. 당시 프리드리히 2세는 에르츠 산맥(Erzgebirge)과 작센 슈바이츠(Sachsische Schweiz)를 보헤미아에 대한 국경장벽으로 활용하려고 했다. 이에 따라 그는 체포한 작센 공국군을 프로이센군에 편입시킨 후 오스트리아군과 전투를 펼치게 했지만,

예상보다 훨씬 미미한 성과를 거두었는데 이것은 체포된 작센 공국군이 전투 참여보다는 탈영을 선택했기 때문이다.

이렇게 작센 공국을 프로이센이 점령함에 따라 신성로마제국의 황제 프란츠 1세는 프리드리히 2세에게 서신을 보내어 작센 공국을 전쟁 이전의 상태로 복원시킬 것을 요구했지만 프로이센의 위정자는 그것을 수용하지 않았다. 이에 따라 1757년 1월 17일 제국의회는 프리드리히 2세가 평화유지 명령을 위배했다는 이유로 프로이센에 대한 제국전쟁을 선포했다. 이후 프랑스, 러시아, 스웨덴, 그리고 신성로마제국의 대다수 국가는 오스트리아를 지지한다고 선언했고 프랑스는 군대 및 재정지원까지 약속했다. 이에 반해 하노버, 헤센-카셀(Hessen-Kassel), 브라운슈바이크, 그리고 작센-고타(Sachsen-Gotha)만이 프로이센을 지지한다는 견해를 밝혔다.[101]

프리드리히 2세의 프로이센군은 1757년 4월 18일 보헤미아 지방으로 진격하여 이 지방을 다시 점령했다. 이러한 신속한 군사작전을 펼친 후 프리드리히 2세는 오스트리아에 대해 전쟁 선포도 공식적으로 했다. 이에 따라 오스트리아는 1757년 5월 1일 프랑스와 2년 유효의 군사 공격동맹을 체결했는데 거기서는 오스트리아의 슐레지엔 지방 회복이 거론되었을 뿐만 아니라 오스트리아령 네덜란드를 프랑스에 할애한다는 것도 언급되

---

101 당시 영국은 작센에 대한 프로이센의 선제공격에 대해 우려를 표명했다. 그런데도 런던 정부는 67만 파운드(오늘날의 가치로는 9,000만 파운드)에 달하는 전쟁보조금을 베를린 정부에게 전달했다.

었다. 군사 공격동맹의 내용을 좀 더 구체적으로 언급한다면 프랑스는 오스트리아가 슐레지엔 지방을 완전히 되찾을 때까지 129,000명의 병력을 지원하고 매년 1,200만 리브르에 달하는 재정적 지원도 한다는 것이다. 그리고 오스트리아는 그것의 반대급부로 슐레지엔 지방을 회복한 뒤 바로 오스트리아령 네덜란드를 루이 15세의 맏사위에게 양도하기로 했다. 당시 프랑스는 오스텐테, 몽 등 국경에 인접한 남부 네덜란드의 몇몇 지역을 자국에 합병하려고 했다. 이러한 영토 조정과정에서 오스트리아는 피아첸차와 파르마를 회수하기로 했다. 또한 마리아 테레지아는 합스부르크 가문과 부르봉 가문과의 인연을 한층 강화하기 위해 1755년에 태어난 이제 막 1세인 딸 마리아 안토니아(Maria Antonia: 마리 앙투아네트)와 루이 15세의 손자인 왕세자와의 약혼도 결정했다.[102]

---

102 이렇게 양 군주 사이에 체결된 결혼 협정에 따라 마리아 테레지아의 막내딸인 마리아 안토니아는 1770년 루이(Louis) 왕태자와 결혼하게 되었다. 마리아 안토니아와 프랑스 루이 왕태자 간의 결혼이 확정됨에 따라 파리 정부는 베르몽 주교(Abbé de Vermond)를 마리아 안토니아에게 보내 부르봉 가문의 중요한 역사 및 프랑스 귀족들의 비공식 귀족명감(Adelskalender)에 대해 자세히 설명하게 했는데 이것은 그녀가 가능한 한 빨리 파리 궁중 생활에 적응해야 한다는 왕실의 의도에서 비롯된 것 같다.

프랑스와의 동맹관계를 중요시한 마리아 테레지아 역시 14세의 예비 신부 마리아 안토니아를 1770년 초부터 자신의 방에서 같이 기거하게 하면서 종교적 경건성을 부각하는 데 주력했는데 이것은 프랑스 왕실에서 매우 강조되던 사안이었다.

1770년 4월 19일 빈의 아우구스티너 교회에서 마리아 안토니아와 루이 왕태자의 대리 결혼이 거행되었다. 4월 21일 마리아 테레지아는 파리로 떠나는 막내딸에게 "내가 그들에게 한 명의 천사를 보냈다는 말을 듣게끔 프랑스 국민에게 잘해

1757년 러시아도 오스트리아와 프랑스 사이에 체결된 군사 공격동맹에 가입했다.[103] 이제 러시아는 유사시에 최소병력 80,000명, 15척에서 20척의 전함 및 40척의 갤리(Galley)선을 동원해야 했고 그 대가로 오스트리아는 러시아에 백만 루블을 지불하기로 했다. 프랑스와 오스트리아는 폴란드령 젬갈렌(Semgallen; Zemgale)과 쿠를란트(Kurland; Kuzeme)를 러시아 관할로 인정하고, 그 대신 프로이센이 패전하면 동프로이센을 폴란드 영토에 편입시키기로 합의했다.[104] 이후 작센, 뷔르템베르크, 그리고 스웨덴도 오스트리아-프랑스 군사공격 동맹체제에 가입했고, 신성로마제국도 동맹체제의 회원국이 되었다. 군사공격 동맹체제의 내규에서 한 가지 대외적으로 언급되지 않은 것이 있었는데 그것은 향후 전쟁에서 승리하면 프로이센의 영토를

야 한다"라는 충고를 했다. 프랑스로 향하던 마리아 안토니아는 슈트라스부르크(Straßburg) 근처에 있는 라인섬(Rheininsel)에서 프랑스 왕실의 요구에 따라 이름을 마리 앙투아네트(Marie Antoinette)로 바꿨고 그녀를 따라 프랑스로 가려던 사신들도 국경검문소에서 입국이 불허됨에 따라 오스트리아로 발길을 돌려야 했다. 1770년 5월 16일 베르사유 왕실 예배당에서 결혼 미사가 성대히 진행되었다. 신혼 초기 어린 신부는 잠시나마 궁정의 인기를 독차지했다. 동시대인의 평가에 따르면 마리 앙투아네트는 감미로운 매력을 가진 작은 귀부인이었다. 작고 호리호리한 체구, 금발에 눈꽃처럼 살결이 희고 장미처럼 발그레한 볼, 백조처럼 길고 우아한 목선을 자랑했다. 프랑스에 도착한 이후부터 마리 앙투아네트는 점차 어머니의 조언에 관해 관심을 보이지 않았을 뿐만 아니라 프랑스인들의 울분을 유발하는 사치생활, 즉 가면무도회, 오페라, 춤, 그리고 카드놀이에만 치중했다.

103 이에 앞서 러시아는 1월 22일 오스트리아와 군사공격 동맹체제를 결성했고 이것은 오스트리아와 프랑스가 군사 공격동맹 체결의 요인으로도 작용했다.

104 오늘날 라트비아 공화국에 포함된 젬갈렌과 쿠클란트는 그 명칭들 역시 젬갈레(Zemgale)와 쿠르제메(Kurzeme)로 바뀌었다.

남김없이 나눈다는 것이었다.[105] 그리고 작센과 스웨덴이 실제로 전쟁에 참여하면 작센은 마그데부르크와 할레(Halle), 스웨덴은 포메른 지방을 차지한다는 것도 명시되었다.

이렇게 오스트리아와 프랑스 사이에 군사공격 동맹체제가 결성되었음에도 프리드리히 2세는 5월 6일 프라하를 점령한 후 이 도시에 주둔하던 오스트리아군의 무장해제도 지시했다.[106] 그러나 프라하 전투 과정에서 프로이센군의 희생은 의외로 컸는데 이것은 3,099명이 사망한 것과 8,208명과 1,657명이 중상 내지는 실종된 데서 확인할 수 있다. 특히 중상자들의 상당수는

---

105 프로이센 영토를 나누려는 러시아의 의도에 대해 마리아 테레지아는 매우 긍정적인 반응을 보였다. 그리고 뒤늦게 공격동맹에 참여한 스웨덴은 20,000명의 병력을 제공하겠다는 약속을 했고 그러한 대가로 스웨덴은 포메른 지방의 할애와 프랑스의 재정적 지원도 기대했다.

106 오스트리아와 공격동맹을 체결한 프랑스가 실제로 제3차 오스트리아 왕위계승 전쟁에 참여한 것은 1757년 6월이었다. 프랑스는 라인강 하류의 프로이센 영토를 점령한 후, 프로이센과 동맹체제를 결성한 하노버 공국을 공격했다. 서부 독일의 프로이센 영토와 영국령 하노버를 보호하기 위해 프로이센과 영국, 그리고 프로이센과 동맹체제를 구축한 독일 제후국들, 즉 하노버, 헤센-카셀, 브라운슈바이크-볼펜뷔텔(Braunschweig-Wolfenbüttel), 작센-고타, 그리고 샤움부르크-리페(Schaumburg-Lippe)는 영국 국왕 겸 하노버 선제후인 조지 2세의 아들, 즉 빌헬름 아우구스트(Wilhelm August) 컴벌랜드(Cumberland) 공작을 사령관으로 하는 이른바 '하노버 감시군'을 편성했다. 그러나 하노버 감시군은 1757년 7월 26일 하스텐베크(Hastenbeck)에서 벌어진 전투에서 프랑스군에 의해 제압되었다. 전투에서 패한 하노버 감시군은 북해 쪽, 즉 덴마크령의 경계까지 후퇴했지만, 그들을 추격한 프랑스군에 의해 슈타데(Stade)에서 완전히 포위되었다. 하노버 감시군 사령관 컴벌랜드 공작은 덴마크 외교관이며 올덴부르크(Oldenburg)와 델멘호르스트(Delmenhorst)의 총독인 추리나르(Rochus Friedrich zu Lynar) 백작의 중재로 1757년 9월 10일 브레멘 인근의 체벤(Zeven) 수도원에서 프랑스군 사령관 리슐리외(Richelieu) 공작과 체결한 항복문서에 서명해야만 했다.

회복되지 못하고 얼마 후 사망했다. 이러한 손실에도 불구하고 프리드리히 2세가 프라하 점령에 관해 관심을 보인 것은 그가 이 도시 장악을 통해 프로이센군이 오스트리아 국경과 근접한 지역에 상시 주둔할 수 있다는 전략적 이점과 그것에 따라 마리아 테레지아가 평화협정에 응할 수밖에 없다는 판단에서 비롯된 것 같다. 또한 그는 오스트리아와 평화협정을 체결하면 오스트리아의 동맹국이었던 러시아가 독자적으로 프로이센에 대해 공격할 수 없다는 것도 파악했다. 프리드리히 2세는 6월 10일부터 올뮈츠 요새를 포위하는 작전을 펼쳤다. 이것은 이 도시를 프로이센이 장악하면 빈으로의 진격 역시 쉽다는 프리드리히 2세의 판단에서 비롯되었다. 그러나 오스트리아는 왕위계승 전쟁이 발생한 후 올뮈츠 요새의 성벽을 증축하고 보완했기 때문에 프리드리히 2세의 의도처럼 요새 함락은 쉽지 않았다. 더욱이 라우돈의 오스트리아군이 6월 30일 돔슈타틀(Domstadtl)에서 프로이센의 물자호송단을 습격함에 따라 프리드리히 2세는 올뮈츠 요새에 대한 포위를 철회하고 모라비아 지방으로 후퇴했다.[107]

마리아 테레지아는 다운(Leopold Joseph Graf. v. Daun) 원수가 지휘하는 구원군을 프라하 남부로 급파하여 전세를 역전시키려고 했지만, 당시 프리드리히 2세는 이들 지원군도 격파할 수 있

---

[107] 당시 프리드리히 2세는 제기된 보급 문제를 일시에 해결하기 위해 보급 물자 운송부대를 편성하여 4,000대의 마차에 군수물자를 가득 싣고 소를 비롯한 가축 2,500마리와 함께 운반하게끔 명령했다.

다고 생각했다. 그러나 다운 원수의 오스트리아 구원군은 프리드리히 2세의 주력부대를 6월 18일 엘베강 변의 콜린(Kolin)에서 완파했다. 당시 프리드리히 2세는 평소처럼 오스트리아군의 우익 쪽으로 우회해서 측면 공격을 시도했지만, 다운 원수의 오스트리아군은 이것을 예측하고 프로이센군이 접근하는 방향으로 진형을 연장했다. 이 때문에 프리드리히 2세의 프로이센군은 수적으로 우세할 뿐만 아니라 위쪽에서 철통 같은 방어망을 구축한 적군을 향해 올라가며 정면공격을 한 나머지 막대한 손실을 감수할 수밖에 없었다. 실제로 이 전투에서 8,755명의 프로이센 보병이 사망하거나 실종되었고 3,568명이 중상을 입었다. 그뿐만 아니라 프로이센은 1,450명의 기병과 1,667필의 말도 잃었다. 이에 반해 오스트리아는 모두 8,114명의 인명손실을 보았는데 이 중에서 사망은 1,002명, 부상은 5,472명, 그리고 실종은 1,640명이었다.[108] 이렇게 전체 병력 중에서 거의 40%를 잃은 프로이센군은 보헤미아 지방에서 철수한 후 작센 지방으로 후퇴했다.

작센 지방으로 후퇴하는 과정에서 아우구스트 빌헬름이 이끌던 프로이센군은 오스트리아군의 기습공격도 받아 큰 손실을

---

108 만약 콜린 전투에서 프로이센이 승리했을 경우 전쟁은 프로이센의 승리로 조기에 종료될 수도 있었다. 그러나 오스트리아가 대승함에 따라 전쟁은 장기전으로 접어들게 되었다. 따라서 프리드리히 2세에게 콜린은 1914년 빌헬름 2세(Wilhelm II: 1888-1918)의 마른(Marne), 1941년 히틀러(Adolf Hitler)의 모스크바와 같았다.

당했다.[109] 이러한 소식을 접한 프리드리히 2세는 크게 격노했는데 이것은 아우구스트 빌헬름에게 보낸 서신에서 확인할 수 있다. 서신에서 프리드리히 2세는 자신의 동생에게 "너는 항상 따듯한 마음을 가진 장군이기 때문에 앞으로는 전투 병력보다 규방(Harem) 부인들을 지휘하는 것이 옳은 것 같다"라고 했다. 그리고 이러한 비난은 콜린 전투 이후 대두된 프로이센의 생존 문제를 프리드리히 2세가 심각하게 받아들인 데서 비롯된 것 같다. 이에 반해 마리아 테레지아는 콜린 전투의 승리를 기념하기 위해 '마리아 테레지아 무공훈장(Maria Theresien Orden)'제도를 제정했으며, 그 첫 수훈자는 콜린 전투의 영웅 다운 원수였다.[110]

콜린 전투에서 승리한 오스트리아는 프로이센과의 전투에서 우위를 확보하게 되었고 그 여세를 몰아 9월 7일에 펼쳐진 모이스(Moys) 전투에서도 승리했다. 나이세강 우안의 마을 모이스는 괴를리츠(Görlitz)의 일부로서, 슐레지엔과 작센 간의 연결을 위해 빈터펠트(Hans Karl v. Winterfeldt) 장군이 미리 확보한 지역이었다. 아우구스트 빌헬름 브라운슈바이크-베베른 대공이 이

---

109 1722년에 태어난 아우구스트 빌헬름은 1742년 브라운슈바이크-볼펜뷔텔-베베른 공국의 루이제 아말리에(Luise Amalie v. Braunschweig-Wolfenbüttel-Bevern)와 결혼했다. 프리드리히 2세와 더불어 오스트리아 왕위계승 전쟁에 참여한 이 인물은 1744년에 프리드리히 2세에 의해 그의 후계자, 즉 프로이센 왕세자(Kronprinz von Preußen)로 임명되었다.

110 헝가리 출신의 나도지 장군도 마리아 테레지아 무공훈장을 수여받았다. 그리고 당시 프랑스는 오스트리아가 슐레지엔 지방을 회복할 때까지 지원하겠다는 약속도 했다.

오스트리아 왕위계승 전쟁(1740-1763)

끌던 프로이센 주력군은 괴를리츠의 란데스크로네(Landeskrone) 산 옆에 진지를 구축했다.

모이스 전투는 카우니츠-리트베르크 수상이 향후의 작전계획을 논의하고, 야전사령관들을 독려하기 위해 마커스도르프(Makersdorf)에 자리 잡은 오스트리아군 사령부에 도착한 것 때문에 발생한 전투였다. 당시 오스트리아군은 마리아 테레지아의 특명으로 전선을 방문한 카우니츠-리트베르크의 앞에서 확실한 전과를 올리려 했다. 1757년 9월 7일 콜린 전투의 영웅 나도지(Franz Leopold v. Nadozi) 장군은 20,000명의 병력과 24문의 대포를 동원하여 모이스에 진을 친 프로이센군의 전초부대를 공격했다. 나도지 장군은 적장 빈터펠트 장군이 그 시간에 반 마일 떨어진 괴를리츠의 프로이센군 본영에 머물고 있던 상황을 이용했다. 오스트리아군의 공격 소식을 접한 빈터펠트 장군은 5개 대대를 이끌고 모이스로 급히 출발했다. 그러나 아우구스트 빌헬름 대공의 프로이센군 증원부대가 아직 도착하지 않았기 때문에, 나도지 장군은 우회하여 빈터펠트 장군의 배후를 공격할 수 있었다. 빈터펠트 장군은 이 전투에서 치명상을 입고 하루 뒤 사망했다. 후일 프리드리히 2세는 모이스의 전투현장과 괴를리츠에 빈터펠트 장군의 추모비를 건립하게 했다.

1757년 프리드리히 2세는 아직 작센 지방에 머물고 있었고, 슐레지엔 주둔 프로이센군 사령관 아우구스트 빌헬름 대공은 32,000명의 병력으로 슐레지엔 탈환을 전쟁의 최대목표로 삼고 있던 수적 우위의 오스트리아군에 맞서 슐레지엔 지방을 지켜야 하는 어려운 상황에 놓여있었다. 당시 카를 알렉산더 대공과 다운 백작이 지휘한 오스트리아 주력군의 규모는 54,000명이었고, 나도지 장군 휘하의 오스트리아군도 합류가 가능했다. 그런데 카를 알렉산더 대공은 수적 우위의 전력을 가졌음에도 불구하고 프로이센군과의 전투를 피하려 했다. 그것은 나도지 장군이 슈바이드니츠 요새를 점령할 때까지 브레슬라우에 프로이센군의 발을 묶어두려 했기 때문이다. 슈바이드니츠는 보헤미아에서 슐레지엔으로 연결하는 보급로를 확보하기 위해 프로이센군뿐만 아니라 오스트리아군 역시 반드시 확보해야 할 전략적 요충지로서 제3차 오스트리아 왕위계승 전쟁에서 여러 차례 주인이 바뀐 요새였다. 43,000명으로 병력이 증강된 나도지군은 공성 개시 한 달 만인 11월 13일 슈바이드니츠 요새의 항복을 받았다. 그 시점까지 오스트리아의 주력군은 아우구스트 빌헬름 대공이 이끌던 프로이센군을 철저히 통제했다. 나도지군과 합류한 오스트리아 주력군은 지금까지 취했던 방어적 자세에서 벗어나 공격을 감행했다. 당시 오스트리아군은 브레슬라우를 점령하여 프로이센군이 그들의 겨울 숙영지를 슐레지엔에서 마련하지 못하게 하는 전략을 세웠다.[111]

프로이센군은 보병과 기병을 포함해 28,400명의 병력을 동원했지만, 오스트리아군이 투입한 총병력은 228문의 대포를 포

---

111 당시 겨울 숙영지의 전제조건은 충분한 식량과 사료를 확보하는 것이었다. 그리고 겨울 숙영지로의 철수 및 이동은 전쟁참여국들이 전투의 충격에서 벗어나 전열을 가다듬을 기회도 가지게 했다.

함해 83,600명에 달했다. 카를 알렉산더 대공은 11월 22일 포격과 함께 전투 개시 명령을 내린 후, 프로이센군에 대대적인 공격을 가했다. 다음 날 아우구스트 빌헬름 대공은 브레슬라우를 포기하고, 글로가우로 후퇴했다. 종일 계속된 전투에서 오스트리아군은 5,000여 명을, 프로이센군은 6,000여 명을 잃었다. 아우구스트 빌헬름 대공이 전투를 포기한 이유와 돌연한 후퇴가 프리드리히 2세의 명령에 따른 것인지는 밝혀지지 않았다.

슐레지엔에 주둔하던 프로이센의 주력군이 철수한 후, 레스트비츠(Johann Georg v. Lestwitz) 중장 휘하의 브레슬라우 요새 수비대는 고립되었다. 이에 따라 나도지 장군은 즉각 브레슬라우 요새 공성에 돌입했다. 친오스트리아 성향의 브레슬라우 주민들은 프로이센 수비대의 요새 방어를 방해했을 뿐만 아니라 레스트비츠의 철수를 압박하고 수비군의 탈영도 방조했다. 실제로 주력군의 후퇴로 브레슬라우 요새 수비대의 사기는 떨어졌고, 군기 역시 문란해졌다. 결국 레스트비츠 중장은 11월 25일 나도지 장군에게 항복한 후 요새를 떠났다. 이러한 사건 이후 프리드리히 2세는 작전계획을 완전히 변경 해야 했지만, 슐레지엔을 탈환한다는 그의 결심에는 변함이 없었다. 경제적 효용가치와 징집에 필요한 잠재인력을 보유한 슐레지엔은 오스트리아에게나, 프로이센에나 결코 포기할 수 없는 전략적 가치를 지닌 지역이었다. 슈바이드니츠 요새와 브레슬라우 요새를 점령한 오스트리아군은 1757년 11월 말 프로이센에 빼앗겼던 슐레지엔 지방의 대다수를 회복할 수 있었다.

모이스 전투와 브레슬라우 전투 사이에 비록 하루 점령으로 끝나긴 했지만, 베를린이 오스트리아군에 의해 점령된 사건도 발생했다. 베를린 점령의 주인공은 후일 다운과 라시에 이어 1774년부터 1790년까지 빈 궁정 국방회의 의장을 지낸 푸타크 (Andreas Graf Hadik v. Futak) 중장이었다. 나도지 장군과 함께 모이스 전투 승리에 크게 이바지한 푸타크 중장은 헝가리 출신이었다. 이 인물은 헝가리와 크로아티아 출신 경기병 5,000명을 지휘하여 1757년 10월 16일 베를린 주둔 프로이센군 사령관인 모리츠 원수를 베를린에서 몰아낸 후, 이 도시를 점령했다. 이 과정에서 800여 명의 프로이센 수도 방위군이 오스트리아군에 의해 사살되었고, 400여 명은 포로로 잡혔다. 푸타크는 배상금 명목으로 200,000탈러 이상의 군세까지 받아낸 후, 안전하게 카를 알렉산더 대공의 주력군과 합류했다. 푸타크 중장은 이러한 공적을 인정받아 전쟁이 끝난 후, 부다페스트 총독, 지벤뷔르겐 총독을 거쳐 1774년 원수 승진과 동시에 궁정 국방회의 의장으로 임명되었다.

이렇게 슐레지엔 지방이 다시 오스트리아의 수중으로 넘어가고 왕국의 수도인 베를린마저 오스트리아군에 의해 유린당했지만, 프리드리히 2세의 프로이센군은 같은 해 11월 5일 나움베르크(Naumberg)와 메르제부르크(Merseburg) 사이에 있는 로스바흐(Roßbach)에서 프랑스-독일 제국 연합군을 격파했다. 자이드리츠(Friedrich Wilhelm v. Seydlitz) 장군이 이끌던 22,000명의 프로이센군은 불과 548명의 사상자를 냈지만, 프랑스군 24,000명을 포함하여 모두 41,000명으로 구성된 프랑스-독일 제국 연합군은 10,000명의 인명손실을 기록했는데, 그중 3,000여 명은 전사했고 나머지 7,000명은 포로로 잡혔다.[112] 그런데 로스바흐에서 프로이센군이 대승을 거둔 것은 프리드리히 2세의 지략 및 독창성에서 비롯되었다. 당시 프랑스-독일 제국 연합군이 프로이센군 진영 주위를 빙빙 돌면서 좌익을 향해 측면 공격을 감행할 때, 프리드리히 2세는 재빨리 부대를 재배치한 후, 기병대를 급파해 연합군 선두에 있던 기병연대를 공격했다. 동시에 그의 보병은 위치를 이동해 치명적인 대각선 교차 진형을 짜고 이 위치에서 프랑스-독일 제국 연합군을 향해 엄청난 총격을 가하면서 전진했고 그 과정에서 프랑스-독일 제국 연합군은 큰 피해를 봤다.[113]

로스바흐 전투에서 대패한 프랑스군은 튀링겐(Thüringen)과 헤센으로 퇴각하면서 수없이 많은 잔혹 행위도 자행했다.[114] 당

---

112 작센-힐트부르크하우젠(Sachsen-Hildburghausen) 공국의 요제프 프리드리히(Joseph v. Friedrich) 대공이 독일 제국군을 지휘했다.

113 프리드리히 2세가 사용한 전투기술의 핵심적 특징은 정면공격보다 비스듬히 측면을 활용하는 사선 공격대형을 선호한다는 것이다. 프리드리히 2세는 나란히 대치한 전선에서 접근하기보다 가능하면 공격선을 비틀어가며 기병대의 지원을 받아 한쪽 끝에서 적과 부딪치기 전에 반대쪽 부대가 적진을 뚫고 들어가는 방식을 선호했다. 이 방식은 정면에서 공격하기보다 적군의 대열을 따라 움직이다가 측면을 기습하는 것이었다. 특별히 숙달되고 안정된 보병대가 필요한 이 기동작전은 무엇보다 지형이 평탄치 않은 장소에 적합했다. 많은 전투에서 보병을 복잡하게 배치하고 측면에서 기습하는 프로이센군의 공격은 엄청난 위력을 종종 발휘했다.

114 로스바흐 전투에서 오스트리아-프랑스 연합군이 대패한 이후 프랑스에

시 프랑스군과 퇴각을 같이 한 프랑스 장군은 자국군의 잔혹 행위를 언급하면서 그런 이야기를 하면 아마 끝도 없을 것이라는 자괴적인 언급을 하기도 했다. 그에 따를 때 200km가 넘는 구간에 프랑스군만 있었고 이들은 약탈과 강탈, 살인, 강간 등 생각할 수 있는 온갖 만행을 주저 없이 자행했다는 것이다. 이것을 통해 당시 군인들의 만행을 확인할 수 있는데 문제는 전쟁이 장기간 지속되면 이러한 만행이 더욱 광범위하게 자행된다는 것이다. 특히 대다수 국가에서 운용하던 의용군(Freikorp)의 만행은 정규군의 그것보다 더욱 심각했다.

의용군은 정규군과 별개로 지원방식으로 모집되고 반자율적으로 운영되었고 정상적인 병참 보급도 받지 않았다. 따라서 이들은 오로지 강탈과 전리품 습득을 통해 필요한 물자를 확보해야만 했다. 이러한 부대의 가장 대표적인 예로는 러시아 카자크(Kosaken) 부대와 빨간 외투를 착용한 오스트리아의 판두르(Pandur)가 있었고 프랑스군 역시 그런 부대를 운영했다. 러시아군이 동프로이센을 점령한 초기 단계에 카자크족과 칼무크족(Kalmücken: 중국 신장 웨이우월 자치구 텐산 북부지방, 볼가강 하류, 그리고

서는 오스트리아와의 동맹에 대해 강한 의구심이 제기되었다. 이렇게 국내 여론이 악화하면서 부르봉 가문의 통치능력에 대해서도 불만이 표출되었다. 당시 파리 정부의 외무장관인 드 베니(de Bernis) 추기경은 프랑스의 내부 상황을 정확히 정리했는데 그것에 따르면 프랑스인들은 그 어느 때보다 전쟁(7년 전쟁)에 대해 분개했다는 것이다. 그리고 프랑스의 적인 프로이센 위정자가 요란할 정도로 칭송받고 있지만, 동맹국인 오스트리아는 증오의 대상, 즉 프랑스인의 흡혈귀로 간주하는 심각한 상황에 놓였다는 것이다.

카스피해 서북쪽에 사는 서몽골족)으로 구성된 의용군 12,000명은 검을 휘두르고, 불을 지르며 이 지방 일대를 날뛰고 다녔다. 당시 목격자의 증언에 따를 때 러시아 의용군은 악마 같은 쾌락을 즐기기 위해 무고한 민간인들을 살육하고 난도질했으며 나무에 매달거나 코 또는 귀도 잘랐다. 또한 이들은 양다리를 자르고 복부를 난도질하고 심장을 뽑아내는 등의 매우 끔찍한 방법으로 민간인들을 토막 내는 데도 주저하지 않았다.[115]

로스바흐에서의 패전 소식, 특히 프랑스군이 대패했다는 소식을 들은 볼테르는 "100년 전쟁(1337-1453)에서 프랑스군이 영국군에게 패한 것보다 더 굴욕적인 상황이 초래되었다"라는 평가를 했다.

로스바흐 전투에서 대패를 당한 이후 프랑스는 오스트리아와의 약속을 깨고 독일권에서 전쟁을 포기하는 방안도 일시적으로 고려했다. 이에 따라 외무장관 베르니스(François-Joachim de Pierre de Bernis)가 파리 정부의 이러한 의도를 카우니츠-리트베르크에게 전달했고 이것은 빈 정부에게 커다란 충격을 가져다주었다. 그러나 빈 정부의 막후 노력으로 프랑스는 계속하여 전쟁에 참여하기로 했다. 베르니스의 뒤를 이어 외무장관으로 임명된 슈아죌(Etienne François de Choiseul)의 주도로 프랑스와 오스

---

115 로스바흐 전투로 제3차 오스트리아 왕위계승 전쟁은 전환점을 맞이했다. 이 전투 이후 펼쳐진 프랑스와 프로이센 및 그 동맹국들과의 전투는 모두 서부 독일에 국한되었다. 프랑스군이 독일 전역을 그들의 작전지역에 포함한 것은 그로부터 50년 후인 나폴레옹(Napoleon) 전쟁 때였다.

트리아는 1759년 3월 제3차 베르사유조약을 체결했는데 거기서는 프랑스가 오스트리아에게 제공하기로 약속한 지원금을 대폭 삭감한다는 것이 언급되었다. 그 대신 오스트리아는 남부 네덜란드, 즉 오스트리아 네덜란드를 프랑스에 양도한다는 약속을 철회했다. 이러한 조약체결을 통해 당시 오스트리아는 프랑스로부터 전쟁 참여를 포기하지 않겠다는 약속을 받아내는 것으로 만족해야만 했다.

로스바흐 전투에서 대승을 거둔 프리드리히 2세는 오스트리아군이 점령한 슐레지엔 지방을 회복하기 위해 자국의 주력군을 작센 지방에서 슐레지엔 지방으로 이동시켰다. 슐레지엔 지방 탈환의 중요성은 프리드리히 2세가 로이텐 인근 프로벨비츠(Frobelwitz)의 프로이센군 진영에서 행한 훈시에서 다시금 거론되었다. 1757년 9월 12일 오스트리아의 동맹국이었던 스웨덴은 슈트랄준트에서 프로이센에 대한 공격을 개시했고 그 과정에서 파제발크(Pasewalk), 위커뮌데(Ueckermünde), 그리고 슈비네뮌데(Schwinemünde)를 점령했다.[116] 이러한 소식을 접한 프리드리히 2세는 즉시 레발트(Johann v. Lehwaldt)를 동프로이센으로 파견하여 스웨덴군을 공격하게 했다. 이후 레발트의 프로이센군은 볼린(Wollin), 안클람(Anklam), 그리고 뎀민(Demmin)을 회복한 후 포어포메른에 주둔했고 스웨덴군은 슈트랄준트로 철수했다.

---

116 오늘날 슈트랄준트는 독일 북동부 메클렌부르크-포어포메른 주에 속한 도시이다.

프리드리히 2세가 이끌던 35,000명의 프로이센군이 같은 해 12월 5일 브레슬라우 북동쪽에 있는 로이텐(Leuthen) 전투에서 카를 알렉산더 대공이 지휘하던 70,000명의 오스트리아군을 격파했다. 로이텐은 서쪽의 언덕만 제외하면 사방이 확 트인 평원이었기 때문에, 오스트리아군은 9km에 이르는 광폭 2열 횡대의 전투대형을 유지하고, 프로이센군의 접근을 기다렸다. 프리드리히 2세는 좌익군의 위장공격을 명령했다. 프로이센군의 양면작전에 말려든 카를 알렉산더 대공은 예비대를 투입했고, 프리드리히 2세는 언덕 뒤에 은폐되어 적의 정찰대에 의해 전혀 인지되지 않은 프로이센의 우익군을 주력으로 하여 남쪽으로 진군했다. 그리고 오스트리아 좌익군의 남쪽, 즉 로이텐 남서쪽에서 프로이센군은 사선형 전투대열로 선회했다. 그 과정에서 우익군을 공격군으로 앞세운 프리드리히 2세는 프로이센 역사에서 가장 유명한 기병 장군이었던 치텐(Hans Jochaim v. Zieten) 휘하의 제3 검기병 연대를 투입했고, 12파운드(구경 128mm) 대포가 검기병 연대를 엄호했다. 그리고 프로이센의 보병부대는 좌익군을 형성하여 오스트리아 우익군의 반격을 막는 임무를 담당했다.

로이텐 전투에서도 프리드리히 2세는 사선형 전투대열을 효율적으로 활용하여 수적 열세를 극복하고 오스트리아 좌익군을 제압하는 성과를 거두었다. 더욱이 프리드리히 2세는 은폐시켰던 부대 이동을 통해 기습의 장점을 살렸고, 당시만 해도 생소했던 전술인 기동 포격 전술을 운용하여 혁혁한 전과도 올렸다.

오스트리아 좌익군에 대한 기습공격이 시작되었을 때, 콜린 전투의 영웅 나도지 장군 휘하의 기병대조차 프로이센 우익군의 집중적 기습공격을 저지할 수 없을 정도로 오스트리아군의 전선은 와해되었다.

이에 따라 오스트리아군은 요새를 버리고 로이텐 시내로까지 철수하여 새로운 전선을 구축하려고 했다. 보헤미아 국경까지 밀려난 오스트리아군은 직선 전투대열을 형성하여 프로이센군의 사선 공격에 대응했지만, 결국 카를 알렉산더 대공은 전투를 포기하고 철수해야 했다. 후퇴 시 오스트리아군은 다시 한 번 큰 인명손실을 보았는데 그것은 프리드리히 2세가 철저한 추격전을 펼친 데서 비롯되었다. 로이텐 전투에서 승리한 프로이센군은 6,400명의 사상자를 냈지만, 전투에서 패한 오스트리아군은 이보다 3배나 많은 22,000명의 인명손실을 보았다. 그중 12,000명은 프로이센군의 포로로 잡혔다. 그뿐만 아니라 17명에 달하는 오스트리아 장군들이 목숨을 잃거나 중상을 당했다. 또한 오스트리아군은 116문의 대포와 51개의 깃발을 프로이센군에게 빼앗겼다.[117]

독일의 역사가 프리에는 로이텐 전투에서 승자로 등장한 프리드리히 2세를 분석했고 그것에 대한 역사학계의 공감도 받고 있다. 그의 분석에 따르면 프로이센 군주는 로이텐 전투에서 군

---

117 로이텐 전투에서 승리를 거둔 후 프리드리히 2세를 비롯한 프로이센 전 군은 무릎을 꿇고 찬송가를 불렀다. 여기서 이들은 "모든 신들에게 감사한다(Nun danket alle Gott)"라는 구호를 외치기도 했다.

대의 이동, 전략, 그리고 결단력에서 하나의 걸작을 만들어냈다는 것이다.[118] 그리고 이 전투를 통해 프리드리히 2세는 불멸의 인물로 드러났을 뿐만 아니라 세계 전쟁사에서 뛰어난 명장들의 반열에도 올랐다는 것이 프리에의 분석이었다. 그리고 프로이센의 유명한 역사가 랑케(Leopold v. Ranke)는 로이텐 전투를 1620년의 백산(bilá hora) 전투와 대등한 전투로 간주했는데 이것은 역사적 측면에서의 접근에서 비롯된 것이라 하겠다. 당시 랑케는 종교적 측면에서 양 전투의 유사성을 찾고자 했다. 우선 백산 전투에서 승리한 가톨릭 세력은 향후 100년에 걸쳐 신교세력을 탄압했다는 것이다. 그리고 이로부터 137년 후에 펼쳐진 로이텐 전투에서 신교세력이 구교세력을 격파했고 이것은 구교세력을 탄압할 수 있는 권한을 프리드리히 2세에게 제공했다는 것이다. 그러나 프리드리히 2세는 이러한 권한 행사보다는 종교적 관용정책을 지향했고 이것은 신교 세력이 늘어나는 신도의 편의를 위해 기존 가톨릭 소유의 교회들을 강제로 빼앗는 것도 금지했다. 이에 대한 신교세력의 불만은 점차 증대되었지만, 프리드리히 2세는 이것에 대한 배려정책을 펼치지 않았다.

로이텐에서 오스트리아군이 대패했다는 소식에 충격을 받은 마리아 테레지아는 기도실에 들어간 후 며칠 동안 칩거했다. 이후 그녀는 로이텐 전투의 패전 원인이 지휘관으로서의 자질

---

118 나폴레옹 역시 로이텐 전투를 지휘한 프리드리히 2세에 대해 언급했다. 그에 따르면 프리드리히 2세가 전략 및 전술상의 문제점을 종종 가졌음에도 불구하고 로이텐 전투에서 보여준 그의 기동력과 결정력은 걸작 수준이었다고 평가했다.

을 충분히 갖추지 못한 카를 알렉산더 대공에게서 비롯되었다고 판단했다. 이에 따라 마리아 테레지아는 자신의 제부에게 지휘관 자리에서 물러날 것을 요구했고 그 자리를 다운 원수에게 넘겨주었다.

프리드리히 2세는 로이텐 전투에서 승리한 후 1758년 4월까지 오스트리아군이 점령한 슐레지엔 지방의 모든 요새를 탈환했다. 이제 슐레지엔 지방의 대다수는 다시 프로이센 측으로 넘어가게 되었을 뿐만 아니라 전세의 우위권 역시 프리드리히 2세가 장악하게 되었다.[119]

쿠너스도르프 전투

제2차 베르사유 군사 공격동맹에 가입한 후 오스트리아와 군사 공격동맹도 체결한 러시아는 1757년 6월 말 프로이센 왕국, 즉 동프로이센을 침공함으로써 제3차 오스트리아 왕위계승 전쟁에 본격적으로 참여하기 시작했다.

1758년 1월 페르모르(Wilhelm v. Fermor) 백작의 러시아군은 동프로이센 방어 임무를 총괄하던 레팔트 장군이 베를린으로

---

119 프로이센군이 곧 쉰브룬으로 진격한다는 소식이 도착했을 때 마리아 테레지아는 락센부르크로 여름휴가를 떠나려고 했다. 이에 그녀는 궁녀들에게 생활에 필요한 것들을 더 많이 챙길 것을 명령했는데 그것은 상황에 따라 그녀가 더 멀리 가야 한다고 생각했기 때문이다. 마리아 테레지아는 매년 5월 또는 6월에 몇 주간의 휴가를 더 편안하게 보내기 위해 쉰브룬에서 락센부르크로 떠났는데 7년 전쟁 기간에도 이러한 휴가는 그대로 진행되었다.

귀환한 후 거의 공백 상태에 있던 동프로이센을 점령했다. 동프로이센을 점령한 러시아군은 프로이센령 포메른으로 침입하여 퀴스트린(Küstrin) 요새를 공성했다. 당시 러시아군은 오스트리아 군과의 합류를 시도했기 때문에, 프로이센의 미래는 매우 불확실해보였다. 남쪽으로는 다운 원수 휘하의 오스트리아군이, 동쪽으로는 러시아군이 진격함에 따라, 수도 베를린의 운명은 경각에 달린 듯했다. 퀴스트린 요새를 포위한 러시아군이 포격을 개시했을 때, 프리드리히 2세는 절체절명의 위기를 맞았다. 퀴스트린과 베를린의 거리는 100km에 불과했고, 프리드리히 2세는 아직 슐레지엔 지방에 머물고 있었다. 1758년 8월 15일부터 18일까지 지속된 러시아군의 포격으로 목조건물이 대부분인 퀴스트린은 불타버렸지만, 요새는 점령되지 않았다. 러시아군과 오스트리아군이 합류한다면 베를린 함락은 필연적이기 때문에, 양군의 합류는 반드시 저지되어야 했다. 프리드리히 2세의 주력군이 슐레지엔으로부터 급거 베를린으로 진격함에 따라, 러시아군은 퀴스트린 요새를 포기하고, 퀴스트린에서 동남쪽으로 10km 떨어진 초른도르프(Zorndorf)를 점령한 후, 프로이센군과의 일전을 기다렸다.

거의 같은 시점, 즉 1758년 8월 5일 메르(Mehr)에서 펼쳐진 전투에서 임호프(Philipp v. Imhoff) 장군이 이끌던 프로이센군이 프랑스군을 격파했는데 당시 프랑스군은 독일군보다 3배나 많은 10,000명이나 되었다. 이를 기념하고 칭송하기 위해 1858년 8월 5일 하펜(Haffen)과 모르 주민들은 전투 장소에 "임호프 장군이 이끄는 용감한 독일 병사들이 1758년 8월 5일 프랑스군을 격파했다"가 각인된 오벨리스크를 세웠고 그 이후부터 매년 이곳에서 전승 기념행사가 펼쳐졌다.

1758년 8월 25일부터 시작된 초른도르프 전투에서 자이들리츠 기병 장군의 활약으로 35,000명의 프로이센군은 수적 열세에도 불구하고 43,000명의 러시아군을 제압할 수 있었다. 그런데 이 전투에서 프로이센군은 12,000명, 러시아군은 18,000명을 잃었기 때문에 전투 재개는 사실상 불가능했다. 러시아군 사령관 페르모르 원수의 러시아군은 8월 27일 바르테(Warte) 강변 도시 란츠베르크(Landsberg)로 철수했고, 프리드리히 2세는 러시아군의 철수로 오스트리아군과의 전쟁에 전력을 집중시킬 수 있게 되었다.[120]

이렇게 프로이센의 주력군이 동부전선에서 러시아군과 전투를 펼치는 동안, 오스트리아군은 브레슬라우와 슈바이드니츠(Schweidnitz) 요새를 비롯한 슐레지엔 지방의 대다수를 회복했다.[121] 이후 오스트리아의 다운 백작은 남부 작센을 침투하여, 프리드리히 2세와의 다음 전투를 대비했다. 초른도르프 전투에서 승리한 프리드리히 2세는 작센에서 고전하던 하인리히 대공의

---

120 전투가 끝난 후 프리드리히 2세는 러시아군이 오스트리아군과의 합류를 포기하고 철수했기 때문에 자신이 승리했다고 했지만, 러시아 역시 프로이센군에게 막대한 피해를 줬기 때문에 그들의 승리라 선언했다.

121 이에 앞서 오스트리아군은 1757년 11월 22일 브레슬라우 전투에서 프로이센군을 격파했고 이후 오스트리아는 슐레지엔의 전 지역도 회복할 수 있었다.

부담을 덜어주기 위해 직접 30,000명의 병력을 이끌고 바우첸(Bautzen)에서 동쪽으로 9km 떨어진 호흐키르히(Hochkirch)로 이동했다. 그런데 호흐키르히는 오스트리아군의 공격에 매우 취약한 지역이었기 때문에, 그곳에서의 전투는 프로이센군에게는 일대 모험이었다. 다운 백작이 이끄는 78,000명의 오스트리아군은 1758년 10월 14일 새벽 5시 프로이센군 진지를 기습 공격했다. 당시 프리드리히 2세는 다운 백작이 지나치게 신중하여 자신과의 정면대결을 기피하고 있다는 사실을 잘 알고 있었다. 그러나 그의 측근들, 특히 스코틀랜드 이민자 출신으로 프리드리히 2세의 절대적 신임을 받던 키이스(James Francis Edward Keith) 장군은 오스트리아군의 기습공격을 우려했고 그것에 대비해야 한다는 조언도 했지만, 프리드리히 2세는 이를 수용하지 않았다. 실제로 프리드리히 2세의 예상대로 다운 백작은 기습공격을 생각하지 않았다. 하지만 라우돈(Gideon Ernst v. Laudon) 남작을 비롯한 휘하 장군들이 적극적으로 설득했고 때마침 마리아 테레지아의 생일이 다가오고 있었으므로 승전보가 필요하다는 생각에 기습공격을 승인했다. 불시에 공격을 당한 프로이센군은 전열을 정비하기도 전에, 라우돈 남작의 배면공격도 당했다. 호흐키르히는 오스트리아군에 의해 점령되었고, 프로이센군은 북쪽으로 퇴각했다. 불과 몇 시간밖에 지속되지 않은 전투에서 프로이센군은 9,400명의 병력, 대포 100문 및 전체 병참부대를 잃었다. 오스트리아의 병력 손실도 약 7,500명에 달했다. 개인적으로 프리드리히 2세는 다운 백작에게 다시 한 번 패배를 당하는

수모를 겪게 되었다.[122]

프리드리히 2세는 슐레지엔 지방으로 철수했고, 오스트리아군은 공격적인 추격전을 펼치지 않았다. 왜냐하면 프로이센의 주력군은 여전히 전투능력을 갖춘 대규모 병력이었기 때문이다. 호호키르히 전투가 프로이센군의 존립을 직접적으로 위협하지 않았음에도 불구하고 이 전투는 이후의 전쟁 진행과정에서 하나의 전환점이 되었다. 북쪽의 러시아군과 남쪽의 오스트리아군에 의해 프로이센군은 언제라도 포위될 상황에 놓이게 되었다. 호호키르히 전투에서 프로이센군을 격퇴한 오스트리아군은 작센의 수도인 드레스덴을 탈환하려 시도했지만, 성공하지는 못했다.

이후부터 프리드리히 2세의 프로이센군은 보헤미아 지방을 다시 공략하기 시작했다. 이에 마리아 테레지아는 카우니츠-리트베르크에게 "우리가 프로이센군을 격파하든가 아니면 빈으로 후퇴해야 할 것이다. 그리고 우리는 왕국의 많은 지역도 평화체결을 위해 포기해야 할 것이다"라고 했다. 더욱이 당시 영국은

---

122 호호키르히 전투에서 프리드리히 2세는 두 명의 중요한 지휘관을 잃었다. 1747년 9월 18일 프로이센군 원수로 임명된 이후부터 프리드리히 2세의 측근으로 활동한 키이스는 중상을 입은 후 전투현장에서 전사했다. 전투가 끝난 후 오스트리아군은 키이스의 시신을 호호키르히 교회로 옮긴 후 종교적 절차에 따라 정중히 안장했다. 그리고 안할트 데사우 후작 모리츠 원수는 중상을 입고, 오스트리아군의 포로가 되었다. 다음 해 그는 석방되었지만, 호호키르히 전투에서 입은 손목 부상과 거기서 비롯된 감염으로 1760년 사망할 때까지 병원에 머물러야 했다. 호호키르히 전투에서 대패한 프리드리히 2세는 오랫동안 가지고 다니던 독약을 부관에게 보여주면서 자살할 의도마저 표명했다.

반오스트리아적 입장을 다시금 표방했는데 이것은 당시 신대륙에서 전개되던 프랑스와의 식민지 전쟁에서 우위를 확보하겠다는 의도에서 비롯된 것 같다. 즉 영국은 프랑스 및 오스트리아가 계속하여 유럽 문제에 신경을 쓰면 북아메리카 대륙에서 그들의 우위적 입지를 더욱 확고히 할 수 있다고 판단했다. 이후 영국은 체벤(Zeven) 수도원 협상에서 영국군과 하노버군을 주축으로 편성한 혼합군으로 프랑스군의 위협을 북독일에서 저지하겠다는 견해를 밝혔다. 이것 역시 마리아 테레지아에게 적지 않은 압박요인으로 작용했다.[123]

프리드리히 2세는 러시아군과 오스트리아군의 합류를 막기 위해 브란덴부르크의 췰리하우(Züllichau)에서 멀지 않은 카이(Kay)에 주둔하던 베델(Karl Heinrich v. Wedel) 중장에게 공격 명령을 하달했다. 이에 따라 베델 휘하의 프로이센군은 포젠으로부터 남하한 살티코프(Pjotr Semjonowitsch Saltykoff)의 러시아군을 공격했다. 그러나 1759년 7월 23일에 펼쳐진 이 전투에서 베델이 중상을 입는 등, 프로이센군이 패배함에 따라 프리드리히 2세는 러시아군과 오스트리아군의 합류를 차단하는 데 실패했다. 프로이센군이 패한 원인은 기병과 보병의 간격을 효율적으로 유지하지 못한 전술적인 오류로 인해 보병이 집중적으로 투입되지 못했고, 포병 역시 역할을 제대로 하지 못했기 때문이었다.

---

123 실제로 브라운슈바이크(Ferdinand v. Braunschweig) 대공이 이끄는 영국군과 하노버군의 혼성군은 프랑스군을 대파했다.

이 전투에서 프로이센군은 사상자와 포로를 합쳐 6,800명을 잃었고, 러시아군도 4,800명의 인명손실을 기록했다. 카이 전투 패배 소식을 접한 프리드리히 2세는 드레스덴, 라이프치히, 비텐베르크 및 토르가우 요새의 수비대 병력을 제외한 전군을 작센에서 철수시켜, 베델의 군단과 합류시킨 후, 8월 11일 프랑크푸르트에서 오데르강을 건넜다.[124] 프랑크푸르트와 쿠너스도르프(Kunersdorf) 사이에서 살티코프의 러시아군과 라우돈 남작이 이끄는 오스트리아 연합군이 프로이센군의 접근을 기다리고 있었다.

다음 날 라우돈 남작의 오스트리아군은 프랑크푸르트에서 동쪽으로 5km 정도 떨어진 쿠너스도르프에서 프로이센의 주력군을 패배시켰는데 오스트리아는 이 전투에서의 승리로 전세를 역전시킬 수 있었다. 이 전투에는 살티코프 백작이 지휘하는 41,000명의 러시아군도 오스트리아의 동맹군으로 참여했다.[125]

---

124 베델의 프로이센군을 격파한 살티코프의 러시아군은 아무런 저항 없이 오데르강을 건넜고 7월 31일 프랑크푸르트도 점령했다.

125 이에 앞서 살티코프의 러시아군은 8월 1일 프랑크푸르트 안 데어 오데르를 함락했다. 그리고 쿠너스도르프 전투에 앞서, 즉 8월 3일 러시아군은 오스트리아군과 쿠너스도르프에서 합류했다. 50,900명의 병사와 230문의 대포를 동원한 프로이센과의 전투에서 러시아군은 다소 불리한 상황에 놓여있었는데 그것은 프로이센군의 포병과 보병이 러시아군의 우익에 정확한 사격을 가했기 때문이다. 그러나 러시아군은 구간별로 프로이센군의 선두 부대에 맞서 탄탄한 전선을 구축하고 프로이센 보병을 비좁은 저지대의 구덩이로 몰아넣으면서 사격을 가했고 이것은 바로 재앙으로 돌변했다. 당시 프리드리히 2세는 전투의 전개 양상을 잘못 판단했다. 울퉁불퉁한 지형으로 기병대의 정찰이 쉽지 않았는데, 그는 자신도 잘못 판단할 수 있다는 점을 제대로 고려하지 않은 것 같다. 이러한 상황에서 프리드리

쿠너스도르프 전투에서 프리드리히 2세는 19,100명의 병력을 잃었을 뿐만 아니라 스스로 말을 탈 수 없을 정도로 중상도 당했다.[126] 따라서 그는 자신의 동생 하인리히에게 최고지휘권(Oberbefehl)을 일시적으로 이양했다.[127] 아울러 그는 당시 국무장관이었던 핀켄슈타인(Ernst Friedrich Graf Finck v. Finckenstein)에게 보내는 서신에서 "나는 모든 것을 잃어버린 것 같다(Ich glaube, dass (ich) alles verloren ist). 그리고 조국의 멸망적 상황에서 나 역시 살아남지 않을 것이다. 현재 나 자신이 살아있는 것 자체가 불행인 것 같다(Mein Unglück, ist, daß ich noch lebe)"라고 언급했는데 이것은 당시 프로이센의 절망적 상황을 우회적으로 표현한 것 같다. 핀켄슈타인에게 보낸 서신에서 프리드리히 2세는 오스트리아와 러시아 연합군이 11시부터 공격을 시작했고, 자신이

히 2세는 전세를 역전시키기 위해 자이들리츠(Friedrich Wilelm v. Seidlitz) 기병대에 러시아군 중앙 진에 대한 돌격 명령을 내렸다. 그동안 프리드리히 2세와 더불어 여러 전장을 누비면서 그 용맹함과 저돌성을 자랑하던 자이들리츠 기병대였지만 이번만은 통하지 않았다. 러시아군의 거센 저항에 프로이센 기병대는 결국 패주했고 자이들리츠 자신도 다치고 말았다.

126 이 전투에서 프리드리히 2세는 많은 전투 경험을 가진 530명의 장교를 잃었다. 또한 그는 오스트리아군에게 172문의 화포와 자신의 기를 포함하여 모두 28개의 기를 빼앗기는 수모도 당해야 했다. 이후 프리드리히 2세는 3,000명의 병력만을 소유하는 위기 상황에 놓이게 되었다. 이에 반해 마리아 테레지아는 승전소식을 쇤브룬 궁전의 발코니에서 들은 후 매우 기뻐했고 바로 라우돈 남작에게 승리를 축하하는 서신을 보냈다.

127 당시 프리드리히 2세는 1758년 아우구스트 빌헬름이 사망함에 따라 1726년에 태어난 하인리히를 자신의 후계자로 선정했다. 이렇게 자신의 동생에게 최고지휘권을 넘겨준 프리드리히 2세는 다음 날 다시 최고지휘권을 넘겨받았다.

지휘하던 프로이센군은 프랑크푸르트 근처의 유덴키르히호프 (Judenkirchhof)까지 후퇴해야 했고, 그 과정에서 많은 인적 피해를 보았다는 것도 언급했다. 여기서 그는 모두 50,900명의 병력 중에서 단지 3,000명만이 생존하는 대패를 당했다는 것도 실토했다. 그리고 그는 세 차례에 걸쳐 군대를 재정렬시키려 했지만 결국 전투 장소에서 이탈해야 하는 긴박한 상황에 놓이게 되었다는 것도 서신에서 지적하면서 자신의 완고한 자세 역시 패전 요인으로 제시하기도 했다.

쿠너스도르프 전투에서 대패한 이후 프리드리히 2세는 더는 전투에 참여시킬 병력이 없음을 토로했고 그것으로 인해 프로이센이 유럽에서 사라지게 될 운명에 놓이게 되었다는 것도 측근에게 실토했다. 이어 그는 자신이 하루하루를 고통 속에서 지내고 있음을 밝히면서 자신의 치아가 이제 모두 닳아 하나둘 부러져나가고 얼굴의 주름 역시 여인네 치맛자락 같다고도 했다.[128]

---

128 당시 프리드리히 2세는 모든 방면을 통틀어 군사 통솔자로서 지혜와 재능을 겸비했다. 실제로 그는 동시대 그 누구보다 전쟁의 정수를 잘 간파하고 있었고, 지극히 평범한 군복을 입고서 병사들과 동고동락함으로써 그들의 사기도 진작시킬 줄 알았다. 그는 전투가 시작되기 전 늘 병사들에게 이렇게 말했다. "전투가 시작되고 출격 명령이 하달되었음에도 적진을 뚫지 못하고 우물쭈물하는 기마병들이 있다면 나는 전투가 종료된 후 그들을 말 밑으로 기어가게 하고 후방부대의 가장 말단직에서 근무하게 할 것이다. 그리고 두려움 때문에 칼조차 제대로 뽑지 못하는 병사들이 있다면 나는 그들의 군복에 붙어있는 휘장 모두를 떼어버릴 것이다. 이제 나는 여러분과 작별인사를 하고 전투에 참여하려고 한다. 얼마 후 우리는 승리의 기쁨을 맛보며 다시 만날 수도 있지만, 영원히 이별해야 할 상황에 직면할 수도 있을 것이다."

쿠너스도르프 전투

쿠너스도르프 전투에서 승리한 오스트리아군과 러시아군은 베를린 진격 기회를 얻게 되었다. 그러나 당시 러시아, 오스트리아, 그리고 프랑스의 정치적 이해관계가 일치되지 않았기 때문에 동맹군은 베를린 진격 기회를 전략적으로 활용하지 못했다.[129] 비록 프랑스와 러시아가 오스트리아의 동맹국이었지만 프랑스는 오스트리아가 프로이센을 점령한 후 유럽의 초강대국으로 부상하는 것을 원치 않았고 살티코프 원수 역시 건강이 악화한 러시아 황녀 엘리자베타의 후계자이며 프리드리히 2세의 총애를 받던 러시아의 차기 황제 표트르 3세를 의식하지 않을 수 없었다. 쿠너스도르프 전투 직후 러시아군이 베를린을 공격하지 않고 콧부스 방향으로 철수했다는 소식을 접한 프리드리히 2세는 1759년 9월 1일 동생 하인리히에게 서신을 보냈는데 거기서 그는 베를린이 마지막 순간 오스트리아-러시아 동맹군으로부터의 침공에서 벗어난 것을 지칭해 "브란덴부르크 가문

---

129 실제로 러시아군은 항상 병참지원 문제에 직면하곤 했다. 따라서 이들은 큰 전투를 치른 후 승패 및 손실과 관계없이 철수해야 하는 경우가 많았다. 러시아 장군들은 전투에서 사용된 탄약을 재보급받으려면 매우 오랜 시간이 걸린다는 사실을 잘 알고 있었다. 따라서 이들은 전투가 끝난 후 다시 다른 전투에 참여하는 것을 꺼렸고 이러한 것은 쿠너스도르프 전투에서도 재차 확인되었다. 실제로 살티코프의 러시아군은 쿠너스도르프 전투가 끝난 지 일주일 만에, 즉 8월 19일 프랑크푸르트 안 데어 오데르 서쪽에 있는 마드리츠(Madlitz)에서 프로이센군과 다시 전투를 펼쳤고 여기서 그들 병력의 30% 이상을 잃었는데 이것은 이전처럼 병참지원이 제대로 이루어지지 않았기 때문이다. 9월 7일 살티코프의 러시아군은 병참지원이 제대로 이루어지지 않는다는 이유로 오데르강 쪽으로 철수했다. 9월 25일 철수를 완료한 살티코프의 러시아군은 10월 15일 다시 바익셀에 있던 겨울 숙영지로 이동했다.

의 기적(Mirakel von Brandenburg; *miracle de la maison de Brandenbourg*)"이라고 했다.[130]

이렇게 러시아군이 철수함에 따라 프리드리히 2세의 프로이센군은 작센 지방에서 오스트리아군과 전투를 재개했는데 이것은 작센 공국에서 그들의 영향력 회복과 오스트리아군을 보헤미아 지방으로 축출하려는 목적에서 비롯되었다. 9월 말 프로이센군은 드레스덴을 제외한 전 작센 지방을 회복했다.[131]

당시 다운 원수는 오스트리아군에게 전황이 불리하게 전개되고 있음을 직시했기 때문에 빈 정부로부터의 지시인 프로이센군과의 전투 속개를 이행하지 않았다. 다만 그는 토르가우(Torgau)에 주둔하던 하인리히 왕자의 프로이센군을 몰아내려고 했지만 실패했다.

작센에서의 상황이 프로이센에 유리하게 전개됨에 따라 프리드리히 2세는 파국적인 선제 행동을 감행했다. 즉 그는 핑크(Friedrich August v. Finck) 장군을 드레스덴 남쪽에 있는 막센(Maxen)으로 보내어 오스트리아의 군 보급망을 차단해 드레스덴에서 머물던 오스트리아군의 철수를 가시화하려고 했다. 이 계획에 대해 프리드리히 2세의 최고위 장군들은 무모하다고 지적

---

130 콧부스는 독일 브란덴부르크주에 있는 도시로 폴란드 국경에 있는 슈프레(Spree) 삼림지대의 남동쪽, 슈프레강 변에 있으며, 베를린에서 남동쪽으로 80km 떨어져 있다.

131 프리드리히 2세는 가능한 한 빨리 드레스덴을 점령하려고 했지만 실패했다. 이 시기에 프로이센군은 무의미한 파괴행위를 자행했고 그 과정에서 역사적으로 큰 가치가 있는 십자교회(Kreuzkirche)도 큰 피해를 보았다.

하면서 중단을 요구했다. 그러나 프리드리히 2세는 자신의 계획을 포기하지 않고 실행했는데 이것은 장군들이 자신의 계획보다 자신의 신체적 결함, 즉 생식기 일부를 절단한 것 때문에 제동하는 것으로 판단했기 때문이다. 실제로 프리드리히 2세는 생식기 일부를 절단한 후 파생된 열등감에서 평생 벗어나지 못했다.[132] 1759년 11월 20일 다운 원수의 오스트리아군은 막센에서 프로이센군을 격리하고, 포위하고, 그리고 격파했다. 이 전투에서 프로이센군의 사망자는 2,000명을 초과했고, 13,000명은 포로로 잡혔다. 그리고 오스트리아군은 핀크를 비롯한 9명의 프로이센 장군과 무기 일체를 압수하는 혁혁한 성과도 거두었다. 당시 프리드리히 2세를 긍정적으로 평가하던 인물들마저 그의 경솔한 작전계획과 패전 이후 취한 후속 조치들에 비난을 가하는데 주저하지 않았다.

---

132 프리드리히 2세는 엘리자베트 크리스티네와 약혼하기 전 부친인 프리드리히 빌헬름 1세의 요구에 따라 그녀를 만나기 위해 브라운슈바이크로 떠나려고 했지만, 그 시점에 그는 급성 임질(akute Gonorrhö)에 걸렸다. 그런데 이 병은 드레스덴에서 만난 한 여인으로부터 얻은 것 같다. 다급해진 그는 당시 사촌이었던 브란덴부르크-슈베트 변경백(Markgraf v. Brandenburg-Schwedt)에게 자신의 신체적 상황을 설명하고 그의 제안에 따라 비뇨기과 전문의였던 말호(v. Malchow)의 치료를 받기로 했다. 며칠 간의 집중 치료 후 프리드리히는 성병에서 회복했다는 믿음을 가지고 브라운슈바이크로 떠났다. 얼마 후 임질은 재발했고 이것은 프리드리히의 목숨까지 위협하게 되었다. 따라서 약간의 생식기 기형이 필요한 외과적 절단 시술이 요구되었고 그것에 따라 프리드리히는 수술을 받았다. 담당 의사는 프리드리히에게 생식기 일부가 절단되었지만, 이것이 향후 성생활에 전혀 영향을 주지 않는다고 했다. 그러나 이러한 수술로 인해 프리드리히의 성격은 완전히 바뀌었다. 이제 그의 성격은 편협하고(kleinlich), 소심하고(furchtsam), 교활하고(arglistig), 그리고 악의적(tückisch)으로 바뀌게 되었다.

실제로 전투에서 패한 후 프리드리히 2세는 패전 책임을 모두 핀크 장군에게 전가했다. 그런데 당시 핀크 장군은 국왕의 명령을 그대로 이행했고 그에 앞서 프리드리히 2세의 작전계획이 무모하다고 지적하기도 했었다. 그러나 쿠너스도르프 대패와 버금갈 정도의 대패를 다시 당한 프리드리히 2세 역시 자신에게 집중되는 비판에 충격을 받았고 스스로 패전의 책임을 져야 한다고도 생각하게 되었다. 이후 그는 스스로 목숨을 끊어 그 수모로부터 벗어나겠다는 극단적 방법도 모색했지만 실제로 이행하지는 않았다.[133] 막센 전투에서 승리한 라우돈 남작의 오스트리아군은 1760년 6월 23일 란데스후트(Landeshut)에서 프로이센군을 다시 격파했다. 이 전투에서 오스트리아군은 막센 전투에 이어 두 번째로 많은 수, 즉 10,000여 명의 프로이센군을 포로로 잡았는데, 그중에는 프로이센군 사령관 푸케(Heinrich August de la Motte Fouqué) 장군도 포함되었다. 프리드리히 2세의 측근이었던 이 인물은 핀크 장군과는 달리 전후 법정에 서지 않았다. 전략적 요충지인 란데스후트를 빼앗긴 후, 슐레지엔에 남은 프로이센의 요새는 몇 군데에 불과했다.

라시 백작(Franz Moritz v. Rasi)이 이끄는 오스트리아군은 1760년 10월 9일 작센 출신의 러시아군 소장 토틀레벤(Franz Eduard Ivanovich Totleben)과 연합작전을 수행하여 베를린을 일시적으로

---

[133] 전투에서 패한 이후부터 프리드리히 2세는 매일 저녁 뜬눈으로 밤을 지새우는 불면증에 시달렸다.

점령했다. 이로써 베를린은 1757년에 이어 다시 한 번 오스트리아군에게 점령되었다. 그러나 10월 12일 프리드리히 2세가 지휘하던 프로이센의 주력군이 베를린 진격을 시작함에 따라 오스트리아군은 3일 만에 이 도시에서 철수했다.[134]

베를린으로 돌아온 후 프리드리히 2세는 잔여 병력을 이끌고 당시의 불리한 전세를 역전시키기 위한 총공세에 나섰다. 즉 그는 1760년 11월 3일 라이프치히 북동쪽에 있는 토르가우에서 숙영 중인 다운 원수 휘하의 오스트리아 주력군을 공격하여 그들을 작센으로부터 몰아내려고 했다. 당시 프리드리히 2세는 반달 모양으로 전개한 오스트리아군의 양 측면을 공격하려고 했다. 그는 11,000명의 보병과 7,000명의 기병으로 구성된 치텐의 검기병 연대로 하여금 쉬프티츠(Sueptiz) 언덕을 공략하게 하여 라시 백작의 오스트리아군 이동을 차단하면서 동시에 주력군에게 오스트리아군의 배후도 기습하게 했다. 그러나 다운 원수는 프리드리히 2세의 의도를 간파하고, 전열을 재편성함으로써 프로이센의 기습을 무자비한 포격과 기병 공격을 통해 방어할 수 있었다.[135] 그러나 치텐 장군의 쉬프티츠 장악은 결국 프로이센군에게 승리를 가져다주었다.

전투 과정에서 총상을 입은 다운 사령관이 한밤중에 엘베강을 건너 퇴각했기 때문에, 프리드리히 2세의 승리는 다음 날 아

---

134 1757년 오스트리아군은 베를린을 일시적으로 점령했다.

135 이 과정에서 5,000명에 달하는 프로이센군이 희생되었다.

침에 가서야 확인되었다. 토르가우 전투에서 오스트리아군은 총병력 53,400명 중에서 15,700명을 잃었지만, 승리한 프로이센군도 48,500명 중에서 16,750명을 잃었다.[136] 따라서 토르가우 전투는 18세기에 발생한 전투 중에서 가장 참혹한 전투로 간주하고 있다. 또한 이 전투는 승전국인 프로이센에 아무런 이익도 가져다주지 못한 승리, 즉 피루스 승리(Pyrrhus Sieg)에 불과했다.[137] 그리고 전력이 크게 약화한 프로이센 역시 이 전투의 승리를 전략적으로 활용하지 못했다. 실제로 토르가우 전투에서 프로이센이 승리했음에도 불구하고 프로이센의 전략적 상황은 크게 개선되지 못했다. 동프로이센은 여전히 러시아군이 장악하고 있었고, 작센과 슐레지엔 역시 독일 제국군과 오스트리아군

---

136 프리드리히 2세는 전투가 끝난 후 동생인 하인리히에게 보낸 서신에서 20,000명에서 25,000명 정도의 오스트리아군이 희생되었다고 언급했는데 이 숫자는 지나치게 과장된 것 같다. 토르가우 전투에서 오스트리아군을 지휘한 다운 원수는 승리를 확신했는데 이것은 마리아 테레지아에게 승전보를 미리 알린 것에서 확인할 수 있다. 실제로 전투는 오스트리아에게 유리하게 진행되었다.

프리드리히 2세는 편지에서 프로이센군의 희생에 대해서는 전혀 언급하지 않았다. 며칠 후 부관인 베렌호르스트(Georg Heinrich v. Berenhorst)가 프리드리히 2세에게 전투에서 사망한 프로이센군의 규모에 대해 상세히 보고했다. 보고를 받은 후 프리드리히 2세는 베렌호르스트에게 이러한 희생자 숫자가 대외적으로 알려질 경우(Wenn je die Zahl der Verstorbenen ruchbar wird!) 처형하겠다는 경고도 했다. 그렇다면 여기서 부관이 국왕에게 보고한 희생자 숫자는 어느 정도였을까 하는 의문이 제기되는데 아마도 희생자 수는 16,670명에서 24,700명 정도였으리라 예측할 수 있다.

137 그리스 북서부에 있었던 에피루스(Epirus) 왕국의 피루스 왕(B.C. 319-272)이 로마군과의 전투에서 승리했음에도 불구하고 희생이 너무 많아 승리의 의미가 전혀 없었다는 데서 피루스 승리가 비롯되었다.

이, 프로이센령 포메른은 스웨덴군이 점령하고 있었다.

1760년 10월 15일 라인강 하류 베젤 요새 인근에서 펼쳐진 소규모 전투에서도 브라운슈바이크-볼펜뷔텔 대공 페르디난트가 지휘한 프로이센 동맹군은 크로이(Croix) 장군이 지휘하던 프랑스군에 완패당했다.

1761년에 접어들면서 슐레지엔은 다시 전투의 중심지로 주목받았다. 프리드리히 2세는 슈바이드니츠 북서쪽에 있는 요새화된 분첼비츠(Bunzelwitz) 근처에서 오스트리아와 러시아 연합군의 압박에 대응하려고 했다.[138] 당시 50,000명의 프로이센군은 132,000명의 오스트리아-러시아 연합군에 대응해야 하는 열세 상황에 놓여있었다.[139] 그런데 당시 러시아군을 지휘하던 부틀린(Alexander Borisowitsch Buturlin) 백작은 분첼비츠 전투에 참여하겠다는 의사를 밝혔지만 실제로 이 인물은 1761년 9월 9일 러시아군의 철수를 결정하고 오데르강 쪽으로 이동하기 시작했다. 이러한 소식을 접한 프리드리히 2세는 플라텐(Dubislav Friedrich v. Platen) 장군에게 후퇴하는 러시아군에 대한 공격 감행을 명령했다. 9월 15일 플라텐 장군은 고스틴(Gostyn)에 위치한 러시아 군 수물자 중앙 보급창고를 기습 공격했다. 그 과정에서 5,000여 개에 달하는 화물수송 마차를 파괴했고, 1,845명의 러시아군도

---

138 볼레수아비체(Bolesławice)로 도시명이 바뀐 분첼비츠는 1742년 오스트리아 소유에서 프로이센 소유로 바뀌었다.

139 당시 러시아군을 이끈 인물은 러시아 황녀의 신임을 받던 부틀린 백작이었다.

체포했다. 아울러 프로이센군은 7문의 대포까지 노획했다. 이어 플라텐 장군은 포메른 해안가에 있는 프로이센 요새인 콜베르크(Kolberg)까지 진격하면서 러시아 군수물자 수송로를 완전히 파괴했다. 이러한 소식을 접한 프리드리히 2세는 매우 기뻐했다.

그러나 프리드리히 2세의 기쁨은 10월 1일 라우돈 장군의 오스트리아군이 야습을 통해 슈바이드니츠 요새를 점령했다는 소식으로 사라졌다. 이에 앞서 라우돈의 오스트리아군은 쾨니히그래츠와 나이세 사이의 통로 확보에 절대적으로 필요한 글라츠 요새도 점령했다. 이러한 상황에서 프리드리히 2세는 콜베르크가 러시아군에 의해 점령되었다는 급전도 받았다. 이렇게 러시아군이 콜베르크를 장악함에 따라 육상 및 해상을 통해 그들의 군수물자를 보급할 수 있게 되었을 뿐만 아니라 포메른 지방에서 그들의 확고한 거처도 확보하게 되었다.[140]

오스트리아와 러시아가 동맹체제를 구축한 이후부터 프리드리히 2세는 군사적 열세 상황에서 벗어나기 위해 오스만튀르크와 군사동맹 체제를 결성하려고 했고 이것은 그가 1762년 1월 6일 핀켄슈타인 장군에게 보낸 서신에서 확인되었다. 서신에서 프리드리히 2세는 발칸반도에서 오스만튀르크가 오스트리아와 다시 대립하게끔 유도하고 그 비용을 프로이센이 내겠

---

140 프리드리히 2세는 슐레지엔 수호 의지를 과시하기 위해 1761년 8월 20일부터 8월 25일까지 분첼비츠의 한 농가에서 보냈다. 이어 그는 9월 10일부터 9월 25일까지 분첼비츠 인근인 페터비츠(Peterwitz)의 숲가에 친 천막에서 기거했다.

다는 언급도 했다. 핀켄슈타인의 지지를 받은 후 프리드리히 2세는 오스만튀르크 전문가인 레신(Karl Afolf v. Rexin)을 비밀 상업고문관(Geheimer Kommerzienrat)으로 임명한 후 이스탄불로 보냈는데 당시 방문 목적은 교역 및 방어동맹 체제를 체결하는 것이었다. 그러나 이 인물이 베를린으로 귀환하면서 가져온 결과물은 '친선 및 교역조약(Freundschafts-und Handelsvertrag)'이었는데 이것은 프리드리히 2세가 내심 바라던 성과는 아니었다.

1756년에 시작된 제3차 오스트리아 왕위계승 전쟁이 장기화함에 따라 프로이센의 재정적 상황 역시 급격히 나빠졌다. 그리고 이것은 행정 관료들에 대한 임금 지급을 일시적으로 중단하게 했다. 설상가상으로 영국의 경제적 지원마저 끊겼다. 원래 영국은 1758년 4월 11일에 체결된 조약에 따라 매년 거액의 지원금을 베를린 정부에게 지급하고 있었다. 그런데 영국 내에서 커다란 변화가 있었다. 그것은 1760년 10월 25일 영국 국왕 조지 2세가 사망하고 그로부터 얼마 후 프로이센에 우호적인 피트(William Pitt) 내각마저 붕괴한 데서 비롯되었다. 1761년부터 런던 정부는 프리드리히 2세에게 더는 재정적 지원을 하지 않았고 프랑스와 더불어 전쟁 종료를 위한 협상도 펼치기 시작했다. 같은 해 10월 5일 영국은 프로이센과의 동맹체제를 파기한다는 입장도 밝혔다.

러시아의 황위 교체

쿠너스도르프 전투 이후 표출된 다운과 러시아 군부 사이의 전술적 의견 대립으로 러시아군은 일방적으로 폴란드로 철수했다. 당시 마리아 테레지아는 슐레지엔 지방을 완전히 되찾은 후 러시아와 연합하여 프로이센군의 전력을 무력화시키려 했다. 그런데 양국 사이의 의견적 대립은 프로이센이 위기 상황에서 벗어나게 했을 뿐만 아니라 슐레지엔 지방에 대한 점유도 견고하게 했다.

1762년 1월 5일 러시아에서 황제 교체, 즉 백혈병으로 목숨을 잃은 엘리자베타 페트로브나에 이어 그녀의 조카였던 표트르 3세(Poetr III: 1762-1762)가 황제로 즉위했는데 그것은 프로이센에서 커다란 도움을 가져다주었다.[141] 그러나 당시 프리드리히 2세는 표트르 3세의 등극에 대해 그리 큰 기대를 하지 않았다. 즉 그는 표트르 3세의 등극을 3년 전 카를로스 3세(Carlos III: 1759-1788)가 에스파냐에서 등극한 정도로 이해했다.[142] 표트르

---

141 프리드리히 2세는 1762년 1월 19일 바르샤바 주재 프로이센 외교관으로부터 엘리자베타 페트로브나의 사망 소식을 전해 들었다.

142 1734년부터 1759년까지 나폴리 왕국과 시칠리아 왕국의 통치자였던 이 인물은 1759년 8월 10일 페르난도 6세(Fernando VI: 1746-1759)가 후계자 없이 사망함에 따라 에스파냐 국왕으로 등극했다. 전임자와는 달리 영국에 대해 적대적이었던 카를로스 3세는 당시 진행되던 제3차 오스트리아 왕위계승 전쟁보다 신대륙에서 에스파냐의 경제적 이익을 지키고, 증대시키는 데 더 관심을 보였다. 당시 카를로스 3세는 1739년 영국과의 전쟁 발발 과정에서 결정적 요인으로 작용한 영국 상인들의 불법적 경제 활동을 더는 용인하지 않으려고 했다. 실제로 카를로스 3세는 서인도제도뿐만 아니라 에스파냐 본국, 그리고 에스파냐가 통치하는 여러

3세, 즉 카를 페터 울리히(Karl Peter Ulrich Holstein-Gottorp) 대공은 홀슈타인-고토로프(Holstein-Gottorop) 대공 카를 프리드리히(Karl Friedrich)와 러시아 표트르 대제의 장녀 안나 페트로브나 사이에서 태어난 인물로 1739년부터 1762년까지 홀슈타인-고토로프를 통치했다.[143]

이 인물은 1742년 이모인 옐리자베타 페트로브나의 계승후보자로 결정된 후 러시아로 소환되었다. 당시 루터교 신자였던 이 인물은 프로이센식 교육을 받았기 때문에 러시아 관습에 대해서는 문외한이었다. 따라서 옐리자베타 페트로브나는 카를 페터 울리히 대공을 러시아로 불러 러시아 정교 및 관습에 익숙해질 수 있는 시간을 주고자 했다. 14살부터 러시아 황궁에서 살던 카를 페터 울리히는 안할트-체르프스트(Anhalt-Zerbst) 후작 크리스티안 아우구스트(Christian August)의 장녀로 슈테틴에서 태어난 조피 아우구스테 프리데리케(Sophie Auguste Friedericke)와 결혼했는데 이 인물이 바로 예카테리나 2세(Ekaterina II: 1762-1796)였다. 그런데 카를 페터 울리히는 옐리자베타 페트로브나의 기

영토에서 영국 상인들의 경제적 침투가 용인할 수 있는 범위를 넘어섰다고 판단했다. 여기서 그는 영국이 자신과 자신의 정부에게 돌아와야 할 몫의 상당 부분을 착취하고 있는 것에 대해 크게 분노하기도 했다. 그러나 에스파냐는 영국이 프랑스와의 전쟁에서 연전연승을 거두면서 사실상 북아메리카 전역을 장악함에 따라 불안감을 느끼지 않을 수 없었다. 이에 따라 카를로스 3세는 에스파냐가 차지하던 멕시코와 플로리다도 영국의 수중으로 넘어갈 수 있다는 우려를 불식하기 위해 1761년 8월 프랑스와 공수동맹 체제를 체결했다.

143 홀슈타인은 1490년 홀슈타인-고토로프와 홀슈타인-제게베르크(Holstein-Segeberg)로 분류되었다.

대와 달리 유년기 교육의 영향에서 벗어나지 못했다.

표트르 3세는 홀슈타인-고토로프 공국을 통치하던 시기부터 프리드리히 2세의 강력한 지원을 받았다. 브란덴부르크-프로이센의 최고훈장인 '검정 독수리 대훈장'을 프리드리히 2세로부터 받을 정도로 프리드리히 2세와 홀슈타인-고토로프 대공과의 관계는 돈독했다.[144] 엘리자베타 페트로브나에 이어 러시아 황제로 등극한 표트르 3세는 1762년 5월 5일 상트페테르부르크에서 프로이센과 평화조약 겸 군사동맹 조약을 체결한 후 기존의 오스트리아-러시아 동맹체제를 무효화시켰을 뿐만 아니라 제3차 오스트리아 왕위계승 전쟁을 계속하고 있던 프리드리히 2세에게 군사지원도 약속했다. 점차 프리드리히 2세는 표트르 3세가 러시아 황제로 즉위한 것에 대해 긍정적인 자세를 보이기 시작했다.[145]

---

144 프로이센-브란덴부르크의 최고훈장인 '검정 독수리 대훈장'은 브란덴부르크 선제후 프리드리히 3세(Friedrich III: 1688-1701)가 프로이센 국왕, 즉 프리드리히 1세(Friedrich I: 1701-1713)로 등극하는 것을 기념하기 위해 대관식 전날인 1701년 1월 17일 도입했다. 당시 표트르 3세는 프리드리히 2세를 세계의 영웅 중에서 가장 뛰어난 영웅이라 칭송했다. 그리고 이 인물은 프로이센 중장의 군복을 자주 착용했고 자신의 거실 여러 곳에 프리드리히 2세의 초상화를 걸어놓기도 했다. 또한 표트르 3세는 프리드리히 2세가 포츠담에서 그에게 선물한 반지에 각인된 프로이센 국왕의 얼굴에 키스도 자주 했다.

145 당시 표트르 3세는 프리드리히 2세의 지원을 받아 덴마크에 귀속된 슐레스비히 대공국을 자신이 태어난 홀슈타인 가문으로 환원시키겠다는 구상도 하고 있었다. 따라서 표트르 3세는 2월 5일 러시아 궁에서 개최된 만찬에서 페테르부르크 주재 오스트리아 대사인 메르시(Mercy) 백작에게 러시아와 오스트리아 사이에 체결된 군사 공격동맹의 불합리성에 대해 언급하기도 했다.

표트르 3세는 프로이센과 체결한 평화조약에서 전쟁 이전 상태로 회귀한다는 원칙(*Status quo ante bellum*)을 강조하면서 러시아가 전쟁과정에서 획득한 영토를 포기하겠다고도 했다. 스웨덴 역시 러시아를 따라 같은 해 5월 22일 함부르크에서 프리드리히 2세와 평화조약을 체결한 후, 오스트리아와의 동맹관계를 일방적으로 파기했다.[146] 이로써 러시아와 스웨덴은 제3차 오스트리아 왕위계승 전쟁에서 비롯된 부담을 다른 국가들보다 1년 먼저 덜게 되었다.

표트르 3세와 군사동맹을 체결한 프리드리히 2세는 러시아군과 더불어 브레슬라우로 진격했다. 지금까지 오스트리아의 동맹국이었던 러시아에서 표트르 3세가 즉위함에 따라 기존의 오스트리아-러시아 동맹체제가 프로이센-러시아 동맹체제로 바뀌게 되는 상황이 초래되었다. 이에 따라 프리드리히 2세는 러시아군의 지원을 받아 브레슬라우에 주둔 중인 다운 원수의 오스트리아군을 공격하려고 했지만, 당시 러시아군은 본국 정부로부터 철수 명령을 받은 상태였다. 이것은 쿠데타로 표트르 3세가 실각한 후 러시아 황제로 등극한 예카테리나 2세가 2개월 전에 체결된 프로이센과의 군사동맹을 무효화시킨 데서 비롯되었다.[147]

러시아 황제로 등극한 이후부터 표트르 3세는 자신이 지향

---

146 표트르 3세는 러시아 용병이 프로이센군에서 활동하는 것을 허용했고 그것에 따라 20,000명의 러시아 용병이 프로이센군에 편입되었다.

147 당시 러시아는 전비가 거의 바닥이 난 상태였다.

표트르 3세

한 광범위한 내정개혁으로 러시아 국내 보수세력의 공적으로 부각되었다. 이러한 상황에서 표트르 3세의 부인인 예카테리나와 그녀의 측근들은 쿠데타를 계획했다. 예카테리나는 오를로프(Orlov) 형제, 예카테리나 여제의 연인으로 알려진 그리고리 그레고리예비치 오를로프(Grigori Grigorjewitsch Orlov)와 그의 동생이며 표트르 3세의 살해범으로 의심받던 알렉세이 그리고리예비치 오를로프(Alexei Grigorjewitsch Orlov)가 근무하던 러시아 친위연대의 지지를 확인한 후, 1762년 7월 9일 남편 표트르 3세의 폐위를 일방적으로 선언하고, 스스로 러시아 황제, 즉 예카테리나 2세로 등극했다. 체포된 표트르 3세는 7월 17일 의문의 주검으로 발견되었다. 이렇게 표트르 3세가 사망하고, 러시아의 국내 정치 상황이 안정됨에 따라 예카테리나 2세는 1762년 10월 3일 모스크바 크렘린 궁전의 성모승천 대성당에서 황제대관식을 거행한 후, 34년간 러시아를 통치했다.[148]

프리드리히 2세는 예카테리나 2세에 의해 소환 명령이 떨어진 20,000명의 러시아군의 철수를 교묘히 지연시킨 후, 오스트리아군을 보헤미아 국경까지 몰아내는 데 성공했다. 1762년 7월 21일 브레슬라우에서 남서쪽으로 약 50km 떨어진 국경 마을 부르커스도르프(Burkersdorf)에서 펼쳐진 전투에서 오스트리아는 3,000명, 프로이센은 1,800명의 병력을 잃었다. 이 전투에

---

148 예카테리나는 계몽절대주의 원칙에 따라 러시아를 통치했고 그 과정에서 인구증가정책을 지속적으로 펼쳤다. 이것은 노동력 증강이 산업 생산량을 크게 증대시키는 요인이라는 관점에서 비롯되었다.

서 승리한 프로이센군은 그곳에서 약 5km 떨어진 슈바이드니츠 요새도 공격했다. 이렇게 포위된 요새를 구하기 위해 합류한 라시 백작과 라우돈 남작의 오스트리아군은 같은 해 8월 16일 새벽 슈바이드니츠에서 수 km 떨어진 라이엔바흐에서 프리드리히 2세의 처남인 브라운슈바이크-볼펜뷔텔 대공 페르디난트가 지휘하던 프로이센군을 습격했다. 전투가 수 시간 동안 공격군에게 유리하게 진행되었지만, 가까운 페테스발다우(Peterswaldau)로부터 프리드리히 2세가 감행한 구원 공격으로 상황은 역전되었고 이것으로 인해 다운 원수는 오스트리아군의 퇴각을 명령했다. 프로이센군이 승리한 라이엔바흐 전투에서 양쪽 군 모두를 합쳐서 약 1,000여 명의 희생자를 기록했다. 슈바이드니츠 요새는 오스트리아군의 철수에도 불구하고 1762년 10월 9일까지 버티다가 결국 프로이센군에게 항복했다.

제3차 오스트리아 왕위계승 전쟁의 마지막 전투는 1762년 10월 29일 작센의 프라이베르크(Freiberg)에서 발생된 프로이센군과 독일 제국군 간의 전투였다. 1756년 8월 작센에서 시작된 전쟁은 공교롭게도 그 마지막 전투를 작센에서 치르게 되었다. 1762년 프로이센군의 슐레지엔 방어전투는 프리드리히 2세가 직접 지휘권을 가졌지만, 작센에서 진행된 프로이센군과 제국군 사이의 전투는 그의 동생 하인리히 왕세자가 담당했다.[149]

---

149 당시 독일 제국군은 '도망가는 군대(Reißausarmee)'라는 모욕적 별명을 가지고 있었다. 실제로 군 지휘부가 전투에 참여할 것을 병사들에게 명령했을 때 이들은 오히려 도망치는 경우가 많았다. 제3차 오스트리아 왕위계승 전쟁, 즉 7년

당시 제3차 오스트리아 왕위계승 전쟁에 참여한 국가들, 특히 러시아, 영국, 그리고 프랑스는 자국의 이익을 위해 신경 썼다. 우선 러시아는 유럽에서 그들이 추진한 서진정책을 보다 가시화시키기 위해 폴란드에서 프로이센을, 발칸반도에서 오스트리아의 세력을 약화하려 했고 그 과정에서 이들 국가가 향후 가정적 동맹국의 역할을 할 수 있게끔 배려도 했다. 영국은 하노버 공국의 보호를 위해, 프랑스는 동쪽 국경의 안전을 지키기 위해 노력했다. 여기서 이들 국가는 프로이센과 오스트리아를 그들의 확실한 동맹국 또는 유럽의 세력균형을 위한 보장국가로 간주하지 않았다.

거의 같은 시기 프리드리히 2세는 오스트리아의 재정적 상황을 더욱 악화시켜 전쟁을 종식하려 했는데 그러한 것은 치텐 장관의 조언에서 비롯되었다. 그런데 당시 빈 정부는 오스트리아군의 규모를 이전보다 약 20,000명 정도 감축했다.

여기서 일부 학자들은 마리아 테레지아가 제3차 오스트리아 왕위계승 전쟁에서 승리할 것이라는 믿음에서 그러한 조처를 감행했다는 주장을 펼쳤지만, 대다수 학자는 그러한 관점에 대해 동의하지 않았다. 실제로 오스트리아의 경제적 상황은 병사들에게 봉급을 제대로 지급할 만큼의 경제적 여력도 없었다. 물론 전쟁이 진행되면서 빈 정부는 새로운 세금을 신설하거나 기존

전쟁에서 프리드리히 2세가 이끄는 프로이센군이 참여한 전투는 모두 16번이었고 이 중에서 프로이센군이 승리를 거둔 것은 그 절반인 8번이었다.

세금의 세율을 대폭 인상하는 등의 방법을 통해 부족한 전비를 충당하려고 했다. 그런데도 빈 정부는 계속 국채를 발행해야 했고 그 규모 역시 엄청나게 증대되었다. 이에 따라 오스트리아의 재정 상태는 크게 악화되었다. 오스트리아가 제3차 오스트리아 왕위계승 전쟁 발생 이후 지출한 전비는 260,000,000굴덴에 달했지만 빈 정부는 이러한 전쟁경비를 만회할 재정 능력을 갖추지 못했다.[150] 그것은 전쟁이 끝난 해의 세입과 세출을 통해 확인할 수 있다. 실제 1763년 오스트리아 정부의 세입은 23,500,000굴덴이지만, 세출은 그 3배를 초과하는 76,000,000굴덴이나 되었다. 이에 따라 빈 정부가 매년 갚아야 할 부채에 대한 원금 및 이자는 전체 예산에서 40% 이상을 상회하게 되었고 이것은 빈 정부에게 재정적 압박을 가하는 요인으로도 작용했다.

당시 프리드리히 2세는 오스트리아 동전 그로센(Groschen)의 품질 저하를 통해 오스트리아의 재정적 상황을 더욱 악화시키면 빈 정부도 프로이센과의 전쟁 지속을 포기하게 될 것이라는 치텐 장관의 조언에 동의했다. 이것은 아마도 그가 치텐의 조언이 가지는 신빙성을 인지했기 때문일 것이다. 이에 따라 프리드리히 2세는 그로센의 은 함유량을 대폭 줄이는 동전 품질 저하

---

150 이에 반해 프로이센은 7년 동안의 전쟁경비로 150,000,000굴덴을 지출했다. 그런데 프로이센은 오스트리아와는 달리 1년 동안의 전쟁경비인 30,000,000굴덴을 비밀리(*in petto*)에 비축하고 있었는데 이것은 군대를 유럽의 전투지에 파견하지 않는 대가로 영국 정부가 내놓은 지원금과 전쟁 상대국, 작센과 메클렌부르크의 자원을 철저히 활용한 데서 비롯되었다. 실제로 전체 전비에서 프로이센이 자체적으로 부담한 것은 3분의 1에 불과했다.

(Münzverschlechterung)를 시도했고 자국 동전의 은 함유량 역시 낮추려고 했다. 그리고 프리드리히 2세는 유대인인 에프라임(Veitel Heine Ephraim)과 이치히(Isaac Daniel Itzig)에게 그로센의 품질 저하 작업을 전담시켰는데 당시 에프라임은 궁정 출입 보석상 겸 조폐기능장이었고, 이치히는 은행가였다. 프리드리히 2세는 선대 왕들보다 유대인 재정관리자들을 보다 효율적으로 활용했기 때문에 유대인 은행가와 금은상 조합에 저질의 주화를 주조하는 책임까지 쉽게 전가할 수 있었다. 이어 그는 품질이 저하된 오스트리아 그로센을 유대인 상인들을 통해 폴란드와 헝가리에 집중적으로 유통했는데 이것은 오늘날 화폐발행고를 확대하는 것과 같은 효과를 발휘했다.[151] 이렇게 오스트리아 유대인들이 다시금 친프로이센적 태도를 보임에 따라 마리아 테레지아는 크게 격노했고 이들에 대한 차별정책을 보다 체계적으로 시행해야 한다는 판단도 했다. 그러나 빈 정부는 프리드리히 2세의 동전 품질 저하정책으로 인플레이션에 시달리게 되었고 그것은 빈 정부에게 전쟁 종료의 필요성을 다시금 인식하게 하는 요인이 되기도 했다.[152]

---

151 프리드리히 2세는 에프라임과 이치히를 비롯한 동전 품질 저하에 깊이 관여한 인물들에 대해 어떠한 처벌도 하지 않겠다는 약속을 했다. 또한 그는 동전 품질 저하와 연계된 모든 서류의 파기도 명령했다.

152 전쟁이 끝난 직후인 1763년 프리드리히 2세는 자국 동전의 은 함유량을 이전 수준으로 환원시켰는데, 이것은 독일권에서 최대의 디플레이션 위기(Deflationskrise)를 유발하는 요인도 되었다. 디플레이션이 유발되면 소비가 위축되면서 물가 역시 떨어진다. 이렇게 물가가 떨어지면 기업은 고용 및 성장을 포기

신대륙에서의 식민지전쟁

제1차 및 제2차 오스트리아 왕위계승 전쟁과는 달리 제3차 오스트리아 왕위계승 전쟁은 이중적 성격을 띠었다. 이것은 유럽대륙에서 진행된 프로이센과 오스트리아 사이의 전쟁과 이들 양국과 동맹을 체결한 프랑스와 영국 간의 전쟁이 북아메리카 식민지에서도 동시에 진행되었기 때문이다. 따라서 제3차 오스트리아 왕위계승 전쟁은 세계대전의 성격도 가졌다는 주장이 일부 학자들로부터 제기되고 있는데 이것은 제1차 및 제2차 세계대전과 같이 전쟁이 두 개 대륙에서 동시에 펼쳐진 데서 비롯된 것 같다.

신대륙에서 영국과 프랑스 사이의 전쟁은 이미 1755년부터 시작되었다. 1755년 1월 런던 정부는 브래독(Edward Braddock) 장군이 이끄는 원정군, 즉 아일랜드(Ireland)에 주둔하던 정규군 두 개 연대를 북아메리카 식민지 지역으로 보냈고 프랑스 역시 3월 3,000여 명의 병력을 파견했다. 이렇게 런던 정부가 대규모 원정군을 식민지에 보낸 것은 1754년 워싱턴(George Washington)이 이끌던 영국군이 프랑스군에게 패배한 데서 비롯되었다.[153] 버

하고, 고용이 안 되면 실업자 역시 크게 증대된다. 이러한 상황에서 사람들은 실물가치가 더 떨어지지 않겠냐는 우려 때문에 소비를 더욱 줄이고 이것은 물가를 폭락시키고 자본이 떨어진 회사들은 결국 도산하게 된다.

153 애초에 뉴캐슬은 재정적 부담을 고려하여 고위급 장교를 파견하고 군수물자를 제공하는 선에서 식민지를 지원하려고 했다. 하지만 영국군 총사령관이자 조지 2세의 차남인 컴벌랜드 공작(Duke of Cumberland)이 정규군의 파병을 주장하자 그것에 따를 수밖에 없었다.

지니아 식민지 총독 대리 딘위디(Robert Dinwiddie)가 20대 초반의 토지측량기사인 워싱턴에게 150여 명의 병력을 이끌고 새로 건설된 프랑스 요새 중 하나를 선택해 공격할 것을 명령했다.[154] 군 지휘관으로서의 경험이 없던 워싱턴과 정규 훈련을 거의 받아본 적이 없는 그의 부대는 뒤켄 요새를 목표로 원정에 나섰지만, 오히려 잘 훈련된 프랑스군의 역습을 받아 대패하고 펜실베이니아(Pennsylvania)에 위치한 니세서티(Necessity) 요새마저 프랑스에 넘겨주어야 했다. 워싱턴의 패배 소식을 접한 런던 정부는 프랑스의 도발에 적극적으로 대응하기로 했다. 비록 공식적으로 전쟁이 선포되지 않은 상태에서 발생한 소규모 부대 사이의 충돌이기는 하지만, 약 35년 후 미합중국의 초대 대통령으로 선출된 워싱턴이 국제무대에서 자신의 이름을 알린 이 전투는 7년 전쟁의 첫 번째 전투로 간주할 수 있다.

1755년 여름, 즉 7월 6일 양국 군은 펜실베이니아에 있는 머낭거힐러(Monon-gahela)에서 전투를 펼쳤다. 그 이후에도 양국 군의 전투는 북아메리카 여러 곳에서 진행되었고 많은 희생자도 발생했다.[155] 8월에 접어들면서 영국은 프랑스 상선들을 압류

---

154 딘위디는 1751년부터 1758년까지 버지니아 식민지 총독 대리직을 수행했다. 그런데 당시의 식민지 총독들은 부재자였기 때문에, 딘위디는 실질적으로 식민지의 수장이었다.

155 이에 앞서 브래독의 영국군은 1755년 여름 뒤켄 요새로 향해 진격하던 중 펼쳐진 프랑스군과의 전투에서 대패했고 브래독 역시 목숨을 잃었다. 그리고 머낭거힐러에서 프랑스군은 직접 전투에 참여하지 않고 그곳에 거주하던 인디언들을 지원했지만, 이 전투에서의 승자는 영국군이었다.

하기 시작했지만 프랑스와의 전쟁에서 드러난 열세 상황에서 벗어나지 못했다.

1756년 4월 프랑스군이 지중해에 있는 영국 소유의 미노르카(Minorca)섬을 점령함에 따라 영국은 같은 해 5월 18일 프랑스에 대해 선전포고를 했고 프랑스 역시 6월 9일 영국과의 전쟁을 공식적으로 공포했다. 같은 해 8월 15일 몽칼름-고존(Louis-Joseph de Montcalm-Gozon) 후작의 프랑스군은 영국의 전략적 요새인 오스위고(Oswego)를 점령했는데 이것은 온타리오(Ontario) 호수를 통제하는 기능도 가지게 했다.

영국이 개전 초기의 불리한 전황에서 벗어나기 시작한 것은 1758년부터였는데 이것은 그들의 해군이 이전보다 우세한 전력을 확보했기 때문이다. 이후부터 프랑스 해군 전력은 영국 해군의 그것보다 열세 상황에 놓이게 되었다.[156]

---

156 18세기 유럽에서 해군은 육군과는 달리 충원과정에서 매우 긴 시간이 필요했다. 당시 영국 해군의 충원은 주로 민간선박의 선원들을 대상으로 이루어졌는데, 선원 대부분은 위험하고 보수도 열악한 해군 복무를 원하지 않았으므로 항구로 들어오던 선박을 정지시킨 후 선원들을 강제로 징집하는 방법이 주로 활용되었다. 이러한 방식으로 필요한 인원을 확보하는 과정은 매우 느리게 진행되었고 영국 해군은 전쟁이 시작된 지 한참 지난 후에도 보유한 전력을 완전히 활용할 수 없었다. 그 결과 전쟁 초반 필요한 인원을 영국보다 짧은 시일 내에 확보할 수 있었던 프랑스 해군은 큰 어려움 없이 병력과 물자를 북아메리카와 서인도제도, 미노르카로 이송할 수 있었지만 1758년 이후부터 그것은 더는 가능하지 않았다. 그렇다면 왜 영국과 프랑스의 해군력이 이처럼 큰 격차를 보이게 되었을까? 1690년대까지만 해도 프랑스는 영국과 대등한 해군력을 보유했다. 오히려 전함 숫자에서 프랑스 해군은 영국 해군에 앞섰다. 영국 해군이 1692년 바르플뢰르(Barfleur) 해전과 라오그(Laog) 해전에서 프랑스 해군에 승리할 수 있었던 것은 동맹국인 네덜란드 해군과 연합전을 펼쳤기 때문이다. 하지만 에스파냐 왕위계승 전쟁(1701-

해군력 우위로 영국은 다른 나라가 보유하지 못한 전략적 유연성도 확보했지만, 전쟁의 승패는 아직까지 지상전투에서 결정되었다. 에스파냐 왕위계승 전쟁 이후 해군에 대한 프랑스의 관심 및 투자는 계속 줄었고 그것에 따라 영국과 프랑스 사이의 해군력 격차는 더욱 확대되었다. 그런데 영국은 섬나라라는 특수성 때문에, 그리고 경제 분야에서 차지하는 대외교역과 해운업에서의 높은 비중 때문에 강력한 해군력이 필요했다. 더욱이 영국의 지상군 전력은 유럽 열강의 그것과 비교할 때 열세였기 때문에 영국 안보전략의 초점은 우세한 해군력을 활용하여 대륙으로부터의 침략 시도를 영국 해협에서 차단하는 데 맞춰졌다. 이 과정에서 유럽에서 최강의 육군을 보유한 프랑스의 침공 시도를 사전에 차단하는 것이 다른 무엇보다도 중요했다. 실제로 프랑스는 서너 차례 영국 침공을 시도했고 영국 본토는 아니지만 아일랜드에 군대를 상륙시키는 전과도 거두었다.

당시 영국 해군은 1740년대부터 본격화한 '다기능 함대' 전략을 효율적으로 운영하고 있었다. 이 전략은 영국 침략을 방어하기 위한 함대의 주 활동무대를 대서양에서 영국 해협으로 들어오는 해역으로 설정하고, 거기에 함대를 장기간 주둔시키는 것이었다. 이렇게 함으로써 유사시 대서양에서 영국 해협으로 진입하는 프랑스나 에스파냐 함대를 차단할 수 있을 뿐만 아니

1713)을 거치면서 영국의 해군력은 프랑스보다 우위를 차지하기 시작했다. 이후에도 영국은 지속해서 전함을 건조하고, 이것들을 유지하는 데 필요한 인프라 구축에도 적지 않은 배려를 했다.

라 북아메리카와 서인도제도, 인도 등으로 향하거나 그곳에서 영국으로 들어오는 자국 선박을 허가된 해적선인 사략선의 위협에서도 보호할 수 있었다. 나아가 프랑스 함대나 선박이 프랑스와 북아메리카, 서인도제도 사이를 왕래하는 것 역시 저지할 수 있었다.

프랑스는 제1차 및 제2차 오스트리아 왕위계승 전쟁에서 자국의 해군력이 영국의 해군력보다 절대적 열세에 놓여있음을 확인한 후 1748년부터 해군력 증강에 관심을 보였고 이것은 기존의 정책을 수정하는 것으로 볼 수 있다. 파리 정부는 특히 전쟁 종료 직전 이베리아반도의 피니스테레 곶(Cape Finisterre) 근처에서 펼쳐진 두 차례의 해전에서 자국 함대가 영국함대에 모두 패배한 것에 충격을 받았다.[157] 프랑스는 해군력의 열세가 영국

---

[157] 1747년 5월 14일 엔스(George Anson) 제독의 영국함대가 해협에서 프랑스의 수송선단을 습격했다. 그 과정에서 프랑스 전열함[(ship of the line) 17세기부터 19세기까지 유럽 여러 국가에서 사용한 군함이다. 한 줄로 늘어선 전열을 구축한 후 포격전을 펼쳤기 때문에 이러한 이름이 붙여진 것 같다. 대체로 목조 비장갑 선에 대포 50문 이상을 탑재한 3개 돛대의 범선] 4척, 프리깃함 2척, 그리고 상선 7척이 격침되거나 나포되었는데 이를 지칭하여 '제1차 피니스테레 곶 해전'이라고 명명되었다. 같은 해 10월 14일 8척의 전열함에 의해 보호되던 프랑스 수송선단이 수적으로나 장비 면에서 우위에 있던 영국함대, 즉 14척의 전열함으로 편성된 영국함대에 의해 비스케이 만(Bay of Biscay)에서 습격을 당했다. 이 전투를 '제2차 피니스테레 곶 해전'이라고 하는데 프랑스 제독 레탕뒤에르(Desherbiers de l'Etenduère)와 그의 함대는 효율적인 방어체계를 구축한 후 호크(Edward Hawke) 경이 이끄는 영국함대의 공격을 한시적으로 저지할 수 있었다. 비록 이 해전에서 프랑스 해군이 패했지만, 함대전이 벌어지고 있는 사이 수송선들은 레탕뒤에르가 호위용으로 파견한 26문의 함 카스토르(Castor)와 64문 함 콩탕(Contant)의 호위를 받으면서 서인도제도로 계속 항해할 수 있었다. 그러나 이들 대부분은 다른 해

과의 식민지 경쟁, 특히 북아메리카에서뿐만 아니라 유럽 내에서의 주도권 장악을 위한 양국 사이의 경쟁에서도 부정적 영향을 끼칠 수 있다는 것을 깨달았다. 그렇지만 해군력의 강화는 단시일 내에 이루어질 수 없었다. 양국 간의 전쟁이 시작할 당시 프랑스 해군은 전열함과 프리깃(Frigate)함 숫자에서 영국 해군의 그것들보다 훨씬 열세였다.[158] 더 심각한 문제는 병력충원이었는데 프랑스는 영국보다 해군에서 복무할 선원 숫자가 절대적으로 부족했다. 프랑스의 이러한 약점을 잘 알고 있었던 영국은 프랑스 선박을 나포하여 선원들을 억류하거나 감금함으로써 인력난을 더욱 심화시키는 전략도 썼다.

1758년부터 영국 해군은 프랑스에서 북아메리카로 병력 및 물자를 운반하던 프랑스 선박들과 그것들을 호위하던 전함들의 항해를 저지하기 시작했다. 이에 반해 영국 선박은 프랑스 해군과 사략선의 방해를 거의 받지 않고 인원과 물자를 안전하게 북아메리카로 운반했는데 이것은 1758년부터 북아메리카에서의 전황이 영국 쪽으로 유리하게 바뀌는 요인 중의 하나로 작용했다. 이렇게 전세가 역전된 또 다른 요인은 영국이 프랑스보다 수적으로 우세한 북아메리카 영국계 현지인들을 효율적으로 활용하기 시작했다는 것을 들 수 있다. 7년 전쟁이 발발할 당시 북아메리카의 프랑스계 주민은 5만 명에 불과했지만, 영국계 주민은

역에서 영국함대로부터 공격을 당하거나 나포되었다.

158 프리깃함은 19세기 전반까지 유럽에서 활약한 돛을 단 목조군함이었고 주로 경계 임무를 담당했다.

이보다 22배나 많은 110만 명이었다. 북아메리카에서 영국과 프랑스와의 전쟁은 영토분쟁에서 비롯되었고, 이 전쟁에서 영국이 승리하면 현지의 영국계 주민들이 가장 큰 수혜자가 되리라는 판단하에 영국 정부는 이들에게서 전쟁에 필요한 인적 및 물적 자원을 지원받고자 했다. 그러나 예상과는 달리 그동안 본국 정부로부터 어떠한 간섭도 받지 않던 영국계 주민들은 런던 정부의 이러한 시도에 대해 거세게 반발했다.

그렇지만 이러한 반발은 1758년 봄 피트 정부가 개입하면서 점차 수그러들기 시작했다.[159] 피트는 현지 주민들에게 프랑스와의 전쟁에서 인적 또는 물적 지원을 하면 전쟁이 끝난 후 본국 정부가 그 비용 전액을 보상하겠다는 약속을 했다. 이러한 약속은 바로 효력을 발휘하여 영국은 무려 5만여 명에 달하는 현지 주민들을 전투에 투입할 수 있었고 이것은 북아메리카 프랑스계 주민 모두를 합해놓은 것과 비슷한 규모였다. 영국군에 대한 수적 열세를 극복하기 위해 프랑스군은 아메리카 원주민과 동맹을 맺고 이들을 전투에 참여시켰는데 이것이 전쟁 초기 프랑스군의 우위를 가능하게 했다. 하지만 본국으로부터의 물

---

159 1756년 11월부터 런던 정부의 수상으로 활동하던 피트는 유럽대륙에서 프랑스를 견제하고 해외에서도 이 국가를 패배시켜야 한다는 주장을 펼쳤고 그것에 대해 상인 및 지방 젠트리 계층의 적극적인 지지도 있었다. 이 인물은 1756년 8월 북아메리카의 영국 요새 중 유일하게 오대호 연안에 있는 오스웨고(Oswego) 요새마저 프랑스에 빼앗긴 후 같은 해 11월 사퇴한 뉴캐슬의 뒤를 이어 수상으로 등장했다. 이후 이 인물은 전쟁에서 승리하려면 유럽대륙뿐만 아니라 식민지에서도 승리해야 한다는 믿음을 가졌기 때문에 식민지에서의 전쟁에 대해서 심혈을 기울였다.

자보급에 차질이 생기면서 예전과 같이 원주민에게 전쟁 참여 대가를 지급하기 어려웠고, 이들의 협조를 얻지 못한 프랑스군은 점차 불리한 상황에 놓이게 되었다.

　이러한 점들을 고려할 때 영국이 1758년 이후부터 북아메리카에서 계속 승리한 것은 당연한 결과였다. 1758년 7월 루이스부르 요새 함락을 시작으로 프롱트낙(Frontenac) 요새, 두켄(Duquesne) 요새 등이 영국군의 수중으로 넘어갔다. 두켄 요새는 영국군이 함락한 후 피트의 이름을 따 피츠버그(Pittsburgh) 요새로 바뀌었다. 1759년 6월과 7월에 영국군은 나이아가라(Niagara) 요새와 카리용(Carillon) 요새를 점령한 후 퀘벡(Quebec)에 대한 공략에도 나섰다.[160] 울프(James Wolf)와 머레이(James Murray)가 이끄는 8천여 명의 영국군은 세인트 로렌스(Saint Lawrence)강을 거슬러 올라온 영국함대의 지원을 받으면서 퀘벡 점령에 나섰다.

　올리언스(Orleans)섬에 진지를 구축한 울프 장군은 1759년 7월 31일 4,000명의 병력을 동원하여 프랑스군을 습격했다. 그러나 프랑스군은 몽모랑시(Montmorency) 폭포가 내려다보이는 절벽 위 높은 고지에 진을 치고 있었기 때문에 영국군의 습격에 효율적으로 대응했고 그것 때문에 영국군은 일단 올리언스섬으로 퇴각할 수밖에 없었다. 울프와 머레이가 프랑스군에 대한 2차

160　1758년에 펼쳐진 카리용 전투에서 1738년 3월부터 북아메리카 영국군 총사령관으로 활동하던 에버크롬비(James Abercromby)는 영국군의 수적 우위, 즉 4,000명의 프랑스군보다 무려 4배나 많은 16,000명의 병력에도 불구하고 프랑스군에게 대패하는 수모를 겪었다.

공격을 고민하는 동안, 영국군 정찰대는 프랑스군의 보급을 차단하기 위해 세인트 로렌스강을 따라 프랑스 거주지를 약탈하고, 식량과 탄약 그리고 다른 물품들도 파괴했다. 9월 13일 울프 장군은 5,000명의 병력을 이끌고 퀘벡에서 1.6km 떨어진 아브라함(Abraham) 평원으로 진격했다. 이후 울프의 영국군은 동쪽으로 약 4km 떨어진 곳에 있던 몽칼름-고존 후작의 프랑스군과 서쪽으로 약 12km 떨어진 장소에 주둔한 부갱빌(Louis Antoine de Bougainville)의 연대 사이에 포진했다. 그런데 몽칼름-고존은 부갱빌 연대와 더불어 영국군에 대한 협공계획을 무시하고 독자적 공격을 감행하는 무리수를 두었다. 그가 이끄는 3,500명의 프랑스군이 영국군을 공격하면서 영국군이 사정거리에 들어오기도 전에 발포하는 실수를 범했다. 당시 울프의 영국군은 그들의 브라운 베스 머스킷(Braun Bess Musket)을 최대한 활용하기 위해 두 발의 총알을 장전한 후 프랑스군이 그들에게 가까이 접근할 때까지 기다렸다. 브라운 베스 머스킷은 브리티시 랜드 패턴 머스킷(The British Land Pattern Musket)의 별칭이다. 그런데 이 총은 정확도와 사거리를 향상하는 강선이 총열 내에 없었기 때문에, 즉 활강총이었기 때문에 가까운 거리에서도 명중률이 그리 높지 않았다.[161]

몽칼름-고존의 군대가 영국군의 사정거리 내에 들어왔을

---

161 당시 영국군은 프랑스군이 40보 이내, 약 15m 정도로 접근할 때까지 발포하지 않았다.

때 영국군의 일제 사격은 시작되었고 거의 모든 탄환은 상대방 목표물에 적중했다. 이러한 돌발적 상황이 초래됨에 따라 프랑스군은 아브라함 평원으로 도주했고 이들은 스코틀랜드 프레이저(Fraser) 연대 및 다른 영국군의 뒤이은 추격으로 와해 상태에 놓이게 되었다.

이후 캐나다 민병대와 인디언 동맹군의 머스킷 발포로 영국군의 추격이 일단 저지되었지만, 수적으로 우세한 영국군은 아브라함 평원 전투에서 압승을 거두었다. 그런데 당시 영국군을 지휘한 울프 장군은 전투 초기 흥분에 치명적인 상처를 입었다. 이에 따라 머레이가 사령관직을 맡게 되었고 그는 후에 퀘벡 총독으로 활동하기도 했다. 몽칼름-고존 후작 역시 전투 중에 중상을 입고 다음 날 사망했다. 당시 피트는 울프의 영국군이 명석한 전략으로 프랑스군을 격파한 것에 대해 경의를 표시하면서 유럽 대륙에서 프랑스가 7년 전쟁에 깊숙이 개입하지 않았다면 퀘벡 함락이 불가능했을 것이라는 언급도 했다. 즉 그는 프랑스가 신성로마제국 내 전투지 군대를 북아메리카 식민지에 보냈다면 영국의 승리가 매우 어려웠으리라는 것을 인정한 것이다.

1760년 초부터 레비(François Gaston de Lévis)가 이끄는 프랑스계 민병대는 아브라함 평원에서 반격을 가했다. 이들은 같은 해 4월 28일 생트푸아(Saint-Foy) 전투에서 승리를 거두었음에도 퀘벡을 재탈환하지 못했는데 그것은 영국 해군이 뇌빌(Neuville) 해전 이후 재해권을 장악했기 때문이다. 이렇게 프랑스령 북아메리카의 중심거점인 퀘벡이 함락됨에 따라 영국은 북아메리카에서 진행된 프랑스와의 전쟁에서 승자로 등장했다. 영국은 다음 해 9월 8일 몬트리올(Montreal)마저 점령함으로써 프랑스령 캐나다 정복을 완료했다.

이로써 영국은 북아메리카에서 퀘벡을 점령했을 뿐만 아니라 그 외 다른 지역의 바다 및 육지에서 펼쳐진 프랑스와의 전투에서도 계속 승리했다. 영국 해군은 서인도제도의 과들루프(Guadeloupe)섬을 점령한 후 이 섬에서 생산되던 사탕수수와 커피 등을 본국으로 보내기 시작했고, 이베리아반도 인근의 라고스(Lagos) 만과 프랑스 서부 해안의 퀴베롱(Quiberon)에서 벌어진 해전에서도 프랑스 함대를 격파했다.[162]

1761년 영국 해군은 프랑스 식민지인 세네갈(Senegal)과 벵골(Bengal) 만의 프랑스 기지도 점령했고 이것은 영국의 우위를 더욱 확고히 하는 계기가 되었다. 이렇게 패색이 짙어짐에 따라, 프랑스는 영국과 평화조약을 체결하려 했고 그것에 따라 양국 간의 예비 평화회담이 1761년 3월부터 시작되었다. 당시 프랑스는 여전히 유럽에서 가장 강력한 육군을 보유하고 있었지만, 무너진 해군력을 복원할 경제적 여력이 없었다. 해군력을 복원하지 못하면 얼마 남지 않은 해외 식민지마저 모두 영국에게 빼앗길 것이 분명했으므로 프랑스로서는 영국과의 전쟁을 조속히 종결시키는 것이 최선의 방법이었다.

---

162 이 섬은 대서양 서인도제도에 있는 프랑스의 해외 레기옹(region)으로 주도는 바스테르(Basse-Terre)이다.

여기서 프랑스 외무장관 슈아죌은 불리하나마 주어진 상황을 최대한 활용하여 프랑스에 더 유리한 결과를 도출하려고 했다. 당시 그는 영국 역시 프랑스만큼은 아니더라도 전쟁 때문에 재정적 어려움을 겪고 있다는 사실을 잘 알고 있었을 뿐만 아니라 프로이센과의 동맹체제 유지에도 부담감을 가지기 시작했다는 것을 간파했다.

평화협상에서 슈아죌은 프랑스가 미노르카를 영국에 반환하고 캐나다를 넘기는 대가로 영국이 서인도제도의 과들루프와 루이스부르 요새가 위치한 케이프브레턴섬을 프랑스에 되돌려주고, 프랑스가 독일권에서 완전히 철수하는 대가로 영국은 뉴펀들랜드 해역에서 프랑스 어민들의 조업권 인정을 요구했다. 이러한 슈아죌의 요구에서 영국 정부가 가장 심각하게 고민한 것은 뉴펀들랜드 조업권 문제였다. 이 문제는 과거 위트레흐트에서도 쟁점화된 사안이었다.[163] 그런데 이 황금어장에서 프랑스의 조업권을 인정한다는 것은 영국에게 이중적 부담을 가져다주는 것이었다. 첫째, 프랑스는 뉴펀들랜드 해역에서의 어로 활동, 특히 대구포획(Kabeljaufang)으로 매년 평균 50만 파운드에 달하는 막대한 수익을 올렸는데 이것은 영국이 어로 활동에서 얻는 수익보다 훨씬 많으므로 쉽게 수용할 수 없었다. 둘째, 뉴펀들랜드에서 어로 활동을 하던 프랑스 어민들, 특히 브르타뉴

---

163 1713년에 체결된 위트레흐트 조약에서 영국은 뉴펀들랜드섬은 차지하게 되었다. 그리고 프랑스는 이 섬의 케이프 보나비스타(Cape Bonavista)와 포트 리체(Port Riche) 사이의 북부 해안을 차지했다.

(Bretagne)와 노르망디(Normandi) 지방 출신의 어민들은 유사시 프랑스 해군으로 충원될 군사자원이었다. 이것은 국가안보를 해군력 우위에 의존하던 영국에게는 매우 민감한 문제였고 장차 자국에 경제적으로 가장 큰 위험을 가할 국가에 군사력 재건 기회를 제공하는 것과 다를 바 없었다. 이에 따라 영국은 케이프 브레턴섬을 되돌려달라는 프랑스의 요청을 거부했고, 뉴펀들랜드 조업권은 상당한 보상이 주어질 때만 긍정적으로 고려하겠다는 답변을 했다.

이후 슈아죌은 협상 중단을 선언했고 그동안 숨겨놓은 카드, 즉 에스파냐와의 동맹도 가시화시켰다. 1761년 8월 프랑스는 에스파냐와 동맹체제를 결성했고 영국과의 전쟁도 재개했다.[164] 프랑스군은 뉴펀들랜드의 세인트 존슨(Saint John's)을 공격했다. 성공하게 되면, 협상 테이블에서 프랑스의 발언권이 커질 수 있기 때문이다. 프랑스는 세인트 존슨을 점령하고, 인근 마을을 습격했지만, 곧 시그널 힐(Signal Hill) 전투에서 영국군에게 패배했다. 이 외의 전투에서도 영국은 우위를 차지했다. 영국은 프

---

164 당시 프랑스와 에스파냐 양국은 부르봉 가문에 의해 통치되었기 때문에 동맹 협정은 '부르봉 가문의 협정(Pacte de Familie)'이라 지칭되기도 했다. 1762년 1월 4일 영국은 프랑스의 동맹국인 에스파냐에 선전포고 했고, 에스파냐 역시 같은 달 18일 영국에게 선전포고 했다. 이후 에스파냐는 프랑스의 지원을 받아 포르투갈을 침공하여 알메이다(Almeida)를 함락했다. 그러나 영국 증원군의 도착으로 에스파냐의 진군은 중단되었고, 1762년 8월에 펼쳐진 발렌시아 데 알칸타라(Valencia de Alcántara) 전투에서 영국-포르투갈 연합군은 에스파냐의 보급 거점을 점령했다. 이에 따라 에스파냐의 진군은 영국-포르투갈 연합군이 보호하는 아브란트스[Abrantes: '리스본으로 가는 길']에서 차단되었다.

랑스가 소유한 서인도제도의 섬 중에서 가장 중요한 마르티니크(Martinique)를 비롯하여 세인트 루시아(Saint Lucia), 그레나다(Grenada), 세인트 빈센트(Saint Vincent)를 빼앗았다. 에스파냐는 쿠바의 아바나(Havana)와 필리핀의 마닐라(Manila)를 잃었다.[165] 이러한 상황에서 러시아 엘리자베타 페트로브나의 죽음으로 러시아마저 오스트리아-프랑스 동맹에서 탈퇴하자, 프랑스는 영국과의 협상을 재개할 수밖에 없었다.

1762년 11월 퐁텐블로(Fontainebleau)에서 프랑스와 영국 간의 예비 평화회담이 다시 속개되었다. 당시 영국이 제시한 평화안은 슈아죌의 예상보다 가혹하지 않았다. 영국은 캐나다를 차지하는 대신 프랑스의 요구대로 뉴펀들랜드 해역에서의 조업권을 허용하고, 세인트 빈센트, 토바고(Tobago), 그레나다 등을 갖는 대신 과들루프, 마르티니크, 세인트 루시아 등 프랑스령 서인도제도에서 중요한 섬들의 반환을 프랑스에 제안했다.[166] 그리고 평화회담에서 영국은 프랑스령 루이지애나와 영국령 북아메리카 식민지의 경계선을 미시시피강으로 정하자고 했다. 당시 런던 정부는 영국계 주민의 북아메리카 정착지 중 가장 서쪽에 있는 정착지로부터도 서쪽으로 무려 800km 이상 떨어진 미시시피강을 경계선으로 삼고자 했는데 이것은 영토분쟁의 소지를

---

165 1762년 9월 23일 영국은 필리핀에 대한 공격을 감행했고 그 과정에서 펼쳐진 마닐라 전투에서 도시 요새인 인트라무로스(Intra muros)를 파괴하는 전과도 거두었다.

166 뉴펀들랜드 해역에서의 프랑스 조업권은 1904년까지 유효했다.

확실히 제거하려는 의도에서 비롯된 것 같다.

　이렇게 영국의 요구안이 공개됨에 따라 제안의 타당성을 두고 영국 정부 내에서도 논란이 제기되었다. 특히 영국에 많은 경제적 이익을 가져다줄 서인도제도의 섬들 대신 당시 황무지나 다름없는 북아메리카의 영토를 요구하는 것에 반대하는 의견이 많았다. 하지만 당시 국무장관 겸 외무장관으로 활동하던 뷰트(John Stuart, 3rd Earl of Bute)는 적어도 당분간은 프랑스와 평화관계를 유지할 필요가 있다고 판단했고, 자신의 견해를 고수했다.[167]

　슈아죌은 영국의 제안을 수용했고 1763년 2월 10일 파리 평화조약이 체결되었다. 프랑스와의 전쟁에서 압도적 승리를 거뒀음에도 뷰트 내각이 프랑스를 한계 상황까지 밀어붙이지 않은 것은 너무 많은 것을 프랑스로부터 빼앗으면 가까운 장래에 전쟁이 재발할 수도 있다는 우려에서 비롯되었다.

---

167 영국 국왕이었던 조지 2세는 1760년 10월 25일 생을 마감했다. 그런데 이 인물은 말년에 변비로 인해 무척이나 고생했다. 1760년 1월 25일 조지 2세는 평상시처럼 화장실에 앉아 변비의 어려움을 해결하려다 그만 변기에 앉은 채 세상을 떠나게 되었다. 조지 2세의 장남인 프레더릭 왕세자가 1751년에 사망했기 때문에 그의 아들이 조지 3세(George III: 1760-1820)로 등극했다. 그런데 이 인물은 앞선 두 명의 하노버 출신 영국 국왕과는 달리 영국에서 태어나 영어를 모국어로 사용했기 때문에 하노버에 대해 별다른 애착을 두지 않았다. 즉위 초부터 조지 3세는 영국이 큰 비용을 들여 독일에서 전쟁을 계속해야 하는 중요한 이유가 하노버 공국을 보호하는 데 있다면, 그러한 전쟁은 당장 중단해야 한다는 태도를 표방했다. 조지 3세는 1762년 5월 26일에 뷰트를 국무장관 겸 외무장관으로 임명했다. 당시 이 인물은 조지 3세의 신임을 받았는데 그것은 그가 조지 3세의 어린 시절 멘토로 활동한 데서 비롯되었다. 기성 정치인의 처지에서 보면 미숙한 풋내기였던 뷰트는 영국이 오스트리아 왕위계승 전쟁에 참여할 필요가 없다는 주장을 펼쳤고 그것에 대한 조지 3세의 반응 역시 매우 긍정적이었다.

파리 평화조약에서는 양국 간의 식민지 문제도 조정되었다. 여기서는 프랑스가 영국에 캐나다 및 미시시피강 이동지역을 할애하고 에스파냐는 영국에 플로리다(Florida)를 양도하고 프랑스로부터 루이지애나(Louisiana)를 반대급부로 넘겨받는데 그 과정에서 뉴올리언스도 포함한다는 것이 언급되었다. 또한 프랑스는 영국에 서인도제도의 일부 및 아프리카 서부의 기지들도 양도한다는 것이 명시되었다. 즉 프랑스는 카리브해 섬 대다수를 영국에게 할애하고 카리브섬 서쪽 지방만 계속 차지하고 아프리카의 세네잠비아(Senegambia)를 영국에게 넘겨주어야 했다.[168] 그리고 아바나와 마닐라는 에스파냐에 이양한다는 것 등도 거론되었다.

후베르투스부르크 평화조약

제3차 오스트리아 왕위계승 전쟁을 종료시킨 평화조약은 1763년 2월 15일 북작센의 베름스도르프(Wermsdorf)에 위치한 후베르투스부르크(Hubertusburg)성에서 전쟁참여국인 프로이센, 오스트리아, 그리고 작센 사이에 체결되었다.

오스트리아는 1762년 후반기에 이르러 국가재정 및 군사력이 한계에 도달했고, 러시아, 스웨덴, 그리고 프랑스가 오스트리

---

168 카리브섬의 서쪽은 오늘날의 아이티(Haiti)를 지칭한다. 그리고 세네잠비아는 세네갈(Senegal)과 잠비아(Sambia)로 분리되었다.

아와 체결한 동맹에서 이탈했기 때문에 프로이센의 평화협상 제의를 수용할 수밖에 없었다. 프로이센 역시 전쟁을 지속할 상황이 아니었다. 실제로 프로이센은 재정적인 어려움으로 인해 더 이상의 전쟁 수행이 어려웠고 징집할 신병도 없었다. 병력 보강을 위해 프리드리히 2세는 프로이센이 점령하고 있던 지방에서 강제로 신병을 징집했고 그 과정에서 14세 미만의 남아마저 소집하는 무리수를 두기도 했지만 그리 큰 성과를 거두지는 못했다.

러시아는 1762년 5월 5일 프로이센과 상트페테르부르크 평화조약을 체결한 후 오스트리아와의 동맹을 파기했다. 그리고 스웨덴 역시 러시아와 프로이센 사이에 체결된 평화조약에 자극을 받아 프로이센과 1762년 5월 22일 함부르크 평화조약을 체결함으로써 오스트리아와의 동맹에서 이탈했다. 프랑스는 1759년부터 제3차 오스트리아 왕위계승 전쟁에 참여하는 것보다 북아메리카 식민지 지역에 대한 그들의 관심을 증대시켰지만, 퀘벡 지방을 상실하는 불운을 겪게 되었다. 이후 프랑스는 오스트리아와의 사전협의 없이 파리에서 영국과 평화조약을 체결했고 그것에 따라 오스트리아-프랑스 동맹체제는 자동으로 해체되었다.

제3차 오스트리아 왕위계승 전쟁, 또는 7년 전쟁을 종식하기 위한 평화협상은 스웨덴의 중재하에 전쟁참여국들이 중립적 장소로 인정한 후베르투스부르크성에서 1762년 12월 30일부터 시작되었다.[169] 작센에서 단일 건물로는 가장 규모가 큰 후베르투스부르크성은 제3차 오스트리아 왕위계승 전쟁 기간 중 프로이센군에 의해 약탈당해 1733년 완공 당시의 설비 또는 가구가 없었으며, 피해를 모면한 부속 가톨릭교회만이 당시 모습을 보존하고 있었다. 약탈로 인해 성 내부는 완전히 비어있었기 때문에 평화협상은 후베르투스부르크성의 본관이 아닌 부속 건물에서 진행되었다. 협상 3국의 대표로는 장관이나 특사가 아닌 경험 있는 실무 관리들이 전권을 위임받아 평화조약의 조항들을 초안했다.[170]

후베르투스부르크 평화조약의 핵심 조항은 제1차 오스트리아 왕위계승 전쟁을 종식시킨 베를린 평화조약과 제2차 오스트리아 왕위계승 전쟁을 끝낸 1748년 10월 18일의 아헨 평화조약을 토대로 점령지역을 점령국에 배상금 요구 없이 양도한다는 규정이었다.

1763년 2월 15일 공식 발표된 프로이센과 오스트리아 간의 후베르투스부르크 평화조약의 유일한 쟁점은 백작령 글라츠의 처리 문제였다.[171] 당시 오스트리아는 어떤 경우에도 요새 도시

---

169 1761년 11월 24일 오스트리아와 프로이센 사이에 휴전협정이 체결되었다. 이러한 시점에 작센의 프리드리히 아우구스트 2세의 아들인 프리드리히 크리스티안(Friedrich Christian)이 마이센의 프로이센군 본부에 머물던 프리드리히 2세를 방문했고 거기서 작센 및 오스트리아가 평화협상을 원한다는 것을 전달했다.

170 당시 콜렌바흐(Heinrich Gabriel v. Collenbach)가 오스트리아 대표로, 헤르츠베르크(Ewald Friedrich v. Hertzberg)가 프로이센 대표로 참석했다.

171 1760년 7월부터 오스트리아가 장악한 글라츠 백작령은 보헤미아 지방

글라츠를 포기하지 않으려고 했다. 여기서 오스트리아는 글라츠를 보유하기 위해 심지어 프로이센이 인수하기로 한 슐레지엔의 채무마저 오스트리아가 변제하고, 향후 슐레지엔의 공작 칭호 사용도 포기하겠다는 제안도 했다. 그러나 프로이센 협상대표단은 오스트리아의 제안을 거절했고 글라츠를 넘겨주지 않으면 평화회담을 중단하고 베를린으로 철수하겠다는 견해를 밝혔다. 이에 따라 오스트리아 협상단은 그들의 주장을 철회했고 프로이센 측은 오스트리아가 1742년 이후 점령한 글라츠 요새와 그곳의 모든 군사시설을 인수한다는 계획을 관철할 수 있었다.

프로이센과 오스트리아 간의 후베르투스부르크 평화조약은 1763년 2월 21일 프로이센, 2월 24일 오스트리아에 의해 각각 비준되었다.[172] 21개 조항과 2개 비밀조항으로 구성된 평화조약에서 마리아 테레지아 및 그녀의 후계자들과 상속인들은 제1차 오스트리아 왕위계승 전쟁을 끝낸 1742년 6월 11일의 브

에 있는 전략적 요충지역이었다. 그리고 당시 오스트리아의 외무장관이었던 카우니츠-리트베르크는 후베르투스부르크 평화조약을 통해 프로이센이 글라츠 백작령과 슐레지엔 지방 전체를 차지할 수도 있다는 우려를 표명했고 그것을 저지시키는 것이 바로 오스트리아의 당면 목표라 했다.

172 당시 프리드리히 2세는 1763년 2월 21일까지 조약 비준을 하지 않았는데 그것은 작센의 재원, 특히 남자들, 재화, 그리고 비축물들을 끝까지 착취하려는 의도에서 비롯된 것 같다. 이것에 앞서 그는 작센의 많은 여성을 프로이센으로 데리고 갔는데 이것은 전쟁과정에서 크게 줄어든 인구를 가능한 한 빨리 늘려야 한다고 판단했기 때문이다. 그러한 정책의 하나로 프리드리히 2세는 전쟁이 끝난 직후 칙령을 발표하여 미혼의 프로이센 군인들과 작센 여성들 간의 결혼도 적극적으로 장려했다.

레슬라우 예비평화조약과 같은 해 7월 28일 베를린에서 체결된 평화조약에서 오스트리아가 프로이센에 양도한 지역에 대한 일체 영유권 주장을 포기한다는 것이 다시금 명시되었다. 그러나 오스트리아는 평화조약을 통해 슐레지엔의 남부지역, 즉 예게른도르프와 트로파우 지역을 회복했다.[173] 평화조약에서는 즉각적인 적대 행위 중지 및 양측 군대의 철수도 명시되었고 그것에 따라 오스트리아군은 점령 중인 글라츠 백작령에서 철수했고 이 백작령과 그곳의 모든 군대 시설 역시 프로이센에 반환되었다. 여기서 프로이센은 글라츠 백작령 주민들의 자유로운 이주를 허용했고, 작센에서의 군대 철수도 약속했다. 전쟁포로와 인질들의 즉각 석방과 강제 징집된 점령지 주민들의 귀향 조치도 발표되었다. 오스트리아가 압류한 프로이센 기록보관소들의 반환과 슐레지엔 주민들에 대한 신앙 자유와 그들의 기득권 역시 인정되었다. 또한 프로이센과 오스트리아는 양국 간의 통상 촉진을 확약하고 통상조약 체결도 약속했다. 비밀 추가 조항에서 프로이센 국왕은 차기 신성로마제국 황제 선출 시 브란덴부르

---

173 프리드리히 2세는 자국에 완전히 편입된 슐레지엔 지방에 대한 행정상의 구조개혁을 대대적으로 단행했고 그 과정에서 지역 엘리트들을 적극적으로 활용하려고 했다. 특히 사법개혁을 이행하는 과정에서 슐레지엔 출신의 인물들이 대거 관리로 채용되었다. 슐레지엔 담당 장관실(Das Büro des Ministers für Schlesien)은 프로이센의 준연방체제(quasiföderales preussisches Rigierungssystem) 내에서 허용된 특별 지위를 슐레지엔에 부여했다. 총독과 유사한 역할을 하던 주지사(Provinzminister)는 광범위한 자치권을 행사했으며 지방의 상황을 국왕에게 직접 보고하는 임무도 부여받았다. 또한 주지사는 지방의 이해관계를 둘러싼 핵심적 갈등을 외부적 간섭 없이 해결하는 특권도 부여받았다.

후베르투스부르크성

크 선제후의 선출권을 마리아 테레지아의 장남을 위해 행사하고, 합스부르크 가문의 모데나 공국 계승도 지지했다. 그리고 2월 15일 프로이센과 작센 사이에 체결된 후베르투스부르크 평화조약은 11개 일반조항과 3개 별도조항으로 구성되었다. 여기서는 전투행위 즉각 중단과 휴전이 합의되었고 프로이센이 3주 내 군대를 철수한다는 것 등이 명시되었다.[174] 후베르투스부르크 평화조약 체결에 앞서 체결된 파리 평화조약에서는 영국과 프랑스 간의 식민지 문제가 구체적으로 조정되었다.

승자의 행보

후베르투스부르크에서 평화조약을 체결한 후 프리드리히 2세와 그의 주력군은 베를린으로 출발했다. 귀환길에 프리드리히 2세는 쿠너스도르프를 방문했는데 여기서 그는 쓰라린 패전의 기억을 떠올렸고 다시는 그러한 상황이 초래되지 않게끔 노력하겠다는 의지를 밝히기도 했다.

프리드리히 2세는 제3차 오스트리아 왕위계승 전쟁이 끝난 후 자국의 군대나 신민을 전쟁터로 보내는 일을 가능한 한 펼치

---

174 이렇게 후베르투스부르크 평화조약 체결에 깊이 관여한 작센 공국의 통치자 프리드리히 아우구스트 2세는 1763년 10월 5일 사망했고, 그를 승계한 프리드리히 크리스티안도 같은 해 12월 17일 사망했는데 그는 1711년 서거한 요제프 1세의 외손자였다.

지 않으려고 했다.[175] 그런데도 그는 정확한 정치적 안목과 뛰어난 외교적 수완을 통해 프로이센의 영역을 지속적으로 확대해 나갔다. 당시 프리드리히 2세는 러시아와의 동맹 체결을 통해 서프로이센을 프로이센 왕국에 편입하겠다는 구상도 하고 있었다. 이에 따라 프리드리히 2세는 서프로이센의 자국 병합에 대한 예카테리나 2세의 반응을 확인하려고 했고 거기서 그는 러시아 황녀가 폴란드 영토에 대한 불가침성을 보장한 폴란드-러시아 사이의 영구동맹조약을 준수하려 한다는 것도 파악했다. 실제로 예카테리나 2세는 프리드리히 2세가 추진하던 폴란드 분할에 대해 원칙적으로 반대하고 있었다. 그러나 1768년 2월 29일 포돌리아(Podole)의 바르(Bar)에서 반러시아 군사동맹체인 바르 동맹이 결성됨에 따라 러시아는 기존 생각인 폴란드 분할 반대를 포기했고 이것은 프리드리히 2세가 자신의 구상을 보다 구체화하는 계기도 되었다. 프리드리히 2세는 폴란드 분할에서 세력균형을 유지하기 위한 이상적인 탈출구를 찾고자 했고 거기서 나름대로 해결책도 마련했다.

당시 프리드리히 2세의 계획은 우선 러시아가 오스만튀르크와의 전쟁에서 점령한 몰도바와 왈라키아를 포기하게 하는 것인데 그것은 이들 양 지방이 오스트리아의 관심지역이었기 때문이다. 프리드리히 2세는 러시아가 합당한 반대급부를 받지

---

175 실제로 프로이센은 제3차 오스트리아 왕위계승 전쟁 중에 18만 명의 병사를 잃었다. 그리고 32만 명의 민간인도 목숨을 잃는 인명적 손실을 경험했다.

않는다면 점령지역 포기에 절대 동의하지 않을 것이라는 판단을 했고 거기서 그는 러시아와 접경을 이루고 있던 폴란드 왕국의 동부지역을 러시아에 제공하려는 구상도 했다. 이렇게 러시아에 제시한 프리드리히 2세의 절충안은 발트해 연안의 폴란드 영토, 즉 서프로이센을 프로이센에 편입하겠다는 그의 숙원에서 비롯되었다. 오스트리아도 프로이센의 계획에 동의하게끔 프리드리히 2세는 폴란드 남부에 있는 갈리시아를 합스부르크 가문에 귀속시키게끔 계획했다. 이렇게 할 때 오스트리아에는 프로이센에 빼앗긴 슐레지엔에 대한 보상 기회가 제공되는 셈이었다.

프리드리히 2세는 1772년 8월에 시행된 제1차 폴란드 분할 과정에서 획득한 영토를 '서프로이센(Westpreußen)'이라 지칭했고 그 이후부터 자신이 통치하던 왕국의 다른 지역보다 이 지역의 내정과 안정화에 깊은 관심을 보였다.[176]

1778년 프리드리히 2세는 다시 한 번 영토확장 기회를 얻게 되었다. 바이에른의 막시밀리안 3세가 천연두에 걸려 1777년 12월 30일 남자 상속인 없이 사망함에 따라 오스트리아의 요제

---

176 폴란드 분할은 1793년과 1795년에도 이어졌다. 모두 세 차례에 걸쳐 진행된 폴란드 분할에서 러시아, 프로이센, 그리고 오스트리아가 차지한 폴란드 영토 및 주민 수는 러시아가 458,600km²과 5,650,000명, 프로이센이 136,300km²과 2,534,000명, 오스트리아가 135,000km²과 3,767,000명이었다. 폴란드 면적의 62.8%를 차지한 러시아는 프로이센이나 오스트리아보다 무려 3배나 더 많은 영토를 차지했다. 그리고 폴란드인의 47.3%, 다시 말해 폴란드인의 약 절반 정도가 러시아 국민으로 바뀌었다.

프 2세(Joseph II: 1765-1790)는 다음 해 1월 3일 니더바이에른과 오버팔츠에 대한 상속권을 제기했다. 그런데 프리드리히 2세는 요제프 2세의 이러한 영유권 주장에 동의하지 않았을 뿐만 아니라 이의까지 제기하는 적극성도 보였다.

전쟁 발발에 앞서 프로이센과 오스트리아 사이에 외교적 협상이 전개되었지만 아무런 성과도 거두지 못했다. 이에 따라 프리드리히 2세는 1778년 7월 3일 작센과 더불어 오스트리아에 대해 전쟁 선포를 했고 이틀 후인 7월 5일 보헤미아 지방 공격에 나섰다. 여기서 프리드리히 2세는 바이에른의 상속자인 팔츠-츠바이브뤼켄(Pfalz-Zweibrücken)의 카를 아우구스트(Karl August) 대공이 그의 관심지역으로 밝힌 바이에른 점유를 보호하기 위해 개입하게 되었다는 입장도 밝혔다.[177] 전쟁이 시작된 후 프리드리히 2세는 북부 보헤미아에서 잘 조직된 오스트리아군 때문에 더는 진격할 수 없다는 것을 잘 알고 있었다. 따라서 프로이센군과 오스트리아군은 수개월 동안 전술적인 이동만 반복했고 실제 전투는 펼쳐지지 않는 가운데 계절은 차츰 춥고 습한

---

177 당시 카를 아우구스트 대공은 자신이 결국 바이에른을 상속받게 되리라는 판단도 했는데 그것은 바이에른의 상속권을 가졌던 카를 테오도르 역시 합법적인 후계자가 없다는 데서 비롯된 것 같다. 실제로 카를 테오도르는 1742년 팔츠-줄츠바흐 가문의 엘리자베트 아우구스테(Elisabeth Auguste)와 결혼했지만, 후사를 두지 못했다. 다만 그는 만하임 극장 여배우 겸 무용수였던 자이베르트(Maria Josepha Seibert)와의 혼외관계에서 카를 아우구스트(Karl August)만을 얻었을 뿐이다. 카를 테오도르의 이러한 상황을 정확히 파악한 카를 아우구스트 대공은 오스트리아의 바이에른 강제 점유에 이의를 제기했고 그것을 저지하기 위해 프리드리히 2세에게 군사적 지원도 요청했다.

겨울로 바뀌었다. 이에 따라 프리드리히 2세는 주력군을 주데텐 (Sudeten) 산맥에서 월동시킬 수밖에 없었다. 강추위 속에서 오스트리아군과 프로이센군은 얼어붙은 감자 조각 때문에 승강이를 벌이는 웃지 못할 촌극마저 발생했다. 당시 마리아 테레지아는 이런 상황을 빨리 끝내려 했고 그 과정에서 프리드리히 2세에게 영토적 보상까지 제안했다.[178]

바이에른 상속전쟁에서 프리드리히 2세는 안스바흐와 바이로이트를 차지하는 승자가 되었다. 이에 반해 오스트리아는 파사우에서 잘츠부르크 대주교구의 북쪽 경계선에 이르는 2,000km^{2}의 인피어텔(Innviertel)을 차지했는데 이것은 막대한 전쟁 비용을 치른 대가로는 너무나 빈약한 획득이었다.

오스트리아 왕위계승 전쟁에서 프로이센이 승리함에 따라 독일권에서는 오스트리아와 프로이센의 양강체제가 구축되었다. 여기서 프리드리히 2세는 향후 독일권이 나아갈 길도 제시했는데 그것은 프로이센 주도로, 순수 독일 민족국가를 창출해야 한다는 것이다. 아울러 그는 16세기 이후 견지된 유럽 대륙에서의 권력구도, 즉 영국, 프랑스, 그리고 오스트리아의 국가이익을 보장하는 시스템보다 영국, 프랑스, 프로이센, 오스트리

---

178 오스트리아 왕위계승 전쟁이 끝난 후 마리아 테레지아는 그동안 진행한 교육개혁을 마무리했고, 계몽사상에 근거한 새로운 경제적·사회적 의제를 추진했으며, 삶의 세부적 측면까지 개입하여 여러 민족의 운명을 개선하려는 적극성도 보였다. 그뿐만 아니라 그녀는 오스트리아 왕국을 일관성 있게 통치하는 하나의 단위체로 변형시키고자 했다.

아, 그리고 러시아의 이익을 상호 보전하는 5강 체제도 도입했다. 이러한 질서체제는 19세기를 넘어 20세기 중반까지, 즉 제2차 세계대전 종료 때까지 그 기능을 발휘했다.

마무리하면서:
양강 체제의 정립과 독일의 통합

　　프리드리히 2세의 프로이센은 23년간 진행된 오스트리아 왕위계승 전쟁에서 실제 승자로 등장했고 이것은 독일권의 권력구도, 즉 오스트리아가 주도하던 일강 체제를 오스트리아 및 프로이센의 양강 체제로 변형시켰다. 이렇게 독일권에서 프로이센의 위상을 크게 증대시킨 왕위계승 전쟁에서 프로이센이 승리할 수 있었던 것은 다음의 요인들로 가능했다. 우선 프로이센이 오스트리아보다 절대왕정 체제의 근간을 빨리 도입했다는 것을 들 수 있다. 실제로 당시 유럽을 선도한 국가들은 절대왕정 체제 도입에 깊은 관심을 보였고 그러한 체제를 도입한 이후 국가의 위상 및 군주 권한이 크게 증대되고, 강화된 것에 대해 만족했다. 프로이센 역시 프리드리히 2세의 선친인 프리드리히 빌헬름 1세 때부터 절대왕정 체제 도입에 필요한 일련의 개혁을 본격화했고 그 과정에서 강력한 상비군 체제도 구축하려고 했다. 이렇게 추진된 프리드리히 빌헬름 1세의 제 개혁은 비교적 짧은 기간 내에 가시적인 효과를 거두었을 뿐만 아니라 상비군 체제도 효율적으로 운영되기 시작했다. 부친으로부터 넘겨받은 효율적인 통치체제와 강력한 상비군은 프리드리히 2세가 즉위 직전부터 가졌던 구상, 즉 프로이센의 위상 증대를 독일권 및 유럽에서 가시화하는 계기가 되었다. 당시 프리드리히 2세는 프로이센의 위상을 독일권에서 증대시키면 유럽에서의 위상 역시 향상되리라는 확신도 하게 되었다. 따라서 그는 프로이센의 위상 증대에 걸림돌이었던 오스트리아를 약화시키는 방법을 생각했고 거기서 이 국가와 전쟁을 펼쳐야 한다는 것도 감지했다. 이후부터 프리드리히 2세는 적절한 계기를 찾으려 했고 1740년 마리아 테레지아의 왕위 계승에서 계획 실천의 기회를 포착했다. 전쟁에 앞서 프리드리히 2세는 유럽 강대국들의 내부적 상황 파악에 노력했고 거기서 오스트리아가 동맹국을 얻을 수 없다는 것도 확인했는데 이것 역시 프로이센이 승리할 수 있었던 또 하나의 요인이었다. 그리고 프리드리히 2세가 부친으로부터 넘겨받은 막대한 유산을 전쟁경비에 효율적으로 활용한 것 역시 또 다른 승리요인으로 제시할 수 있을 것이다.

오스트리아 왕위계승 전쟁이 종료된 이후 독일권에서 양강 체제가 구축되었다. 이러한 구도하에서 프리드리히 2세는 향후 독일권이 나아갈 길도 제시했는데 그것은 프로이센 주도로, 순수 독일 민족국가를 창출해야 한다는 것이다. 아울러 프리드리히 2세는 16세기 이후 견지된 유럽 대륙에서의 권력구도, 즉 영국, 프랑스, 그리고 오스트리아의 국가 이익을 보장하는 구도보다 영국, 프랑스, 프로이센, 오스트리아, 그리고 러시아의 이익을 상호 보전하는 5강 체제 도입에 주력했다. 이러한 질서체제는 19세기를 넘어 20세기 중반까지, 즉 제2차 세계대전 종료 때까지 그 기능을 발휘했다.

프로이센에 슐레지엔 지방을 강제로 빼앗겼음에도 불구하고 오스트리아는 독일권에서 그들의 위상을 견지할 수 있었다. 이는 프리드리히 2세 이후 등장한 프로이센의 위정자들이 독일권에서의 양강 체제 견지에 그리 큰 관심을 보이지 않은 데서 비롯된 것 같다. 더욱이 나폴레옹(Napoleon) 시대 오스트리아에서는 메테르니히라는 걸출한 외교가 겸 전략가가 등장한 이후 지향한 외교적 행보를 통해 오스트리아는 독일권에서 주장한 이전의 위상, 즉 프로이센에 대한 오스트리아의 절대적 우위도 회복했다. 당시 메테르니히는 독일권의 통합보다 합스부르크 가문의 이익을 우선시하는 정책을 펼쳤고 이러한 정책은 이후으로도 지속되었다. 즉 그는 독일권의 통합보다는 독일권에서 오스트리아의 절대적 우위권을 지향했고 그것을 실천하는 데 필요한 정책을 강력히 추진했고 거기서 구체적인 성과도 거두었다. 메테르니히는 자신의 정책을 펼치면서 "열강 간의 균형정책 이론(Theorie der Balancepolitik der Großmächte)"을 제시했고 거기서 오스트리아의 역할을 강하게 부각하려 했는데 이것이 당시 그가 추진한 '유럽정책(Europapolitik)'의 핵심적 내용이라 하겠다. 그리고 이것을 토대로 메테르니히는 독일권에서 오스트리아의 절대적 우위가 보장된 오스트리아-프로이센의 양강 체제도 견지시키려 했다. 따라서 그는 당시 독일 지식인 세계에서 강하게 제기되던 독일 통합에 동의하지 않았고 그러한 관점을 자신의 독일 정책에도 적극적으로 반영시키려 했다.

메테르니히 체제가 정립된 1815년부터 독일 통합이 실현된 1871년까지 독일인들 역시 혁명 및 그것의 영향을 직·간접적으로 체험했다. 우선 이들은 1830년 프랑스에서 발생한 7월 혁명과 그것의 영향 내지는 후유증을 실제로 확인했다.[1] 프랑스에서

---

1 1824년 9월 16일 루이 16세(Louis XVI: 1774-1792)의 막냇동생인 샤를 10세(Charles X: 1824-1830)가 루이 18세(Louis XVIII: 1814-1823)에 이어 67세의 나이로 프랑스 왕위를 계승했다. 정치적 성향이 반동적·복고적이었던 이 인물은 즉위 즉시 몰수토지에 대해 배상하고자 했다. 즉 그는 프랑스 대혁명 기간 중 국외로 망명한 귀족들에게 연간 3,000만 프랑에 달하는 배상금을 영구적 연부금의 형태로 지급하려고 했다. 여기서 그는 국채이자를 5%에서 3%로 인하하여 배상 재원을 마련하려고 했는데 그것은 자본가와 중산층 계층에게 경제적 타격을 가져다주는 계기가 되었다. 아울러 그는 교회의 영향력을 확대하려 했고 거기서 성직자들을 공립학교의 교장이나 행정 책임자로 임명했다. 이러한 반동적이고 복고적인 샤를 10세의 정책에 대해 티에르(Adolphe Thiers)와 기조(François Guizot)는 부정적이었다. 당시 이들은 프랑스 대혁명을 긍정적으로 평가했을 뿐만 아니라 의회를 통한 헌법제정의 필요성도 강력히 요구했다. 샤를 10세의 반동적 정책이 본격적인 궤도에 접어들던 1827년 의회 선거가 시행되었고 거기서 자유주의자들은 예상보다 많은 180석의 의석을 차지했다. 이에 따라 샤를 10세는 다음 해 1월 5일 중도파 정치가였던 마르티냐크(Jean Baptiste Gay Vicomte de Martignac)를 내각 책임자로 임명해 의회와의 타협 및 협력을 모색했으나 구체적인 성과를 거두지 못했다. 이후 샤를 10세는 의회와의 협조 시도를 포기했고 그것에 따라 1829년 8월 8일 정치에 대해 문외한이고 보수적 성향의 폴리냐크(Jules Auguste Armand Marie de Polignac) 공작을 내각 책임자로 임명했다. 상황이 이렇게 전개됨에 따라 의회는 1830년 3월 18일 "정부가 국민의 희망을 고려하지 않았다"라는 선언문을 작성·발표하여 자신들의 불편한 심기를 표출하는 데 주저하지 않았다. 이러한 의회 반발에 대해 샤를 10세는 의회 해산으로 대응했고 국민의 관심을 대외적으로 돌리기 위해 1830년 5월 16일 알제리(Algeria) 원정을 단행했다. 알제리 원정이 성공을 거

발생한 7월 혁명과 그것의 영향을 받아 전개된 폴란드인들의 독립운동은 독일의 민족주의자 및 자유주의자들에게 메테르니히 체제를 붕괴시켜야 할 당위성을 부여했을 뿐만 아니라 독일 통합을 실현할 수 있다는 확신도 부여했다. 여기서 독일인들은 혁명이 필연적이거나, 합법적이지 않다는 사실도 인지했다.[2] 또

둔 후 샤를 10세는 1830년 7월 5일 다시 의회 선거를 했지만, 그 결과는 그가 기대한 것이 아니었다. 새로 실시된 의회 선거에서 자유주의자들의 의석은 이전보다 53석 많은, 즉 221석에서 274석으로 늘어났다. 1830년 7월 5일에 실시된 의회 선거에서 라파예트(Marie-Joseph-Paul-Yves-Roch-Gilbert de Motier La Fayette)와 콩스탕(Henri Constant) 주도하의 자유주의자들이 득세함에 따라 샤를 10세는 7월 25일 의회를 해산하고 일련의 강압적 칙령도 발표했다. 샤를 10세의 이러한 조치는 파리 시민들, 특히 소시민 계층과 학생들을 격분하게 했고 그것은 샤를 10세의 퇴위를 요구하는 시가전(7. 27~29: 영광의 3일: Trois glorieuses)을 펼치게 했다. 이에 따라 샤를 10세는 자신이 취했던 조치를 철회하여 사태를 수습하고자 했으나 아무런 성과도 거두지 못했다. 따라서 그는 영국으로 망명을 갈 수밖에 없었다. 곧 의회는 당시 57세였던 루이 필리프(Louis-Philippe: Orleans; Bourbon 왕조의 방계: 1830-1848)를 시민 왕으로 추대했다.

2 당시 유럽의 군주들은 계몽사상에 대해 부정적이었다. 물론 이들 중의 일부는 실제 정치에 계몽사상을 부분적으로 반영했지만, 이들은 절대왕정 체제의 기본적 골격은 유지해야 한다는 관점을 가지고 있었다. 따라서 이들은 개혁이라는 온건한 방식으로 당시 제기된 문제점들을 해결할 기회를 잃게 되었을 뿐만 아니라 혁명이라는 과격한 상황과도 직면하게 되었다. 일반적으로 혁명은 기존 질서 체제를 인정하지 않으려는 속성을 가졌고 그러한 것은 근대사의 제 혁명에서 쉽게 확인할 수 있다. 그렇다면 여기서 혁명에 대해 몇 가지 의문을 제기할 수 있는데 그것은 첫째, 혁명이란 단어가 언제부터 사용되었는가? 둘째, 혁명의 개념이 어떻게 정립되었는가? 셋째, 혁명은 언제 발생할까 등을 살펴보아야 할 것이다. 혁명(*revolutio: revolve*의 명사형)이란 단어는 로마 후반기부터 등장했는데 '치받음' 또는 '뒤엎음(전복)'이란 의미로 사용되었다. 근대에 접어들면서 혁명은 천문학 분야에서, 즉 케플러(Johannes Kepler)는 행성들의 순환 및 규칙적인 회귀를 설명하는 과정에서 그 사용이 보편화되었다. 그러다가 15세기 후반부터 이탈리아에서는 혁명(*revouzione*)이란 단어가 정치 분야에서도 사용되기 시작했다. 그것은 현실사회

한 이들은 혁명 기간 중 비기득 계층, 특히 하층민을 두려운 자연의 힘으로 간주해야 한다는 것과 자연의 힘과 마찬가지로 하층민이 종국적으로 지향하는 것 역시 정확히 예측할 수 없다는 것도 알게 되었다.

그런데도 독일인들은 혁명을 효율적으로 활용하면 그들이 지향하는 목표 달성에 도움이 된다는 사실도 인지했다. 동시에 이들은 혁명이 성공을 거두기 위해서는 확고한 사회적 지지 기반, 즉 노동자 계층의 지지가 절대적으로 필요한데 독일의 상황

의 모순적 상황에서 이전의 정상적 상태로 복귀한다는 순환론적 역사 인식에 어긋나지 않을 뿐만 아니라 역사적 변화를 인정하고 그 변화의 궁극적인 목표가 인간 타락 이전의 낙원으로 회귀한다는 기독교 사상과도 일치되었기 때문이다. 따라서 당시의 개념은 오늘날과는 달리 순환론적인 측면만을 강조한 것 같다. 그러나 혁명을 순환적 변화로 파악하던 개념은 18세기에 접어들면서부터 바뀌게 되었는데 그것은 명예혁명을 단순한 사건이 아닌 장기간 지속된 변화의 종결점이자 특정 상황이 합친 응축된 사건으로 인식한 데서 비롯된 것 같다. 영국은 명예혁명이 끝난 후에도 새로운 정부, 새로운 사회를 만드는 일련의 과정을 경험했다. 1776년 아메리카 혁명에 이어 1789년 바스티유(Bastille) 감옥이 습격을 당하면서 사람들은 혁명이 무엇인지를 실제로 목격했다. 변화를 인식하는 과정에서 프랑스 대혁명은 결정적인 계기를 제공했다. 특히 프랑스의 계몽사상가들은 이러한 인식 정립에 크게 이바지했다. 디드로(Denis Diderot)는 백과전서(Encyclopédie)에서 "혁명은 정치적 용어이며, 한 나라에서 일어난 중요한 변화를 지칭한다"라고 정의했고, 몽테스키외(Charles Louis de Secondat, Baron de La Brède et de Montesquieu)는 '프랑스 정치 체제의 근본적 변화 또는 법률 집행의 큰 변화'를 혁명으로 이해했다. 이제 사람들은 1688년의 영국, 1776년의 아메리카 대륙, 그리고 1789년 프랑스에서 일어난 사건들이 연속적으로 전개되는 역사의 특정한 계기라고 인식하게 되었고 그것을 정의하기 위해 혁명이란 단어를 광범위하게 사용하기 시작했다. 그렇다면 혁명은 어떤 상황에서 발생할까? 이 점에 대해 미국의 역사가 데이비스(James C. Davies)는 1962년에 발표한 자신의 논문인 「혁명이론에 대해(Toward a Theory of Revolution)」에서 언급했는데 그것에 따르면 사회구성원의 기대치(정치 및 경제적 측면)와 실제 상황 사이에 극복할 수 없는 격차가 있을 때 혁명이 발생한다는 것이다.

이 그렇지 못하다는 것도 파악했다. 그러다가 이들은 프랑스 2월 혁명(1848) 이후 독일권에서 발생한 3월 혁명(Märzrevolution)에 직접적으로 참여하여 혁명의 실체와 그것이 함유한 문제점들도 더 구체적으로 확인하게 되었다.[3] 여기서 이들은 혁명이 목적 달성을 위한 효율적인 방안이 될 수 있지만, 때에 따라서는 많은 사람의 희생 역시 요구한다는 사실을 알게 되었다. 아울러 이들은 실제 상황을 고려하지 않고 혁명적 제 요구만을 고집하면 기존 질서체제의 반발이 가중된다는 사실도 파악했다. 실제로 사

---

3 7월 혁명(1830) 이후 등장한 루이 필리프의 7월 정부는 대시민 계층의 지지로 유지되었기 때문에 당연히 이들 계층의 이익을 옹호하는 정치를 펼칠 수밖에 없었다. 점차 라마르틴(Alphonse Marie Louis de Lamartine)을 중심으로 한 소시민 계층의 공화파 세력과 루이 블랑(Louis Blanc)이 주도하던 노동자 계층의 사회주의 세력은 7월 왕정에 대해 불만을 표시하게 되었다. 아울러 루이 필리프의 소극적이고 회피적인 외교정책은 나폴레옹 시대의 영광을 회상하던 국내 왕당파들의 반발도 유발했다. 이렇듯 국내 반정부세력의 저항이 심화함에 따라 루이 필리프는 1840년 자유주의자였던 티에리 대신 보수파의 기조(François Pierre Guillaume Guizot)를 수상으로 임명했다. 이후부터 기조는 의회를 매수하고자 의원들에게 관직 및 정부 관급 공사의 주주 자리를 제공하거나 정부 기간산업의 계약 특혜를 주는 등 온갖 정치적 부정 및 부패를 조장했다. 이러한 정치적 부정부패와 더불어 흉작 및 경제적 공황으로 파산과 실업률 역시 급증하게 되었다. 이에 따라 공화주의자와 사회주의자들은 1848년 2월 22일 정부의 실정을 비난하는 정치개선촉진회(Reform Banquet)를 파리 시내에서 개최하기로 합의했다. 그러나 이러한 정치개선촉진회는 정부 개입으로 열리지 못했고 그것은 정치개선촉진회의 참석자들과 시민들이 기조의 관저를 습격하고 국민방위대와 충돌하게 했다. 그런데 국민방위대는 정부의 명령을 거절하고 시위대와 보조를 맞추었다. 2월 24일의 시가전에서 우위를 차지한 시위대는 호텔 드 비유(Hotel de Ville) 및 파리 시청을 점령한 후 튀일리(Tuileries) 왕궁도 습격했다. 이에 따라 루이 필리프는 퇴위를 선언하고 영국으로 망명했다. 곧 라마르틴(Alphonse Marie Louis de Prat de Lamartine)을 중심으로 한 공화주의파와 블랑의 사회주의파가 합세하여 임시정부를 수립했다.

람들은 독일권에서 3월 혁명이 발생한 이후 많은 사람이 희생
된 것에 대해 크게 경악했고 혁명 초기에 제시된 제 요구가 단
순 구호로 끝나게 된 것에 대해서도 좌절했다. 여기서 이들은 한
번의 혁명만으로 모든 것을 바꿀 수 없다는 것을 인지했지만 혁
명을 통해 기존 질서체제의 태도 변화가 가시화될 수 있다는 희
망적인 메시지도 간과하지 않았다. 또한 이들은 혁명 이후 프랑
스인들과는 달리 또 하나의 해결과제가 있음을 인지했는데 그
것은 독일권을 통합시켜야 한다는 것이다. 여기서 이들은 이중
체제의 핵심세력인 프로이센과 오스트리아 중에서 어떤 국가가
통합의 주역으로 나서야 하는지도 고려해야만 했다. 또한 이들
은 오스트리아와 프로이센의 대립으로 독일의 통합이 어렵다는
사실도 인지하고 있었다.[4]

대독일주의(Großes Deutschtum)와 소독일주의(Kleines
Deutschtum)는 1848년 5월 18일에 개최된 프랑크푸르트 국민의
회(Frankfurter Nationalversammlung)에서 통합방안으로 제시되었다.
그런데 통합 논의과정에서 대독일주의가 소독일주의보다 먼저
거론되었다. 이렇게 시기적으로 먼저 제시된 대독일주의는 3월
혁명 이전부터 통합방안으로 거론되었다. 대독일주의는 중부

---

4 1806년 7월 22일 나폴레옹(Napoleon)은 프란츠 2세(Franz II: 1792-
1806)에게 8월 10일까지 신성로마제국 황제직에서 물러날 것을 요구했다. 이러한
압박성 요구에 따라 프란츠 2세는 1806년 8월 6일 신성로마제국 황제직에서 물러
났고 같은 해 12월 7일 오스트리아제국의 세습 황제, 즉 프란츠 1세(Franz I: 1806-
1835)로 등극했다. 이로써 622,337km^{2}의 면적과 3,000만 명의 인구를 가진 오스
트리아 제국이 탄생하게 되었다.

유럽 제 민족이 지향한 통합방안과 비교할 때 비교적 유리한 조건을 갖추고 있었다. 왜냐하면 기존의 연방체제를 연방국으로 변형시킬 때 그것은 당시 국제법에서 허용되던 테두리 내에서도 가능했기 때문이다. 따라서 독일 연방에 속했던 오스트리아 제국의 보헤미아, 모라비아(Mähren), 아우슈비츠(Auschwitz), 차토르(Zator) 그리고 슐레지엔 지방을 대독일주의 원칙에 따라 신독일에 편입시키는 것이 당시 강조되던 '정통성의 원칙'에도 크게 어긋나지 않기 때문에 그것에 대한 외부적 개입 역시 없으리라는 것이 독일권에서 널리 확산한 일반적 견해였다. 이러한 시점에서 대독일주의를 선도했던 프라일리그라트(Hermann Ferdiand Freiligrath)와 그의 추종자들은 오스트리아, 프로이센, 그리고 대표적 중소국가들의 위정자들이 독일 통합에 적극적으로 나서야 한다는 견해를 밝혔다.[5] 당시 대독일주의자들은 독일 민족, 이탈리아 민족, 폴란드 민족, 그리고 헝가리 민족만이 민족국가를 형성할 수 있다는 주장을 펼쳤다. 이론적 단계에서 살펴볼 때 이러한 구상은 당시 널리 확산되었던 민족주의 개념에 근거했다는 것과 한 영토의 소유는 그곳에 살고 있던 민족에게 있다는 원칙론에서 출발했음을 확인할 수 있다. 따라서 대독일주의자들은 독일 연방 내 슬라브 민족에게 민족적 충성을 요구했다. 그것은

---

5 이렇게 정치활동을 펼치던 프라일리그라트는 원래 서정시인이었다. 이 인물은 '사랑할 수 있는 한 사랑하라(O lieb, solange du lieben kannst)'라는 시를 썼는데 리스트(Franz Liszt)가 이 시를 '사랑의 꿈(Traum der Liebe)'의 가사로 사용할 정도로 작품성을 인정받았다.

이들이 독일 민족과 체코 민족, 슬로베니아 민족 그리고 우크라이나 민족과의 관계를 프랑스 민족과 프랑스에 살던 브르타뉴인, 프로방스(Provence)인, 그리고 알자스(Alsace)인들과의 관계와 동일시한 데서 비롯된 것 같다. 아울러 이들은 체코 민족, 슬로베니아 민족, 그리고 우크라이나 민족을 하나의 민족 단위체로 인정하지 않고 혈연적 집단으로 간주했는데 그것은 이들 민족이 독일 민족이나 폴란드 민족의 지배하에서도 그들의 혈연적·언어적 특성을 충분히 보존시킬 수 있다는 판단에서 비롯된 것 같다. 아울러 대독일주의자들은 독일 통합의 장애 요소로서 간주했던 오스트리아 제국 및 그 통치체제에서 비롯되는 문제점들도 부각했다. 그것은 아마도 이들이 오스트리아 제국 내에서, 특히 보헤미아 지방에서 자신들의 동조세력을 확보하려는 저의에서 비롯된 것 같다. 지금까지 거론된 대독일주의적 주장들을 종합·분석할 때 이 주의를 추종했던 인물들은 그들 주장에 따른 통합과정에서 야기될 수 있는 민족 문제에 전혀 관심을 가지지 않았다는 것과 거기서 발생할 수 있는 문제의 심각성에 대해서도 고려하지 않았음을 확인할 수 있다.

이에 반해 소독일주의자들은 프로이센 주도로 독일을 통합해야 한다는 견해를 제시했다. 여기서 이들은 오스트리아 제국의 역할을 인정하지 않으려고 했을 뿐만 아니라 독일권에서 이 제국을 축출하려고도 했다. 당시 오스트리아 출신 의원들은 소독일주의뿐만 아니라 대독일주의마저 반대했다. 프랑크푸르트 국민의회에서 절대적 지지를 받던 대독일주의는 독일 연방을 토대로 독일권이 통합되어야 한다는 것이다. 이것이 실천되면 독일 연방에 포함된 오스트리아 제국 일부만이 새로운 통합국 가에 편입되고 나머지는 배제되는 문제점, 즉 오스트리아 제국 의 해체가 필연적으로 야기되기 때문에 오스트리아 출신 의원 들은 찬성할 수가 없었다. 따라서 이들은 대독일주의의 변형이 론인 오스트리아적 대독일주의(Österreichisches Großes Deutschtum) 를 제시했는데 이것은 오스트리아의 전 영역이 독일 통합국가 에 포함되어야 한다는 것이다. 이렇게 프랑크푸르트 국민의회 가 제시한 대독일주의가 빈 정부에 의해 거절됨에 따라 소독일 주의가 독일 통합의 차선 방법으로 급부상했지만 이러한 과제 이행의 주역으로 부상된 프리드리히 빌헬름 4세(Friedrich Wilhelm IV: 1840-1861)가 수용을 거부함에 따라 1848년에 제시된 독일의 통합방안들은 결국 실천되지 못했다.

1860년대 초반부터 프로이센의 실세로 등장한 비스마르크 (v. Bismarck)는 소독일주의 원칙에 따른 독일 통합을 지향했지만, 오스트리아는 1848년과 마찬가지로 동의하지 않았다. 비스마 르크는 오스트리아의 이러한 입장을 정면으로 비판했고 자신이 실세로 등장한 이후부터 추진한 '철혈정책(Politik der Eisen und Blut)'에 따라 1866년 오스트리아와 형제 전쟁을 펼쳤고 거기서 오스트리아는 패배를 당했다. 이 전쟁에서 패한 후 빈 정부는 기 존의 질서체제로 다민족 국가인 오스트리아를 통치할 수 없다 고 판단하게 되었다. 지금까지 오스트리아 제국의 전체 인구에 서 단지 21%를 차지하던 독일 민족이 제국 내에서 주도권을 장악하고 있었는데 이것은 이 제국이 독일권에서 절대적 우위권을 행사했기 때문에 가능했다. 그러나 오스트리아 제국이 독일권에서 강제로 축출되면서 독일 민족은 더는 그러한 우위를 주장할 수 없었기 때문에 제국 내 다른 민족과 결속해야만 했다. 이 과정에서 빈 정부는 제국 내에서 절대다수를 차지하고 있던 슬라브 민족보다 단지 13%만을 차지하던 헝가리 민족과의 결속을 지향했고 거기서 이중체제(System des Dualismus)의 도입도 결정했다. 이에 반해 형제 전쟁에서 승리한 프로이센은 그들의 주도로 1871년 1월 18일 독일 제국을 탄생시켰는데 이것은 분명히 프로이센의 국가적 위상을 크게 증대시킨 프리드리히 2세가 바라던 미래의 프로이센이었을 것이다. 이에 반해 마리아 테레지아나 메테르니히는 프로이센이 독일권의 권력 구도에서 주체로 등장하는 것을 원하지 않았을 것이다.

메테르니히는 독일 통합보다 독일권에서의 우위권 견지를 통해 오스트리아 제국의 존속 및 국제적 위상 증대에 관심을 보인 현실 정치가였다. 그리고 그는 형제 전쟁을 통해 독일 통합의 기반을 구축한 비스마르크와 대칭시킬 수 있을 것이다. 비스마르크 역시 현실 정치가로 간주되었다. 그것은 그가 지향한 소독일주의 원칙에 따른 독일 통합에서 오스트리아와 프랑스를 제압해야만 통합 구현이 가능하다고 판단했기 때문이다. 그리고 그는 자신의 목적을 달성시키기 위해 전쟁이란 방법도 활용했다. 비스마르크는 독일 통합을 통해 독일 제국의 국제적 위상을 증대시키려 했지만, 메테르니히는 독일 연방에서의 주도권 견지를 통해 통합 독일 국가가 아닌 오스트리아 제국의 위상만을 굳건히 하려고 했다. 따라서 메테르니히는 독일권에 통합을 저해하는 인물로 드러났지만, 비스마르크는 독일 통합의 주역으로 평가되고 있다.

프리드리히 2세는 즉위 초부터 프로이센의 국력 신장 및 국제적 위상 증대를 모색했다. 여기서 그는 자신의 목적 달성에 걸림돌로 간주된 오스트리아와 전쟁을 펼쳤고 비스마르크 역시 독일 통합의 저해 요인으로 드러난 오스트리아 및 프랑스와의 전쟁을 통해 독일 통합을 구현했다. 여기서 이들 양인은 당위성이 배제된 전쟁이란 방법을 활용했고 이것으로 인해 많은 부작용 내지는 후유증도 경험해야만 했다.

프리드리히 2세는 1740년 '반마키아벨리론 또는 마키아벨리론에 대한 왕자의 비평적 수필'을 덴하흐에서 출간했다. 거기서 그는 인류의 보편적 도덕을 지향하는 변호자의 관점에서 마키아벨리 관점을 정면으로 비판했을 뿐만 아니라 올바른 통치자의 상도 제시했다. 프리드리히 2세는 자신의 저서에서 전쟁도 매우 비중 있게 다루었다. 그는 전쟁의 비참함을 강조했고 이것이 종종 위정자가 제어할 수 없는 참담한 폐해도 가져다준다는 것을 언급했다. 따라서 그는 가능한 한 전쟁을 하지 않아야 한다는 생각을 밝혔지만, 전쟁을 완전히 피할 수 없다고도 했는데 이것은 자신이 밝히려던 '정의의 전쟁'을 옹호하는 과정에서 나왔다. 그런데 '정의의 전쟁'은 예상된 공격을 사전에 막기 위한 방어전쟁의 성격이 강한데 이 전쟁은 동맹체제를 구축한 국가들에 대한 계약상의 의무를 수행하는 과정에서 비롯되는 경우가 많다는 것이다. 일반적으로 동맹체제 구축은 군주의 관심과 신민의 이익을 보호·증대하기 위해 결성되는데 이를 위해 군주는 동맹국의 일원으로 전쟁에 참여할 수도 있다는 것이 프리드리히 2세의 관점이었다. 그러나 프리드리히 2세가 벌인 전쟁은 '정의의 전쟁'이 아니었는데 그것은 영토확장이라는 목적에서 비롯되었기 때문이다. 비스마르크가 벌인 형제 전쟁과 보·불 전쟁 역시 프리드리히 2세가 언급한 '정의의 전쟁'의 범주에서 크게 벗어났다.[6]

프리드리히 2세와 비스마르크는 '불의의 전쟁(Der ungerechte Krieg)'에서 파생된 부작용에 효율적으로 대응했고 거기서 '프로이센 정신(Geist von Preußen)'도 등장시켰다. 그런데 '프로이센 정신'은 목적달성을 위해 어떠한 방법 사용도 가능하다는 것으로 요약할 수 있다. 이것을 통해 '프로이센 정신'은 긍정적 측면보다는 부정적 측면이 부각되는 것을 확인할 수 있고 거기서 침략적 근성 역시 강하게 표출되는 문제점도 가지게 되었다.

---

6 인류사에서 확인되는 수많은 전쟁에서 프리드리히 2세가 언급한 '정의의 전쟁'이 차지하는 비율은 극히 소수에 불과하다. 이것은 인간의 기본적 속성 중의 하나인 소유욕과 연계시킬 수 있을 것이다. 소유욕은 종종 인간들의 정의롭지 못한 충돌을 유발하곤 하는데 이러한 인간들로 구성된 국가 역시 이러한 소유욕에서 자유롭지 못하기 때문에 소유욕에서 비롯된 영토확장 전쟁을 모색하는 경우가 허다하다. 작금에 펼쳐지고 있는 우크라이나 전쟁 역시 영토확장을 최우선 목적으로 설정했기 때문에 '정의의 전쟁'이 아닌 '불의의 전쟁'이라고 할 수 있다.

참고문헌

Althoff, F. *Überlegungen zum Gleichgewicht der Mächte in der Außenpolitik Friedrichs des Großen nach dem Siebenjährigen Krieg (1763-1786).* Berlin, 1994.

Anderson, M. S. *The War of the Austrian Succession 1740-1748.* London, 1995.

Anklam, E. *Wissen nach Augenmaß. Militärische Beobachtung und Berichterstattung im Siebenjährigen Krieg.* Berlin, 2007.

Badinter, E. *Maria Theresia. Die Macht der Frau.* Wien, 2018.

Bardong, O. *Friedrich der Große. Augewählte Quellen zur deutschen Geschichte der Neuzeit. Freiherr vom Stein-Gedächtnisausgabe.* Darmstadt, 1982.

Baugh, D. A. *The Global Seven Years War. 1754-1763: Britain and France in a Great Power Contest.* London-New York, 2011.

Baumgart, P. "Zur Geschichte der kurmärkischen Stände im 17. und 18. Jahrhundert," in D. Gerdhard ed., *Ständische Vertretungen in Europa im 17. und 18. Jahrhundert.* Göttingen, 1969.

Bendikowski, T. *Friedrich der Große.* München, 2011.

Blanning, T. *Friedrich der Große.* München, 2019.

Berglar, P. *Maria Theresia. Mit Selbstzeugnissen und Bilddokumenten.*

Reinbek, 2004.

Berney, A. *Friedrich der Große. Entwicklungsgeschichte eines Staatsmannes.* Tübingen, 1934.

Bönisch, G. "Der Soldatenkönig," in S. Burgdorff ed., *Preußen. Die unbekannte Großmacht.* München, 2009.

Bremm, K-J. *Preußen bewegt die Welt.Der Siebenjährige Krieg.* Darmstadt, 2017.

Bringmann, W. *Friedrich der Große. Ein Porträt.* München, 2006.

Browning, R. *The War of Austrian Succession.* New York, 1993.

Buddruss, E. *Die französische Deutschlandpolitik 1756-1789.* Mainz, 1995.

Burgdorff, S. *Preußen.* München, 2009.

Chorherr, T. *Eine kurze Geschichte Österreichs.* Wien, 2013.

Clark, C. *Preußen. Aufstieg und Niedergang 1600-1947.* München, 2008.

Crankshaw, E. *Maria Theresa.* London, 1969.

Davies, N. *Vanished Kingdoms:The History of Half forgetten Europe.* London, 2011.

Dietrich, R. *Die politischen Testamente der Hohenzollern.* Köln, 1986.

Difer, C. *Deutsche Geschichte 1648-1789.* Frankfurt, 1991.

Dillmann, E. *Maria Theresia.* München, 2000.

Diwald, H. *Geschichte der Deutschen.* Frankfurt-Berlin-Wien, 1981.

Duchhardt, H. *Balance of Power und Pentarchie. Internationale Beziehungen 1700-1785.* Paderborn, 1997.

Duffy, C. *Friedrich der Große.* Augsburg, 1994.

_____. *Friedrich der Große und seine Armee.* Stuttgart, 2009.

Erbe, M. *Deutsche Geschichte 1713-1790. Dualismus und aufgeklärter Absolutismus.* Stuttgart-Berlin-Mainz-Köln, 1990.

Ergang, R. *The Potsdam Führer:Frederick William I. Father of Prussian Militarism.* New York, 1941.

Externbrink, S. *Friedrich der Große, Maria Theresia und das Alte Reich.*

Deutschlandbild und Diplomatie Frankreichs im siebenjährigen Krieg. Berlin, 2006.

Fraser, D. *Frederick der Great*. London, 2000.

Frie, E. *Friedrich II*. Reinbek, 2012.

Füssel, M. *Der Siebenjährige Krieg. Ein Weltkrieg im 18. Jahrhundert.* München, 2010.

Gaxotte, P. *Friedrich der Große.* Berlin, 1974.

Groehler, O. *Die Kriege Friedrichs II.* Berlin, 1980.

Haffner, S. *Preußen ohne Legende.* Hamburg, 1980.

Hahn, P-M. *Friedrich II. von Preußen.* Stuttgart-Berlin-Köln, 2018.

_____. *Friedrich der Große und die deutsche Nation. Geschichte als politisches Argument.* Stuttgart, 2007.

Hanke, R. *Brühl und das Renversement des Alliances. Die antipreußische Außenpolitik des Dresdener Hofes 1774-1756.* Berlin, 2006.

Harnisch, H. "Preußisches Kantonsystem und ländliche Gesellschaft", in B. Kroener/R. Pröve, eds., *Krieg und Frieden. Militär und Gesellschaft in der Frühen Neuzeit.* Paderborn, 1996.

Heinrich, G. *Friedrich II. von Preußen. Leistung und Leben eines großen Königs.* Berlin, 2009.

Hochedlinger, M. *Austria's War of Emergence: War, State and Society in the Habsburg Monarchy 1683-1797.* Abingdon-New York, 2003.

Ingrao, C. W. *The Habsburg Monarchy 1618-1815.* Cambridge, 1994.

Johnson, H. C. *Frederick the Great and his Officials.* New Haven-London, 1975.

Klaus, G. *Der König und die Kaiserlin. Friedrich II. und Maria Theresia.* Düsseldorf, 2005.

Körber, E.-B. *Die Zeit der Aufklärung. Eine Geschichte des 18. Jahrhunderts.* Stuttgart, 2012.

Koser, R. *Friedrich der Große als Kronprinz.* Stuttgart, 1886.

Kunisch, J. *Friedrich der Große.Der König und seine Zeit.* München, 2004.

Langen, K. *Preußische Soldaten im 18. Jahrhundert.* Oberhausen, 2003.

Lodge, R. *Studies in Eighteenth-Century Diplomacy 1740-1748.* Westport, 1970.

Luh, J. *Der Große. Friedrich II. von Preußen.* München, 2011.

Lukowski, J. *The Patitions of Poland 1772,1793, 1795.* London, 1999.

MacDonogh, G. *Frederick the Great.* New York, 1999.

Majoros, F. *Geschichte Ungarns. Nation unter der Stephanskrone.* Gernsbach, 2008.

Maltby, W. S. "The Origins of a Global Strategy: England from 1558 to 1713," in W. Marray/M. Knox eds., *The Making of Strategy: Ruler, States, and War.* Cambridge, 1994.

Mandrou, R. *Staatsröson und Vernunft 1649-1775.* Berlin-Wien, 1982.

Martus, S. *Aufklärung. Das Deutsche 18.Jahrhundert. Eine Epochenbild.* Reinbek bei Hamburg, 2018.

Meier, B. *Friedrich Wilhelm II. König von Preußen. Ein Leben zwischen Rokoko und Revolution.* Regensburg, 2007.

Meier-Welcker, H. *Deutsches Herrwesen im Wandel der Zeit.* Frankfurt, 1956.

Mittenzwei, I. *Preußen nach dem Siebenjährigen Krieg. Auseinandersetzungen zwischen Bürgertum und Staat um die Wirtschaftspolitik.* Berlin, 1979.

_____. *Friedrich II. von Preußen. Eine Biographie.* Berlin, 1990.

Neugebauer, W. *Die Hohenzollern.* Stuttgart, 2007.

_____. *Die Geschichte Preußens. Von den Anfängen bis 1947.* München, 2009.

Ohff, H. *Preußens Könige.* München, 2001.

Pieper, D. *Die Welt der Habsburger, Glanz und Tragik eines europäischen Herrscherhauses.* München, 2010.

Press, V. *Kriege und Krisen. Deutschland 1600-1715.* München,1991.

Preuss, J. D. E. *Friedrich der Große, Eine Lebensgeschichte* Bd., I. Berlin, 1832.

Reiche, K. F. *Friedrich der Große und seine Zeit.* Leipzig, 1840.

Reimann, E. *Abhandlungen zur Geschichte Friedrich des Großen*. München, 2013.

Reinhard, W. *Geschichte der Staatsgewalt*. München, 2000.

Rodger, N. A. M. *Command of Ocean:A Naval History of Britain 1649-1815*. London, 2006.

Schieder, T. *Friedrich der Große. Ein Königtum der Widersprüch*. Berlin-Wien, 1983.

_____. *Friedrich der Große. Ein Königtum der Wiedersprüche*. Frankfurt, 1996.

Schmidt, G. *Geschichte des alten Reiches.Staat und Nation in der frühen Neuzeit 1495-1806*. München, 1999.

_____. *Wandel durch Vernunft. Deutsche Geschichte im 18. Jahrhundert*. München, 2009.

Schmidt, H. "Zerfall und Untergang des alten Reiches (1648-1806)," in M.Vogt, ed., *Deutsche Geschichte. von den Anfängen bis zur Gegenwart*. Frankfurt, 2006.

Schroeder, P. W. *The Transformation of European Politics 1763-1848*. Oxford, 1994.

Schuster, G. *Maria Theresia. Zwischen Thron und Liebe*. München, 2005.

Showalter, D. E. *The Wars of Frederick the Great*. London-New York, 1996.

Simms, B. *Kampf um Vorherrschaft. Eine deutsche Geschichte Europas 1453 bis heute*. München, 2016.

_____. *Three Victories and a Defeat. The Rise and Fall of the First British Empire 1714-1783*. London, 2007.

Sösemann, B. *Friedrich der Große in Europa-gefeiert und umstritten*. Stuttgart, 2012.

Stollberg-Rilinger, B. *Der Staat als Maschine. Zur Metapolitik des absoluten Fustenstaates*. Berlin, 1986.

_____. *Europa im Jahrhundert der Aufklärung*. Stuttgart, 2000.

_____. *Maria Theresia, Die Kaiserin in ihrer Zeit*. München, 2018.

Szabo, F. A. J. *The Seven Years War in Europe 1756-1763*. London, 2008.

Thompson, A. C. *George II. King and Elector*. New Haven-London, 2011.

Turba, G. *Geschichte des Thronfolgerechtes in allen habsburgischen Ländern bis zur pragmatischen Sanktion Kaiser Karls VI. 1156 bis 1732*. Wien-Leipzig, 1903.

Vierhaus, R. *Deutsche Geschichte:Frühe Neuzeit*. Göttingen, 1985.

Vogt, M. *Deutssche Geschichte. Von den Anfängen bis zur Gegenwart*. Frankfurt, 2003.

Wheatcroft, A. *The Habsburgs.Embodying Empire*. London, 1995.